THE BEATLES GET BACK... NAKED

FUJIMOTO KUNIHIKO
藤本国彦

ゲット・バック・ネイキッド

1969年、ビートルズが揺れた22日間

22DAYS THAT ROCK'N'ROLLED THE BEATLES IN 1969

青土社

ゲット・バック・ネイキッド　目次

主な登場人物

ビートルズ

ジョン・レノン John Lennon（一九四〇―一九八〇／二八歳）

ポール・マッカートニー Paul McCartney（一九四二―　／二六歳）

ジョージ・ハリスン George Harrison（一九四三―二〇〇一／二五歳）

リンゴ・スター Ringo Starr（一九四〇―　／二八歳）

ヨーコ・オノ Yoko Ono（一九三三―　／三五歳）ジョンの恋人。六九年三月二〇日に結婚

リンダ・イーストマン Linda Eastman（一九四一―一九九八／二七歳）ポールの恋人。六九年三月一二日に結婚

ヘザー・イーストマン Heather Eastman（一九六二―　／六歳）リンダの連れ子

ブライアン・エプスタイン Brian Epstein（一九三四―一九六七／享年三三歳）ビートルズのマネージャー

マル・エヴァンス Mal Evans（一九三五―一九七六／三三歳）アップルの現場マネージャー

ニール・アスピノール Neil Aspinall（一九四一—二〇〇八／二七歳）アップルの経営責任者
デレク・テイラー Derek Taylor（一九三二—一九九七／三六歳）アップルの広報担当者
ビリー・プレストン Billy Preston（一九四六—二〇〇六／二二歳）ゲット・バック・セッションに参加したキーボード奏者
エリック・クラプトン Eric Clapton（一九四五—　／二三歳）元クリームのギタリスト
マイケル・リンゼイ＝ホッグ Michael Lindsey-Hogg（一九四〇—　／二八歳）ゲット・バック・セッション、映画『レット・イット・ビー』の監督
トニー・リッチモンド Tony Richmond（一九四二—　／二六歳）ゲット・バック・セッション、映画『レット・イット・ビー』の撮影監督
デニス・オデール Dennis O'Dell（一九三〇—二〇一四／三八歳）アップルの映像部門の責任者
ジョージ・マーティン George Martin（一九二六—二〇一六／四二—四三歳）ビートルズのプロデューサー
グリン・ジョンズ Glyn Jones（一九四二—　／二六歳）ゲット・バック・セッションの現場担当エンジニア、アルバム『ゲット・バック』のプロデューサー
ジェフ・エメリック Geoff Emerick（一九四六—二〇一八／二二歳）ビートルズのレコーディング・エンジニア
アラン・パーソンズ Alan Parsons（一九四八—　／二〇歳）ＥＭＩのエンジニア、テープ・オペレーター

ディック・ジェイムス Dick James（一九二〇―一九八六／四八歳）ビートルズの楽曲著作権管理者
アラン・クライン Allen Klein（一九三一―二〇〇九／三七歳）ポールを除くビートルズのビジネス・マネージャー
フィル・スペクター Phil Spector（一九四〇―　／二八歳）アルバム『レット・イット・ビー』のプロデューサー
リチャード・ヒューソン Richard Hewson（一九四三―　／二五歳）アルバム『レット・イット・ビー』のオーケストラ・アレンジャー

※（　）内は（生年―没年／ゲット・バック・セッション時の年齢）

ゲット・バック・ネイキッド　1969年、ビートルズが揺れた22日間

Prologue

一九六九年一月二日。だだっ広い閑散としたフィルム・スタジオに、靴の音が鳴り響く。"THE BEATLES"と書かれたバス・ドラムのフロント・ヘッドとギターを持ち歩くスタッフ。ポールの物悲しいピアノに導かれて、ジョンが叫ぶ——"Don't Let Me Down!"と。

映画『LET IT BE』の印象的なオープニング・シーンである。映画は、陰鬱なスタジオ・セッションから劇的なルーフトップ・コンサートまでを描いたものだが、合計九〇分足らず。六九年一月のビートルズを〝あるがままに〟伝えるには短すぎる。たとえば、映画には出てこないこんな四人の会話がある。

「ミスター・エプスタインがいなくなってから、僕らはすごくネガティヴになった。そのせいで全員が、順番にビートルズを嫌いになる」（ポール）

「そろそろ離婚する時が来たのかもしれない」（ジョージ）

「君の曲作りにどれだけ協力した？　君に〝どれを歌え〟とか〝何を弾け〟とか命令したことなんてないよな」（ジョン）

「ありのままの自分でいたい！　快適であったかくて、ぬくぬくしたところがいい！」（リンゴ）

〝原点〟に立ち返る思いで一度始めてはみたものの、にっちもさっちもいかない。あるときポールが「君らが僕に何をしてほしいのかがわからない！」と不満を口にしたと思えば、あるときジョージは「〝これをやりたい、あれをやりたい〟とみんな言って、結局は誰もやりたくないことをみんなでやることになる」と本質を突いた一言を返す。

紆余曲折――という言葉では言い表わせないほど、激動の一ヵ月を送ったビートルズ。本書では、〝ゲット・バック・セッション〟の実態について、流れをじっくり追いながらドキュメンタリー・タッチで迫ってみる。

まずは、一九七〇年の『LET IT BE』以来となる〝リンゴ印〟入りの劇場作品として二〇一六年に公開された映画について触れてみたい。映画のタイトルは『ザ・ビートルズ～EIGHT DAYS A WEEK: The Touring Years』である。

ロン・ハワードが監督したその映画は、ビートルズのコンサート・ツアーに的を絞り、いわばライヴ活動に嫌気がさすまで（？）の彼らの動向を追ったドキュメンタリー作品だ。とはいえ、同じくアップルがまとめた『ANTHOLOGY』シリーズとは大きな違いがある。〝アンソロジー〟シリーズは、ビートルズの歴史を、四人の幼少時の話だけでなく〝新曲〟までも加えて丹念に描いたドキュメンタリー作品だった。一〇時間でビートルズの（あくまで）表向きの活動がわかる、という仕上がりだ。

対して『EIGHT DAYS A WEEK』は、アメリカにやって来たビートルズを『エド・サリヴァン・ショー』で初めて観たという当時一〇歳のロン・ハワードの目を通し、〝アメリカ対ビートルズ〟〝ビートルマニア対ビートルズ〟という視点で描いた、ビートルズをめぐるライヴ冒険譚の趣がある。しかし、〝ツアー・イヤーズ〟を描いた作品だと言っても、ビートルズがライヴ活動を行なっていた六六年までを追っただけの映画ではない。ケネディ大統領やキング牧師暗殺、アメリカ各地での黒人差別の実態、激化するベトナム戦争などの〝時事ネタ〟を盛り込みながら、〝ビートルズのライヴ活動〟の意味を浮き彫りにしているからだ。ビートルズが置かれた状況や当時の社会情勢も踏まえ、〝ビートルズとその時代〟を独自の視点で描く――ロン・ハワードの狙いはそこにある。六六年に物議を醸したジョンのキリスト発言や〝ブッチャー・カヴァー〟を入れ込んだのも、そうした意図の反映だろう。観ているうちに、「あー、これじゃ人前で演奏するのが嫌になるのも無理もない。むしろよく我慢していたもんだ」と思わせるだけの説得力がある。

　そして映画の終盤。六六年八月二九日のキャンドルスティック・パークでのラスト・ライヴで悲喜こもごもの〝ツアー・イヤーズ〟は終わりを迎える。……と思いきや、六九年一月三〇日のアップル・ビル屋上でのライヴ・シーンが出てくるのだ。もちろんそれにも意味がある。〝人前

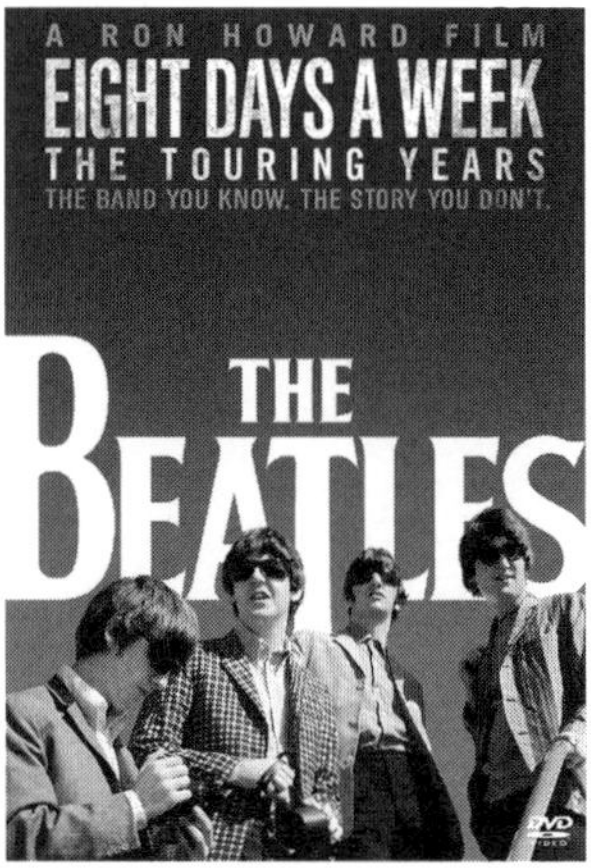

The Beatles『EIGHT DAYS A WEEK: The Touring Years』(2016)

で演奏する〟ビートルズのライヴ活動の歴史の終焉は、それがぎりぎりの選択であったことを伝える意図があったからだ。

ビートルズを〝最強のライヴ・バンド〟にしようと手塩にかけたのは、マネージャーのブライアン・エプスタインだ。そして最高のレコーディング・アーティストにしようと引っ張り上げたのは、プロデューサーのジョージ・マーティンである。〝五人目のビートルズ〟と呼ばれる人物はたぶん五人ぐらいいると思うけれど、その中で〝五人目〟に最も近いのがこの二人であるということに異論のある人はほとんどいないだろう。

そしてキャンドルスティック・パークでのラスト・ライヴの後、少し休みを取った四人は、六七年に入り、一般的に二〇世紀の名盤と言われる『SGT. PEPPER'S LONELY HEARTS CLUB BAND』（以下『SGT. PEPPER』）を制作する。

The Beatles『SGT. PEPPER'S LONELY HEARTS CLUB BAND』（1967）

「少し休みを取った」といま軽く書いてしまったけれど、ビートルズはここで解散していてもおかしくない状況だった。それほど四人（特にジョンとジョージ）は疲弊していた。ジョンが髪を切り、〝おばあちゃんメガネ〟をかけて反戦映画『HOW I WON THE WAR（ジョン・レノンの僕の戦争）』の撮影に臨んだのはこの時期だ。撮影中に「Strawberry Fields Forever」の元歌を書いたのも、だ。ポールは映画『THE FAMILY WAY（ふたりだけの窓）』の音楽を手掛け、ジョージはインドにシタールの修業に向かい、リンゴは家族団欒のひとときを過ごした。

「僕らは生き残ったんだ」と映画『EIGHT DAYS A WEEK』でリンゴはこの時のことを回想しているが、解散の危機を乗り越えたビートルズは、六六年一一月、スタジオに〝ゲット・バック〟したのだった。


ビートルズとは別のバンドがショーを行なう――。『SGT. PEPPER』のその突飛なアイディアは、ライヴ活動をやめたビートルズが、スタジオでのコンサートの再現を意図したものに他ならない。

「新作の制作に対してプレッシャーを感じるようになり、それを和らげるために別のグループのメンバーになりきろうとしたんだ」。

ポールのそんな思いを元に、スタジオでのアルバム制作は、五ヵ月間、延べ七〇〇時間にも及んだ。長年のライヴ活動で世界のファンを魅了し続けてきたアイドル・グループにとって、時間に束縛されずに制作に没頭できる環境は、新しい扉を開くほど刺激的だったに違いない。レコーディング・アーティストとして生まれ変わるための実験場としても申し分のないものだった。

LPのA面一曲目に針を落とすと聞こえてくる会場のざわめき。そして演奏中に聞こえる歓声。〝コンサート〟終演間近のB面の終わりには、ビートルズとしては初の試みとなる同じ曲の再演（リプリーズ）が入り、さらに最後の「A Day In The Life」では、これもまた実際のライヴでは行なわなかったアンコールに応える形として「SGT. PEPPER」のリプリーズと重なるように曲が登場し、ピアノの一音を最後に響かせながらメンバーが退場する、という場面をレコード上で演出してみせた。それだけでなく、犬にしか聞こえない高周波のノイズと意味不明な声をレコードの最終溝に忍び込ませるお茶目な芸当も見せて、だ。

『SGT. PEPPER』が〝二〇世紀の名盤〟と言われるのには、そうした音楽的な創意工夫以外に、もうひとつ大きな理由がある。斬新なジャケット・デザインだ。『WITH THE BEATLES』（一九六三年）や『REVOLVER』（一九六六年）をはじめ、ビートルズにはそれまでのポップ・ミュージックにはない印象的なジャケットがすでにたくさんあったが、『SGT. PEPPER』は、衝撃度の強さではそれを上回る仕上がりだった。パッと見て、作るのにどれだけ手間がかかったのかとすぐに思うほどだ。それにビートルズを取り囲む人の多さ。四人やスタッフがそれぞれ入れたい人たちをリストアップし、その中からジャケットに登場する顔ぶれを絞り込んでいったというが、誰もが知っている顔ばかりが並んでいるわけではない。

音楽家・俳優・コメディアン・小説家・詩人・哲学者・スポーツ選手、それに魔術師など――。ミュージシャンはボブ・ディランやディオン、それに〝五人目のビートルズ〟の三人目（?）のスチュアート・サトクリフや作曲家のシュトックハウゼンぐらいで、ほかにフレッド・アステア、メイ・ウエスト、マレーネ・ディートリヒ、トニー・カーティス、マリリン・モンロー、マーロン・ブランドなどの俳優、ルイス・キャロル、エドガー・アラン・ポー、テリー・サザーン、ウィリアム・S・バロウズ、H・G・ウェルズ、オスカー・ワイルド、ディラン・トマスなどの作家、マルクス、フロイト、アインシュタインなどの学者や精神科医のほかに、パラマハンサ・

ヨガナンダやユクテスワ・ギリといったグル（導師）やアレイスター・クロウリーのような魔術師まで登場している。

ジョンはヒトラーもリクエストし、撮影用の素材まで作られたが、撮影前に外された。ガンディーと俳優のレオ・ゴーシーも登場する予定で撮影されたが、ガンディーはＥＭＩの判断で削除され、ゴーシーは出演料を要求したために外されたという（最上段の一部に空きがあるのはそのためだ）。

ジャケットには日本ゆかりの品も登場している。六六年の日本公演の際にメンバーがプレゼントされた、ジャケット左下の福助人形と、ジャケット右下（ディズニー映画『白雪姫』の人形の後ろ）に置かれているソニー製の小さい（九インチの）テレビだ。

この日本ゆかりの品については、ちょっといい話がある。ビートルズ関連イベントで知り合った松本"28 IF"氏（愛称ニッパチさん）から聞いた話だ。

まず「福助人形」はジョンが持ち帰ったと言われていたが、ジョンがヨーコとショーンと住んでいたニューヨークのダコタハウスに、ある日本人が行った時に、キッチンの上にたしかに飾ってあったそうだ。

「ソニーのテレビ」については、東京新聞の二〇一〇年七月二日の夕刊にも記事が掲載されていたことを後から知ったが、愛知県岡崎市美術博物館の学芸員が、そのテレビの請求書を見つけたという。宛先は、ロンドンのキャヴェンディッシュ・アヴェニューにあるポールの自宅で、「ソニー製九インチ・ポータブル・テレビ一台　七二・九ポンド」と書かれている。しかも日付は

“7th December, 1966.”である。一二月七日と言えば、日本公演から五ヵ月後、ライヴ活動をやめた四人が新しいアルバム制作のために再びスタジオに集まり、セッションを始めて間もない時期である。前日の六日はファンクラブ向けのクリスマス・メッセージと「When I'm Sixty-Four」の演奏（ヴォーカルなし）だけをレコーディングし、翌八日は「When I'm Sixty-Four」にポールが一人でヴォーカルを入れ、「Strawberry Fields Forever」のリメイク版をレコーディングした日でもあった。領収書には、ポールの直筆サインと“17 Dec 1966”の支払い済みのハンコも押してあるので、一〇日ほどで届いたということになる。

いずれにしても、新曲はまだ二曲しかなく、『SGT. PEPPER』というアルバムのコンセプトも決まっていない時期に、ポールは「ソニーのテレビ」を購入し、これがのちにカラフルなアルバム・ジャケットに花を添えることになるのだ。ポールが「ソニーのテレビ」で初めて観たのは何だったのだろうか？　ジョンが“会員制公衆トイレ”のドアマンとして出演したコメディ番組『Not Only...But Also』（一九六六年一二月二六日にBBC2で放映）のクリスマス特番だったら最高だが。ちなみに主演のダドリー・ムーアとピーター・クックがその特番用に歌ったのは、ビートルズのパロディ・ソング「The L.S. Bumblebee」だった。七〇年代に海賊盤を聴いて、ビートルズの未発表曲だと喜んだ（ぬか喜び？）マニアも多かったに違いない。そんないわくつきの作品である。

『SGT. PEPPER』のジャケット写真の撮影は、三月三〇日に、ロンドンにあるマイケル・クーパーのチェルシー・マノー・スタジオで行なわれた。コンセプトはポールによるもので、バックの人物写真のコラージュは、ポールの知人ロバート・フレイザーを介してピーター・ブレイクと彼の妻ジャン・ハワースが手掛けた。二人は六八年にグラミー賞のベスト・アルバム・カヴァー賞を授与した。切り抜き細工などの付録、サイケ模様の内袋、裏ジャケットへの歌詞の掲載など、隅々まで行き届いた、手の込んだ〝アート作品〟の受賞は当然だろう。ビートルズのアルバムの中で『ABBEY ROAD』と並びパロディ・ジャケットが最も多い一枚でもある。

たとえばローリング・ストーンズは、"THE WMPS GOOD GUYS WELCOME THE ROLLING STONES"と書かれたセーターを着たシャーリー・テンプルの人形（ジャケット右端）に応えるかのように、ジャケットもコンセプトも『SGT. PEPPER』を真似た『THEIR SATANIC MAJESTIES REQUEST』を六七年一一月（イギリスは一二月）に発表。ビートルズと同じくマイケル・クーパーが撮影（デザインも）したジャケットをよく見てみると、『SGT. PEPPER』のビートルズのメンバーの顔が紛れ込んでいるのがわかる。

パロディ・ジャケットだけでなく、〝サージェント・ペパーズ・チルドレン〟・アルバムの多さも、後世への『SGT. PEPPER』の影響力の大きさを表わしている。それはまた、〝チルドレン・アルバム〟と同位置に『SGT. PEPPER』を置いてみることによって、『SGT. PEPPER』における〝ビートルズ度〟の高さを再認識する、ということにもなるはずだ。

The Rolling Stones『THEIR SATANIC MAJESTIES REQUEST』(1967)

『SGT. PEPPER』のパロディ・ジャケットの話が出たところで、ここでちょっと寄り道してみる。『SGT. PEPPER』のジャケットに、実は元ネタがあったという話だ。

ポールの父親ジェイムズ・マッカートニーが組んでいたジム・マックズ・ジャズ・バンドの集合写真が元ネタだったという話や、ビートルズの四枚目のアルバム『BEATLES FOR SALE』のジャケット内の写真がきっかけになったという話などは過去にもあった。しかしその後、Mercblecketというスウェーデンのバンドが六四年に発表したビートルズのカヴァーEP〈Mercblecket Beats The Beatles〉が元ネタではないか、という記事が二〇一六年三月に出た。『レコジャケ ジャンキー！』という書籍を一緒に作ったパロディ・ジャケット・マニアの矢作計助氏

The Beatles『BEATLES FOR SALE』(Inner Sleeve)(1964)

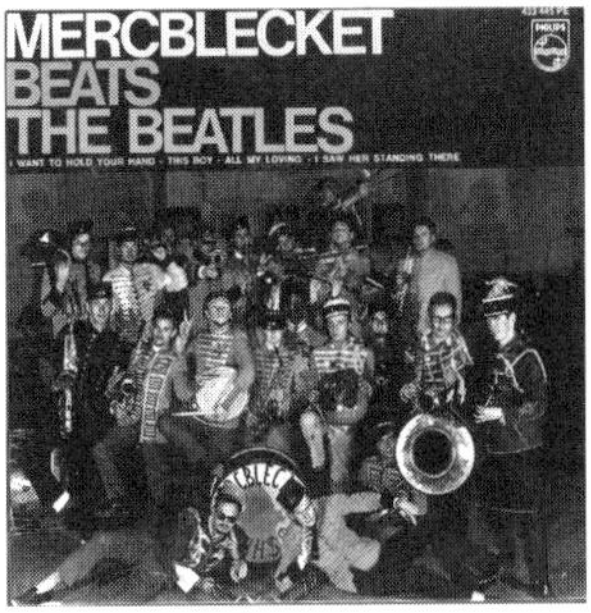

Mercblecket〈Mercblecket Beats The Beatles〉(1964)

Jim Mac's Jazz Band

に教えてもらった情報だが、それを見ると、たしかに元ネタと言ってもいい仕上がりになっている。特に驚かされるのは、記事内にリンクされている、六四年夏にスウェーデンを訪れた時のビートルズの映像だ。飛行機を降りた時にビートルズに近づいてくる男の顔を見ると、なんと〈Mercblecket Beats The Beatles〉のジャケットのいちばん右端にいる男にそっくり！——というか、そのメンバーなのだ。しかもMercblecketは、その後にビートルズの目の前で演奏もしたという。

先達のネタを応用して〝オリジナル〟を生み出す。それはビートルズの大きな魅力のひとつだが、〈ギター2／ベース1／ドラム1〉の四人でロック・バンドを組んでも、だれもビートルズのようなサウンド（の発展のさせ方）を思いつかない。『SGT. PEPPER』のジャケットも、Mercblecketの作品が着想の大きなきっかけになったとしても、一方は見事に〝アート〟に昇華され、もう一方は〝記念写真〟にすぎない——。これは私が最も信頼を寄せているグラフィック・デザイナー秋田和徳氏の指摘だが、そんなビートルズの大きな魅力のひとつである、先達のネタを応用して〝オリジナル〟を生み出す工夫は、昔の曲を演奏し、当時の曲を思い出しながら新たな創造に向かおうとした六九年のゲット・バック・セッションの過程にも通じるものだ（新曲がなかなか書けずに、昔から馴染んできた他人の曲でお茶を濁した、と言えなくもないが）。

……と、ここまで書いてきて、ようやく本書の主題への繋がりが見えてきた。
ライヴ活動をやめてスタジオを〝観客のいないステージ〟へと変えて演奏を続けたビートルズ

は、六九年に入り、ポールの呼びかけでゲット・バック・セッションを開始する。四人がバラバラになりかけていた時期に、ビートルズはいったいどこに〝ゲット・バック〟しようとしたのか。そもそもゲット・バック・セッションとはどのようなものだったのか。本題に入る前に、『SGT. PEPPER』以後の流れをまとめてみる。

アルバム『SGT. PEPPER』完成直後の四月二五日、ポールの発案でビートルズは早くも次のプロジェクトを開始した。テレビ映画『MAGICAL MYSTERY TOUR』のタイトル曲の収録である。映画『MAGICAL MYSTERY TOUR』のアイディアがポールの脳裏に浮かんだのは、まだ『SGT. PEPPER』完成前のことだった。ここで興味深いのは、『SGT. PEPPER』発売前にもかかわらず、テレビ映画『MAGICAL MYSTERY TOUR』とアニメ映画『YELLOW SUBMARINE』用のレコーディングをすでに開始していることだ（映画『YELLOW SUBMARINE』の制作発表は、『SGT. PEPPER』発売直後の六月七日）。休む間もなくスタジオ入りを強要されたジョンは、ポールに嫌気がさしたと言っていたが、ポールをここまで駆り立てたのは〝旺盛な創作意欲〟だけではない。ライヴ活動をやめたビートルズの次なる一手を、ポールはどうとらえていたか。この時期（四月一九日）、後に四人が設立した会社〝アップル・コア〟への橋渡しともなる〝ビートルズ&カンパニー〟も設立されているが、一言でいうなら、〝ビートルズ〟を存続させたい想いが、他の誰よりもポールには強かったのだろう。その想いが六九年のゲット・バック・セッションにも繋がっていくわけだ。

マネージャー、ブライアン・エプスタインの存在も見逃せない。ライヴ活動の終焉は、〝四人がよく見えるように〟と常に気にかけてきたエプスタインとの別離を表わしてもいた。ステージでの〝ボーイズ〟の演奏に魅了される世界中のファンの姿を目の当たりにすることに喜びを感じていたエプスタインは、しかしライヴ活動をやめ、スタジオにこもる時間が増えた四人を、もはや掌中に収めてはいなかった。とはいえ、数十人に囲まれた中での〝ライヴ演奏〟となった衛星生中継番組『OUR WORLD』でのリハーサル時にメンバーと一緒にいるエプスタインの写真が残されているし、「All You Need Is Love（愛こそはすべて）」のメッセージに共感したコメントもある。だがエプスタインは、四人がマハリシ・マヘーシュ・ヨーギーの講義を受けるためにウェールズに滞在中の八月二七日、ドラッグの服用過多により三二歳の若さでこの世を去ってしまう。ライヴ活動をやめたビートルズが新会社を設立したことや、一〇月一日にマネージメント契約が切れることなど、エプスタイン自身、生き甲斐だったビートルズがどんどん遠ざかっていくのに耐え切れなかったのだろう。

この時期、もうひとつ重要なのが、ジョンとポールの曲作りにおける主導権争いだ。『SGT. PEPPER』も『MAGICAL MYSTERY TOUR』もポール主導で作られ、それに引っ張られるかのようにジョンは「A Day In The Life」や「I Am The Walrus」などの代表曲を書き上げているが、「I Am The Walrus」は、シングルの〝A面争い〟でポールの「Hello, Goodbye」に敗れてしまう。以後、シングルのA面曲はほとんど一般受けのいいポールの曲になるが、ここで注目されるのは、『SGT. PEPPER』と『MAGICAL MYSTERY TOUR』の合間に発売されたジョン作のシングル「All

You Need Is Love」だ。

全世界に向けてのメッセージ・ソングを誰が作るのか。これには諸説ある。マーク・ルイソンの『The Complete Beatles Chronicle（ザ・ビートルズ／全記録）』（一九九二年）にはポールが「Your Mother Should Know」を書いたと記されているが、ルイソンのその後の調査によって、ポールは「All Together Now」を準備し、ジョージは「It's All Too Much」を書いたことが明らかになった。ともに映画『YELLOW SUBMARINE』用としてだが、『OUR WORLD』にも間に合うようにレコーディングされている（曲名にすべて"All"が入るのは、"All"縛りだったからだろうか？）。

曲名だけで人の心をつかむジョンのコピーライター的センスがポールに打ち勝ったとも言えるが、負けず嫌い（？）のポールは、だからこそ「All You Need Is Love」の最後に"All Together Now"のフレーズを紛れ込ませ、「All You Need Is Love」の精神をテーマに据えた映画『YELLOW SUBMARINE』のエンド・クレジットに「All Together Now」を使い、しかも各国語での表示まで盛り込んで『OUR WORLD』を見返そうとしたのかもしれない。「It's All Too Much」が同じく映画『YELLOW SUBMARINE』の最後を飾る曲として登場しているのも、深読みすれば同じ意味合いとしてとらえることができる。「Your Mother Should Know」が準備されていたとすれば、映画『MAGICAL MYSTERY TOUR』のエンディングがその役割を果たしたと言えなくもないが、歌詞の内容も含めて考えるなら、「Hello, Goodbye」のほうが似つかわしいし、コーダだけの登場ではなく、四人が『SGT. PEPPER』の衣装をまとったプロモーション・ヴィデオが映画の最後の場面に使われてもよかったように思う。

話をマネージャーの急死後の動きに戻そう。エプスタインの訃報を聞いた四人は、数日後の九月一日にポールの自宅に集合し、今後のことを話し合う。その結果、マハリシの超越瞑想修行のためのインド旅行は延期し、テレビ映画『MAGICAL MYSTERY TOUR』制作の続行を決めた。そして、エプスタインの死を乗り越えるかのように、新曲のレコーディングを中心に進めてきた『MAGICAL MYSTERY TOUR』プロジェクトの撮影を九月一一日に開始する。

映画『MAGICAL MYSTERY TOUR』についてポールは〝音と映像が一体化した新しい映画〟と語っていたが、『SGT. PEPPER』も映画『MAGICAL MYSTERY TOUR』も、六七年という時代に焦点を当てて改めて眺めてみると、ドラッグで意識を解放した四人が、サイケデリック・ムーヴメントにのめり込んだり、インドでの精神修行にハマったりしながら、〝不思議な旅〟を気ままに楽しんでいたように思える。

映画は一二月二六日に放映され、七五パーセントという驚異的な視聴率を記録した。だが、ストーリーがあるようでないサイケデリックな映像は、あまりに難解だった。白黒で放映されたこともあり、ビートルズ初の失敗作と言われるほどの酷評を浴びてしまう。

そうした中、エプスタインの死後、ソロ活動がさらに活発になったのも見逃せない。コンサート活動停止後まもない六六年一一月九日にインディカ・ギャラリーでオノ・ヨーコと出会ったジョンは、六七年九月二五日の「The Fool On The Hill」のセッションにヨーコを招き、一〇月一一日にはヨーコの個展『ヨーコ・プラス・ミー』のスポンサーを買って出る。ポールは五月一五日にリンダ・イーストマンと出会い、ジョージは一一月二二日からの二日間、初のソロ作『WONDERWALL（不思議の壁）』のサウンドトラックのレコーディングを行ない、リンゴは一二月七日から一六日にかけて映画『CANDY』に単独出演する――。〝自分探しの旅〟の中心にビートルズを据えていたポールと、それ以外の三人。マネージャーの死によって、グループとしてのまとまりを失ったことで解散への加速がつき、六八年以降、四人はさらに〝個〟へと向かっていくのだ。

六八年は「Lady Madonna」のシングル・セッション（二月）から始まった。ポールが書いたその曲に加えて、ジョンの「Across The Universe」と「Hey Bulldog」も同時期にレコーディングされた（ジョンの名曲がこの時、ともに〝オクラ入り〟してしまったのが不思議でならない）。

六五年の映画『HELP!』撮影時にシタールに出会い、インド音楽に魅了されたジョージは、六八年一月に映画『WONDERWALL』のサウンドトラックの追加レコーディングをインドで行なう。二月には、妻パティの勧めもあり、ジョージだけでなく他のメンバーとともにマハリシのもとで超越瞑想を行なうためインドへと旅立った。

インドへの瞑想旅行は、食事や環境に関しては厳しい日々の連続だったし、四人がマハリシに幻滅したのも事実だったのだろうが、バンドの現状を見つめ直すという意味でも曲作りの上でも有意義な日々となった。ジョンとポールはインド滞在中にニュー・アルバム用の曲作りに励み、アルバム制作に先駆けてジョージとともに新曲を持ち寄り、五月二五日から二九日までの五日間、ジョージのイーシャーの自宅でデモ録音を行なった。

その傍ら、六七年一二月にアップル・ブティックを開店したのに続き、六八年四月一六日にアップル・パブリシティを設立。さらに五月一四日にジョンとポールはニューヨークでビートルズ自身の会社アップル設立の記者会見を開き、本格的な事業に乗り出した。

ジョンとヨーコはその後も（密かに）交際を続け、五月一九日、ウェイブリッジのジョンの自宅で『TWO VIRGINS』を制作。それを機にヨーコとの仲を深めたジョンは、ビートルズの新作『THE BEATLES（ホワイト・アルバム）』（以下『THE BEATLES』）のセッション初日（五月三〇日）にヨーコをスタジオに連れてきた。インドで気分転換をしたあと、新会社アップルを設立し、『SGT. PEPPER』以来久しぶりにニュー・アルバムを録音し始めたその初っ端の、この出来事――。

二〇一六年のインタビューでポールはこんなことを言っている。

「たしかに最初はヨーコの存在に違和感があった。それまで女性はスタジオには来なかったからね。ジョンがヨーコと付き合うようになってから、彼女は脇に控えているのではなく、僕たち四人の真ん中にいたのさ」

以後ジョンはヨーコと行動をともにするようになり、六月一五日に〝どんぐりイベント〟を行なったのに続き、七月一日にはジョンの初の個展『You Are Here』を開催。ソロ以降に数多く実践される二人の平和運動はすでに始まっていた。ジョンの心はこうしてますますビートルズから離れていったが、それはジョンに限ったことではなかった。セッション開始からわずか一週間後の六月七日にジョージとリンゴがアメリカへ一〇日間ほど出かけてしまうなど、これまでのアルバム制作では考えられない事態も起こった。ほとんどソロ・レコーディングのような、まとまりのない状況に耐えきれなくなったジェフ・エメリックは、七月一六日のセッション中にエンジニアの役割を降り、六六年の『REVOLVER』から続いていたジョージ・マーティンとのコンビも解消された（ジェフ・エメリックは、六九年四月に一時的に復帰）。

その後も四人を取り巻く状況は決して順風満帆とはいかず、グループ内の緊張感はさらに高まっていく。そしてついにリンゴが、八月二二日にグループを一時脱退してしまう。六八年二月の「Hey Bulldog」のレコーディング風景を元にした「Lady Madonna」のプロモーション・ヴィデオを観ると、ポールが本気でドラムを叩いている場面が出てくるが、自分はバンドには必要のない存在だとリンゴが疎外感を味わうのも無理はない。ポールはしかし、リンゴが抜けている間に「Back In The U.S.S.R.」と「Dear Prudence」のドラムも叩いてしまうのだ（「Back In The U.S.S.R.」のドラムはポール、ジョン、ジョージの三人が交互に叩いたという新たな説もある）。

幸いリンゴは、九月三日に行なわれた「Hey Jude」と「Revolution」のプロモーション・ヴィデオの撮影時にグループに復帰。九月五日にリンゴがスタジオに戻った時、ドラム・キットには"Welcome Back"のメッセージとともに花束が飾られていたという出来事もあったが、時すでに遅し、である。そうしたメンバー間の不和に嫌気がさしたジョージ・マーティンも、当時まだ二一歳だったクリス・トーマスにアルバムのプロデュースを任せて、九月の一ヵ月間、休暇に出てしまったのである。

こうした混沌とした状況を経ながらも、五ヵ月に及ぶレコーディングは一〇月一四日に終了。

ビートルズ初の二枚組アルバム『THE BEATLES』は一一月二二日に発売された。フォーク、カントリー、ヘヴィ・メタル、ブルース、ジャズ、クラシック、現代音楽……など、四人が〝個〟をぶつけあった結果生まれた音楽性の幅広さは、曲数の多さもさることながら、ビートルズ・サウンドの集大成と呼べるものでもあった。

一二月一〇日、ビートルズの新作が出た直後であるにもかかわらず、ジョンはヨーコとともにローリング・ストーンズの映像作品『ROCK AND ROLL CIRCUS』に出演し、ポールを揶揄した〝ダーティ・マック〟名義の即席バンド（メンバーはジョン、ヨーコ、エリック・クラプトン、キース・リチャーズ、ミッチ・ミッチェル）で『THE BEATLES』収録の新曲「Yer Blues」と、ヨーコをフィーチャーした「Whole Lotta Yoko」を披露した。

二〇一九年七月に『ROCK AND ROLL CIRCUS』のＤＶＤとＣＤの新装版が発売されたが、その時に、ぶっ飛びの新事実が明らかになった。ダーティ・マックのリハーサルでは、「Yer Blues」だけでなく「Revolution」も演奏していたのだ。映像はなく、音声のみの収録となったものの、『THE BEATLES』のセッションで収録された最新シングル「Hey Jude」のカップリング曲も、ジョンは〝別のバンド〟で披露しようとしていたわけだ。ただし、満足のいく仕上がりにならな

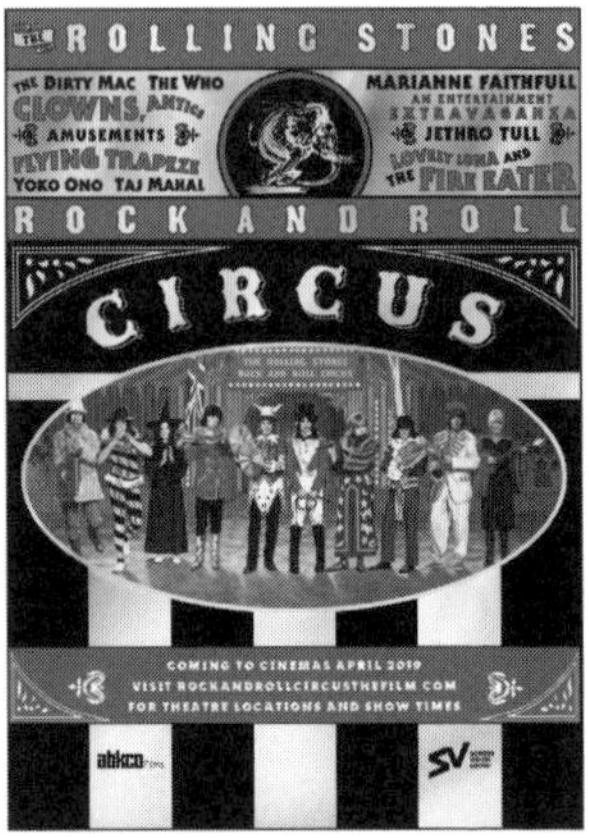

The Rolling Stones『ROCK AND ROLL CIRCUS』（2019）

かったようで、本番では取り上げられなかったのが残念ではある。ポールは、こういうことは絶対にしない。この時期に、たとえば「Hey Jude」を〝ビートルズ以外のバンド〟で公に歌う可能性はゼロだ。そう思うと、ジョンがどこに向かおうとしていたのかを知るうえでも、興味深い事実がまたひとつ増えたと言えるだろう。

ライバルのストーンズに手を貸し、新曲を人前で歌うジョン。ポールはビートルズ解散の危機をなんとか乗り越えようと、三人にこう呼びかけた――「もう一度、昔のようにライヴ活動を行なおう」と。

そして六九年の年明け早々、ビートルズは、ロンドン郊外のフィルム・スタジオで数ヵ月ぶりに顔を合わせることになる。

Chapter 1

Day by Day

January 2-31, 1969

〝ゲット・バック・セッション〟が実現するまでの大きなきっかけはいくつかある。

かいつまんで言うと、一九六六年にビートルズがライヴ活動をやめてレコーディング・アーティストへと変貌を遂げたこと。六七年にマネージャーのブライアン・エプスタインが他界し、以後はポール主導でバンド活動を続けてきたこと。ジョンが六八年以降ヨーコとの活動を重視し、〝ビートルズ〟の枠組みを取っ払った活動を行なうようになったこと。六八年の『THE BEATLES』制作中にリンゴが一時脱退し、バンド継続の危機をポールが実感したこと、などだ。『THE BEATLES』のレコーディング現場にヨーコとともにやってきたジョンを目の当たりにしたポールは、ジョンの気持ちがビートルズから徐々に離れつつあったことも肌で感じていたのだろう。

そこでポールは、バンドの結束力を取り戻す打開策として、デビュー時に立ち戻り、シンプルな編成で四人が顔を合わせてセッションに臨み、ライヴ活動を再開することを提案した。ゲット・バック・セッションの構想は、『THE BEATLES』が完成した一〇月の時点ですでにポールの頭にあったようだ。

ビートルズの〝ライヴ活動再開〟については、イギリスのオフィシャル・ファンクラブの会報誌『THE BEATLES BOOK』の当時のニュース記事に、興味深い記述が多い。たとえば『THE BEATLES』制作中の一九六八年一〇月号の記事では、「Hey Jude」と「Revolution」のプロモーション・ヴィデオ撮影後のやりとりとして、長時間のテレビ番組をフィルムかヴィデオ撮影するアイディアにビートルズは乗り気だと報じられている。しかもそこには、「Hey Jude」のヴィデオのように招待客の前で実際に生演奏する、とある。「単独の劇場やスタジアムだと何千人しか観られないが、テレビ番組だと全世界のファンが観られる」と、すでにゲット・バック・セッションと同じようなイメージが出来上がっていることも、そのニュースからは読み取れるのだ。さらに、広報担当のトニー・バーロウによる「ツアーに出るということではなく、ロイヤル・アルバート・ホールなどの大きな会場に、優れたPA設備を導入できれば、彼らが演奏する可能性もある」というコメントまで掲載されている。

会場に関しては、(クリームが六八年一一月二六日に解散コンサートを行なった)ロイヤル・アルバート・ホールは押さえられず、(ドアーズとジェファーソン・エアプレインが九月六日と七日に演奏した)ラウンドハウスは、一二月中旬のビートルズのコンサート会場として押さえられた。これを受けてイギリスの音楽誌『NME』は、ビートルズは三回のコンサートを開き、二枚組(『THE BEATLES』)から演奏。メリー・ホプキンとジャッキー・ロマックスも出演する、と報じた。アップルが公表したのは六八年一一月七日のことで、ビートルズはチャリティ・コンサートを開催し、その模様を一時間の特別番組としてテレビ放映する予定だと伝えた。

また、『THE BEATLES BOOK』の六八年一二月号は、「ビートルズの一時間番組がカラーで放映される」という見出しで、こう報じている――「リハーサル終了後に招待客の前でビートルズは三回に分けてライヴを行なう。すべてカラーで撮影され、テレビ用に編集される。曲目は最新の三〇曲と、オールディーズも数曲予定。メリー・ホプキンやジャッキー・ロマックスらの出演は未定」。翌六九年一月号には、一月中の一回または数回のショーに『THE BEATLES BOOK』の読者一〇〇名（五〇枚のペアチケット）を抽選でご招待、という記事まで出た。

刻一刻、とは言わないまでも、状況がどんどん変わっていくビートルズの〝復活ライヴ〟。当時のイギリスのファンクラブの会員は、どれだけビートルズに振り回され……いや、一喜一憂していたことか。この〝アップル・レーベル〟のお披露目ショーが実現していたら、ポールとジョージとリンゴをバックに（もしかしたらエリック・クラプトンとニッキー・ホプキンスも加わって）「サワー・ミルク・シー」を歌うジャッキー・ロマックスや、ポールが嬉しそうに見守る中で「悲しき天使」を歌うメリー・ホプキンが観られたかもしれない。「最新の三〇曲」と報じられているのも興味深い。『THE BEATLES』の収録曲と同じ曲数だからだが、「最新の」という点に比重を置くと、「Hey Jude」と「Revolution」を加えて「Revolution 9」と「Wild Honey Pie」を除いた「三〇曲」ということだろうか。ジョンが〝ビートルズ〟以外のバンドで「最新の曲」を演奏した『ROCK AND ROLL CIRCUS』が収録される直前に、ビートルズ自身にもこうした動きがあったのも見逃せない（この案については、ゲット・バック・セッション中の会話にも登場する）。

一二月になると、今度は広報担当のデレク・テイラーが、「会場は決まっていないが、チャリティ・コンサートは六九年一月一八日に開催予定だ」と語っている。しかも、特別番組は二回に分けて放送し、前編はリハーサルの模様を流し、後編はコンサートを録画した映像を流すという。リハーサルの一部とライヴ・パフォーマンスを収録した三〇分のテレビ・ライヴ・ドキュメンタリー『THE BEATLES AT WORK』を制作することがこの時点で決まったという話もあるが、デレク・テイラーの発言を踏まえてみると、一時間の特番はそれぞれ三〇分ずつ二回に分けて放送され、前編は『THE BEATLES AT WORK』という番組名だった可能性もある。

とはいえ、ライヴ・ショーに乗り気だったのはポール一人で、予告編（前編）もポールの発案だったという。さらにポールには、こんな構想もあった。リッキー・アンド・ザ・レッド・ストリークスという変名でハンブルクのクラブで演奏する――。『SGT. PEPPER』の〝リアル版〟のような案だが、そのバンド名は、ビートルズの〝ハンブルク下積み時代〟に実際にクラブに出ていたバンドと同じ名前だった。このバンド名を見て、リンダ・マッカートニーのソロ・シングル「Seaside Woman」（一九七七年）のクレジットに使われたスージー&ザ・レッド・ストライプスを即座に思い浮かべるマニアも多いに違いない。

トゥイッケナム・フィルム・スタジオ（以下トゥイッケナム・スタジオ）は、リンゴが出演する映画『MAGIC CHRISTIAN』の撮影のために二月三日から押さえられていた。そこに、こうした流れを受けてテレビ・ドキュメンタリーの話が加わったため、映画だけでなく番組のプロデューサーにも抜擢されたデニス・オデールが、ポールの要望を受け入れて、前倒しでさらに一ヵ月借りることにした。その期間をビートルズの〝リハーサル・ショー〟の撮影に充てようというわけだ。

ゲット・バック・セッションをビートルズはどのような状況で迎えたのか？　以上の流れを踏まえて整理してみる。

①六九年一月二日からトゥイッケナム・スタジオでリハーサルを行なう。
一月一八日にどこかの会場でチャリティ・ショーを行なう。
②演奏曲は、新曲を含めてリハーサルした曲の中から選ぶ。
③一月二日からのリハーサルと一月一八日のチャリティ・ショーを映像として収録し、それぞれ三〇分、二回に分けて特別番組としてテレビで放送する。
④チャリティ・ショーには、ファンクラブの会報誌『THE BEATLES BOOK』の読者一〇〇名（五〇名のペア）を抽選で招待する。

制作スタッフとして、ビートルズのプロモーション・ヴィデオを手掛けたマイケル・リンゼイ＝ホッグと、彼とともに『ROCK AND ROLL CIRCUS』を手掛けたトニー・リッチモンドが撮影監督に、同じく音響を担当したグリン・ジョンズがレコーディング・エンジニア（実質的にはサウンド・プロデューサー）に任命された。こうして四人（＋オノ・ヨーコも同席）は六九年一月二日にロンドンのトゥィッケナム・スタジオに集まり、ゲット・バック・セッションが開始された。

日々の動きについて紹介する前に、撮影を任されたマイケル・リンゼイ＝ホッグについて、ここで触れておきたい。

一九四〇年五月五日、ニューヨーク生まれ（ジョンとリンゴと同い年）のマイケルは、イギリスITVの音楽番組『READY STEADY GO!』の担当ディレクター時代にビートルズと知り合った。ビートルズはその番組に六三年一〇月、六四年三月、一一月、六五年四月の四回（最後の回はジョンとジョージだけ）出演。番組は六三年八月から六六年一二月まで放送されており、まさにビートルズのライヴ活動と軌を一にする。というよりも、『READY STEADY GO!』は、イギリスのポップ／ロック全盛時に放送された番組だったといったほうが正確だろう。

マイケルがビートルズと仕事で関わったのは、六六年五月一九日、『REVOLVER』セッションからの先行シングル「Paperback Writer」と「Rain」のプロモーション・ヴィデオ撮影が最初だった。

マイケルが『READY STEADY GO!』のディレクターを務めていたと知り、「なるほど！」と思った。なぜかと言うと、数種類ある「Paperback Writer」と「Rain」のスタジオ版の映像や、同じく彼が手掛けた六八年のシングル「Hey Jude」と「Revolution」のプロモーション・ヴィデオは、まさにテレビの音楽番組向けの仕上がりだったからだ（しかも、この四曲の撮影場所はトゥイッケナム・スタジオである）。そう思うと、コンサート活動をやめたビートルズの迫力あるスタジオ・ライヴが楽しめる「Hey Jude」と「Revolution」は、『READY STEADY GO!』があのまま続いていたらこういう映像を撮っていただろうというマイケルの狙いどおりの仕上がりになっていたとも言える。四人を引きのカメラでとらえつつ、動きや表情を巧みに挟み込む――。そうした手法は、テレビ・ディレクターならではの映像の切り方だろう。実際、「Hey Jude」の撮影をメンバーが気に入り、それが六九年のライヴ・ドキュメンタリー番組制作への橋渡しになった。

ゲット・バック・セッションにまつわる秀逸なドキュメンタリー本でもあるトニー・バレル著『THE BEATLES ON THE ROOF（ルーフトップ・コンサートのビートルズ）』（二〇一七年）には、「Hey Jude」のプロモーション・ヴィデオの最終編集版をアップル・フィルムズ取締役のデニス・オデールとチェックしていた際、ビートルズの長めのフィルムをもう一度撮ったらどうかというアイディアが出て、四人が賛成した、という記述がある。その時は、とりあえず『THE BEATLES』の制作を優先したそうだが、『THE BEATLES』発売後、マイケルが『ROCK AND ROLL CIRCUS』を制作している時に、ポールからこんな電話がかかってきたという――「〈Hey Jude〉と〈Revolution〉のヴィデオに満足している。テレビ番組を作りたいので監督をお願いしたい」と。グリン・ジョンズに声をかけたのもポールだったという。

もうひとつ面白い繋がりがある。マイケル・リンゼイ゠ホッグとローリング・ストーンズと映画監督ジャン゠リュック・ゴダールの関係だ。アップル・ブティック閉鎖直後の六八年八月頃、ゴダールがアップル・ビルでデニス・オデールと会い、ビートルズの日常生活を題材にしたドキュメンタリー映画を制作してほしいとデニスに頼まれ、了承したという。その後、映画会社の「パラマウント」と契約が結ばれ、実現の方向で話は進んだものの、ジョージの反対で流れたそうだ。デニスが考えた映画のタイトルは『ONE PLUS ONE』。これは、ゴダールが監督し、六八年一一月三〇日に公開されたストーンズのドキュメンタリー映画（アルバム『BEGGARS BANQUET』のレコーディング風景などを収めたもの）と同じタイトルだ（アメリカ公開時のタイトルは『SYMPATHY FOR THE DEVIL』）。ゴダールがストーンズの映画に流用した、とみていいだろう。

六八年八月頃と言えば、マイケルが「Hey Jude」と「Revolution」を撮影した時期だが、マイケルはその前に、ストーンズの「Jumpin' Jack Flash」のプロモーション・ヴィデオも手掛けていた。その映像を初めてテレビで観た時に、「Revolution」にそっくり！と思ったものだが、実は逆だったというわけだ。その後マイケルは、ストーンズからクリスマス特番の要請を受けて『ROCK AND ROLL CIRCUS』を作り（最初はジョンじゃなく、ポールに声をかける予定だったそうだが、ミックがジョンを推薦したらしい）、それがきっかけで、ビートルズのゲット・バック・セッションの撮影を手掛けることにもなった。人生、どこで何が起こるかわからない。

ここからが本題。

では、六九年一月のほぼ一ヵ月間行なわれたゲット・バック・セッションの日々のやりとりを、前半と後半に分けて紹介する。まずは六九年一月二日〜一五日にトゥイッケナム・スタジオで行なわれたリハーサルの様子から――。

1969年1月2日〜1月16日
Rehearsal Sessions @ Twickenham Film Studios

1月2日（木）
ゲット・バック・セッション初日

主要曲「I've Got A Feeling」「Don't Let Me Down」「Two Of Us」

未完成の新曲を各自が持ち寄り、肩慣らしのために、そして〝昔〟に戻るために、往年のロックンロールやブルースやカントリーなどを演奏する——。初日はまだ、テレビ・ショーのリハーサルとしてまずは始めてみよう、という程度の意識しか四人にはなかったようだ。

セッションで演奏された新曲には、四人の当時の心境が反映されているものが多い。公に発表された曲に限って挙げてみると、ジョンは「Don't Let Me Down」「Dig A Pony」、ポールは「Two Of Us」「Let It Be」「Maxwell's Silver Hammer」「Oh! Darling」「Carry That Weight」「The Long And Winding Road」「Golden Slumbers」「Get Back」、ジョージは「All Things Must Pass」「Hear Me Lord」、リンゴは「Taking A Trip To Carolina」。ジョンはヨーコに向けて、ポールはジョンに向けて、ジョージは神に向けて、そしてリンゴは……現実以外に目を向けて、といったところだろう。

撮影初日、ローディのマル・エヴァンスは八時半に四人に電話をかけ、一一時集合と伝えた。

だが、ポールはいきなり遅れ、各駅停車の電車からタクシーへと乗り継ぎ、午後一二時半に着いたという。ちなみに四人の自宅からスタジオまでの距離は、近い順にジョージ（六マイル＝約一〇キロ）、ジョン（八マイル＝約一三キロ）、ポール（一二マイル＝約一九キロ）、リンゴ（二五マイル＝約四〇キロ）だった。リンゴも少し遅れたため、開始時にはジョンとジョージしかいない。

まず新年の挨拶を交わした後、ジョンとジョージがそれぞれ新曲「Don't Let Me Down」と「All Things Must Pass」を披露したが、慣れない環境に対して二人ともすぐさま不満を口にする。

ジョン　小さい部屋でリハーサルしたほうがいいんじゃないか？　こんなところじゃ……

ジョージ　楽屋みたいに狭いところだったら、音響はいいけど。

二度目の「Don't Let Me Down」の演奏中にリンゴも加わり、続いてジョンのもうひとつの新曲「Dig A Pony」に三人で取り組む。その際にジョンは、アニマルズの新作についてリンゴと会話を交わす。

ジョン　エリック・バードンの新しいやつ聴いたか？　最高だぞ。

リンゴ　古い曲やってるんだよね？

ジョン　そう。「Ring Of Fire」。

リンゴ　それ、それ。ジョニー・キャッシュの曲。

ジョン　すごくいいよ。「The House Of The Rising Sun（朝日のあたる家）」に戻ったみたいだ。
リンゴ　やつらのライヴも、批評家に評判が良かったみたいだね。
ジョン　ストーンズのライヴのことか？
リンゴ　違う、アニマルズ。コンサートのために再結成したんだ。
ジョン　そうだった。最低だな（笑）。

さらにジョージは「Let It Down」を披露したが、「コードが複雑すぎる」とジョンが返している。ジョンが弾く「I Shall Be Released」のギター・リフがそのまま「Sun King」へと転用されていく場面も興味深い。「Sun King」と「Don't Let Me Down」もメドレー風に試しているが、実際にやってみた結果、ジョージは、途中から加わったポールに対してスタジオの音響効果の悪さにも不満を述べるなど、慣れない環境にまったく馴染んでいない様子が伝わってくる。

ジョージ　ここは音響が良くないと思う。少しエコーがかかるから。
ポール　もっといい案があればそれに従うよ。
ジョージ　ハンブルクのトップ・テン（・クラブ）みたいなPAがあればいいのかもしれない。
ポール　もっといい場所があるかもな。ここの周りにはいくつもビルがあるから、どれか使えるかもしれない。

さらにセッションが半分ぐらい進んだところでマイケルがメンバーに「会話が拾えるようにアンプの音量を下げてほしい」と呼びかけた時、会話まで録音されていることに気づいてポールとジョージが驚く場面がある。見切り発車とも言えるあまりの手探り状態に、むしろこちらが驚くほどだ。ポールが監督を〝ミスター・ホッグ〟から〝マイケル〟と呼ぶようになるのはこれ以降のことだ。

まだ初日ということで〝手探り状態〟ではあるものの、他にも興味深い演奏はもちろんある。六八年秋にジョンが書いた「Everyone Had A Hard Year」は、この後ポールの「I've Got A Feeling」と合わさり、後者の曲名で一曲として完成されることになるが、ここではジョンが、「I've Got A Feeling」というタイトル・フレーズを、異なるメロディで披露しているのだ。リハーサル開始前に二人の共作として出来上がっていたようだが、タイトル・フレーズのメロディは、ジョンよりもポールのほうが耳に馴染みやすい（ジョンがわざと変えて歌ったのかもしれないが）。

また、頻繁に取り上げられる「I've Got A Feeling」の後半の演奏中には、こんなやりとりも出てくる。

ジョージ　曲名は"I've Got A Feeling"（俺には感情がある）なの？
ジョン　または"I've Got A Hard-On"（俺は勃起してる）
ポール　"Except for me and my monkey"（俺と俺のサル以外は）

間違いなくジョージが声をかけたと思うが、スタジオにいるハレ・クリシュナの信徒についてのやりとりも面白い（この日のハレ・クリシュナの信徒は、「The Ballad Of John And Yoko」のプロモーション・ヴィデオにも出てくる）。

ジョン　ハレ・クリシュナかなんかの信徒……あのご老人は誰？

ポール　ちなみに清潔。

この二人のやりとりは、映画『A HARD DAY'S NIGHT』にポールの祖父役で出演したウィルフレッド・ブランビルを思い浮かべてのものだ。ちなみに、ポールの祖父が映画でさんざん〝清潔〟だと言われたのにはワケがある。ウィルフレッド・ブランビルは〝不潔〟なイメージで知られていた役者だったからだ。『A HARD DAY'S NIGHT』の脚本を書いたアラン・オーウェンは、それも踏まえていじったということだ。

だだっ広いフィルム・スタジオでのセッションは、これまでのレコーディング・スタジオとは大幅に異なる。音響の悪さについて、ポールとグリン・ジョンズとマイケル・リンゼイ＝ホッグの三人が会話を交わす。

グリン　僕は技術的なことは何も知らないんだ。

マイケル　『CIRCUS』（ストーンズの『ROCK AND ROLL CIRCUS』のこと）で使ったのはどこから持っ

てきたの?
ポール あれは音が良かったみたいだね。テレビっぽい音は嫌だからね。テレビはおならみたいな音がする。
グリン テレビのスピーカーを通して聴くから仕方ない。あれはしょぼいから。
ポール 『Cool For Cats』(イギリスで五六年から六一年まで放送されたテレビ音楽番組)はしょぼかった。あの番組でレコードか何かがかかると……まあ、口パクの番組はどれも似たようなもんだった。
グリン ここを終わらせた後、夜にオリンピック(・スタジオ)に行けることがあったら、あれ(『ROCK AND ROLL CIRCUS』)を聴かせるよ。それで判断してもらって、どんなサウンドにしたいか提案してもらえればいい。
ポール そうだな、それか、ここにいたままでどうなるか試すか。
グリン ストーンズのは音的にすごく満足している。すごく豊かな音で良かった。最高のスタジオ・ライヴ録音という感じで、バンドが一斉に演奏している音がした。
ポール ここはサウンドがひどい。小さい部屋で一曲録ったことがあるが、あの時は音が分離しなかった。「Yer Blues」をやった時だ。すごく変わった音になった。
マイケル この一大事業に関しては、すべての局面において柔軟になる必要がある。
みんな (爆笑)
グリン 外の音が最適じゃないかと思う。一度でいいから、外でなにかやりたかったんだ。マイケルと僕らが考えてたのは、蛇使いとか聖人とか、変わったのを登場させて、何百人という人々が取り囲むという感じの設定だ。

マイケル　デニス（・オデール）が言ってた円形劇場のアイディアは最高だよね。外に松明《たいまつ》と二〇〇〇人のアラブ人なんかが集結するイメージが思い浮かぶ。

ポール　いや、それは要らない。外国には行かないよ。リンゴが絶対に行きたくないと言ってる。代わりにジミー・ニコルが行くかもしれないけど。外でというのは、試してもいいかもな。

グリン　寒いけどね。

ポール　車みたいに暖めることができればね。床を暖めて覆いを上からかぶせるような。暖房を全開にすれば寒気を上に飛ばすことができる。

マイケル　寒さより雨ね。あんたのとこのイギリスの雨。

ポール　僕にとっては寒さだ。雨の中で演奏するのは構わない。雪でも。電気ショックで数人死ぬかもしれないけど。

ライヴ会場については、まだあれこれ模索していることがわかるが、わざわざ遠くまで足を運ぶ可能性は低そうだ。マイケルによると、リンゴはリヴァプールのキャヴァーン・クラブでスペシャル・ライヴをやればいいと提案し、マイケルはデニスの案を支持し、チュニジアにある三万五〇〇〇人収容できる円形劇場を推したという。特に海外でのライヴ・ショーを一貫して拒否しているリンゴについて、（六四年のオーストラリア公演の代役を一時務めた）ジミー・ニコルを引き合いに出しながらポールが喋っているのがおかしい。

その後、「Don't Let Me Down」の楽器編成について話をしている時に、ピアノをポールが弾くと、ベースはジョージで、ギターは一人になる、という話の流れから、外部のミュージシャンを入れる案が浮上する。

ジョン 誰か入れるとしたら、ピアノかなんか弾く、あいつみたいなのを入れることになるな。
ポール ああ、アメリカ人のジョーね。
ジョン いや、ストーンズの一味の。他のやつでもいい。
ポール ニッキー・ホプキンスだな。
ジョン トランペット吹きを入れた時みたいになる。
ポール とりあえず今は通してやってみよう。
ジョージ ベースを入れてもいいな。でかいダブル・ベースを弾く人。

最後はポールの新曲「Two Of Us」に取り組み、ポールは早速リンゴに指示を与えている。ポールは途中でアコースティック・ギターからベースに持ち替えたが、ジョンとポールが歌うイメージが最初から念頭にあったグリン・ジョンズは、カントリー調のアレンジを勧めている。

一月一八日の「本番」に向けて、とりあえず四人揃って踏み出した——そんな印象の強い初日のセッションである。

1月3日（金）
ポールが初めて「Let It Be」を披露した日

主要曲「Don't Let Me Down」「I've Got A Feeling」「Two Of Us」「All Things Must Pass」「Maxwell's Silver Hammer」

二日目は、映画『LET IT BE』のオープニングで観られる場面からである。ポールがピアノで弾いているのはサミュエル・バーバーのクラシック作品「Adagio For Strings（弦楽のためのアダージョ）」……と長年言われてきたが、どうやらポールのオリジナル曲のようだ。何十時間ものセッションを聴いていると、このさりげない小品を映画『LET IT BE』の「一曲目」に使ったマイケル・リンゼイ＝ホッグのセンスの良さがわかる。

日々のセッションは、ポールが最初にスタジオに来て、まずピアノで肩慣らしをしてから始まることが多い。その際、メロディの断片をさりげなく弾く場面も数多く出てくるが、ちょっとしたフレーズだけでも、メロディアスな〝ポール節〟となっているのがすごい。「The Long And Winding Road」（この日の最初の演奏曲）と「Let It Be」も、〝ピアノの小品〟の流れでポールがゲット・バック・セッションで初めて披露した曲だった。

この日は、リンゴの曲作りについて、ポールとジョージを交えた三人でのやりとりが面白い。きっかけは、ジョージが入れ込んでいたザ・バンドの話を持ち出したことだ（この日にはザ・バンドの「The Weight」を演奏)。リンゴは、未完成の「Picasso」と「Taking A Trip To Carolina」をピアノで披露する。でも、どちらも「Octopus's Garden」に聞こえてしまうのはなぜだろう(笑)。
リンゴを囲むポールとジョージ——ほのぼのとしたやりとりだ(〈Fly On The Wall〉に一部収録)。

ジョージ (ポールに向かって)ひげ、似合ってるね。

リンゴ 船長みたい。

ポール だけど僕がどんなか知ってるだろ? いつでも何に対しても、どうするか決められないんだよ。

リンゴ 撮影用にはいいんじゃないの。

ジョージ どうするか決められるまで伸ばせば?

ポール たしかにそうだな。

ジョージ (ザ・バンドについて)全部あそこにあるんだ。生活して、演奏して、それがたまたまバンドでもあるというだけで。ドラマー(リヴォン・ヘルム)が最高で……本当はドラマーじゃなくてギタリストなんだ。リヴォン・ヘルムは、"Coates comes up from Somerset"(アップルサイダーのCM)の人たちみたいだ。首が見えなくてひげだらけで。みんないつもニコニコしてる。自分たちの曲をみんなで歌ってるんだ。それで納屋に連れてってくれるんだよ。まるでカントリー・アンド・ウェスタンの世界さ。彼らが最も好きなのはリンゴの曲でね(「Don't Pass Me By」を口ずさむ)。

ポール (リンゴに向かって)また曲書かないの?

リンゴ　うん……どっちとも言えない。書いてる途中で飽き飽きしちゃうからね。

「オクターブを下げて歌ってみたら」とポールに言われたり、「ディランみたいにやってみたら」とジョージに言われたりしながら歌うリンゴ。「Picasso」の“Oh, baby”というフレーズを「Taking A Trip To Carolina」の最後にも付けて、〝リンゴの作曲講座〟はお茶を濁して終わり、である。

また、ポールが「あれ聴いた？」とピアノを弾きながら「Hey Jude」をウィルソン・ピケット風に歌い出すと、ジョージは即座にこう返す。

ジョージ　ウィルソン・ピケットの？　聴きたいけどまだ手に入れてない。それとアーサー・コンリーのも、それまでのを全部吹っ飛ばすくらいすごいらしいよ。

ポール　ああ、ずっと続いてくれて嬉しいよ。本物の人たちがやってくれてる。

ジョージ　他にもソロモン・バークか誰かが、ヘヴィなのをやった。

ジョンがアニマルズを持ち出せば、ポールはキャンド・ヒートの新曲について触れる――。

ポール　キャンド・ヒートの新曲、あれ大好きだな。前の曲よりベタな感じで、前のほど良くはないけれど。それでもすごくいい。「Up The Country」だったかな？（「Going Up The Country」を歌う）フルートが入ってて、ほとんどソウルが感じられないんだ。終わったようにみせかけて終わってないエンディングも最高だ。

まだ二日目でもあり、場に不慣れな様子は「本当にこんな感じで今撮影してるわけ？」というジョージの発言からもわかるが、〝やりとげる姿勢〟を常に持ち続けているポールは、「いいか、ピカソの絵と同じだよ、これは。何もないところから始めて、テレビ番組にするのさ」とジョージを説得している。

ジョージは、自分の曲を〝ビートルズ〟（ジョンとポール）になかなか披露できないもどかしさや、ライヴ活動の復活についての後ろ向きな発言が当初からあったことが、ゲット・バック・セッションを通して伝わってくる――「僕が今、手元にある曲は、ややスローなものばかりだ。「Taxman」パート2――五年後の「Taxman」みたいなのがあって、あれはいいけど、悲しいタイプの曲で、ストリングスとかが必要だ。バッキングなしでライヴ演奏できるのは、その曲を含めて数曲しかない」

二人は、選曲についても話し合う。

ジョージ　〝黄金のオールディーズ〟は番組用にやらないの？
ポール　わからない。いいかもな。

ジョージ　僕はやりたい。アメリカでの売りになる。アルバム発売の一週間後に番組を観て、僕らが歌ってるのが全部新曲だったら、最初の反応は……知った顔が出ているということ以外にも、視聴者が知ってる曲が必要だ。番組の初めか終わりに数曲いるな。

この日は、ジョージ自身、間違いなく自信作だった「All Things Must Pass」のセッションに時間を割いているが、ジョージの興味深い発言も随所に出てくる。

ジョージ　ソロも複雑なところもない曲だから、オルガンがあれば加えてもいい。この瞬間だけ、ザ・バンドになろう。この曲にある感情は、とてもザ・バンドっぽいものだ。リック（・ダンコ）がいちばんいい曲を書くんだよ。ポールはちょっとザ・バンドのオルガン奏者（ガース・ハドソン）に見える。彼は素晴らしくて、シンセサイザーみたいにオルガンの音をベンドさせることができるんだ。

六八年秋にボブ・ディランとザ・バンドとの交流を深めたジョージが、ザ・バンドにどれほど入れ込んでいたかがわかる発言だ。続けて「All Things Must Pass」についてのポールとのやりとり——。

ジョージ　ねえ、いい？　この曲はアコースティック・ギターでやるべきなんだ。テレビ番組ではどうやって演奏する？

ポール　ピーター（・サットン／映画の録音スタッフ）、ジョージがアコギでやりたかったら、どうやる？　ＰＡに通せるの？

ジョージ　静かに歌えば大丈夫かもしれない。

ポール　レコーディング用にはアコースティックにしたけど、問題はＰＡを通して聴けるかということだな。

ジョージは（この時点では）セッションには意欲的で、会話も弾む。セッション後半には、ザ・バンドに続いて、アップルと契約したデラニー＆ボニーも讃えている。今後のありかたについての話も、まだ深刻化していない（〈Fly On The Wall〉に一部収録）。

ジョージ　あのバンド……アップルのボ、ニ、ー＆デ、ラ、ニ、ーには、僕らが今まで達成したことのないような、バンドとしての一体感があるんだ。

ジョン　ああ。

ジョージ　彼らが演奏するのを見たり聴いたりした人は、誰でも人生が変わるような経験をする。本物のグルーヴを味わうのはエキサイティングなことだよ。

ジョン　あれこれ一ヵ月やってアルバムを作り、その一体感をまたアルバム制作に生かしたほうがいいと思う。

ジョージ　新しいアルバムってことだな。
ジョン　言ってること、わかるだろ？　しっくりきてないんだ。演奏が波に乗ったら、このアルバムの後にまたアルバムを作ろう。一ヵ月後くらいに。これに二ヵ月、いや一ヵ月費やすとして。
ポール　一ヵ月はかかるな。
ジョン　演奏でいい意味での頂点に達したら、別れよう。
ポール　いやいや、バンドとしてのありかたを整理すれば大丈夫だ。
ジョージ　そうそう。
ポール　バンドとしてちゃんとして……今やってるのもその一環だ。やってることを楽しめるようになるための作業だ。またやり直すための。次に僕らがやりたいのは何だろう？　僕はライヴ・ショーがやりたい。君たちは？
ジョージ　まあ、そうかも。ちゃんと曲を覚えたらの話だけど。誰かがリクエストしたら、すぐに演奏できるくらいになったら最高だ。大変だけど。ただダラダラやるのはどうかな。歌詞を先に覚えたい。
ポール　たしかに。
ジョージ　思い描いたような曲にして、ギターも無理やり弾かされるんじゃなくて、弾きたい時に弾く。準備ができてないのに弾かされる……仕方ないのかもしれないけど。
ポール　どうかな。
ジョージ　ちゃんと一緒にやるなら、話し合いが必要だ。他の人が書いた曲も自分の曲のように感じられるようにしたほうがいい。もしくは、それくらい他の人の曲に関わりを持つ。この前のアルバム（『THE BEATLES』）はそうだった。あれは唯一、僕が積極的に関わろうとしたアルバムだったよ。

さらにエリック・クラプトンについても触れる。ビリー・プレストンを褒めているのも、その後、実際にビリーが演奏に加わることを思うと、実に興味深い。

ジョージ　ジョン、聞いて。僕と、たとえばエリックとの違いはというと、僕はバンドのもう一人のギタリストで、ギターをちょこちょこ弾いたり、歌ったりする、君みたいにね。だけど彼は、リードを弾く唯一のギタリストだ。だから常に持続性がある。いま僕は、弾けるし学べるし、いい音を出せる。だけど、ザ・ビッグ・スリー（デビュー前後に競演した、ブライアン・エプスタインのNEMS所属バンド）にでも加入しない限り、サステインできない気がするんだ。

ジョン　単にソロをとるかの問題だろ。

ジョージ　ああ。だけど、それだけじゃない。長いことサステインするということだ。特にフィンガリングに関しては。そこが彼は、他の人よりも圧倒的にうまい。彼は僕が下手なところが上手なんだ。サステインできるギタリストは他にもいるけど、クソみたいな演奏をする。だけど彼のは、パターンがあり、どこかにいってから、不思議なことに自分で（協和音になるように）解決するんだ。

ポール　それはジャズってことさ。

ジョージ　彼がすごいのは、即興がうまくて、それをずっと続けられることだ。

ポール　ジャズだよ……インプロヴィゼーション。いろんなバンドが出てくるジャズの番組を観たけど、ジャズは好きじゃないな。

ジョージ　いいジャズ・プレイヤーもいるよ。見た中で最も良かったのはレイ・チャールズのバンドだ。ビリー・プレストンはすごい、二六かそこいらなのに。オルガンがすごくうまいんだ。レイ・チャールズは、オルガンは若いのに任せたって感じで、ピアノをバンドと弾いてる。ビリーには自分のコーナーがあって、歌って踊ってオルガンのソロを弾くんだ。

〝ビートルズ以外〟の同時代のミュージシャンへの興味や関心が広がっているという意味で言えば、ポールだけが〝ビートルズ〟を最上位に置いている――〝ビートルズ〟を守ってきたポールと、〝ビートルズ以外の人生〟を模索し始めた残りの三人という距離感が見え隠れするやりとりとも思える。

この日は、トゥイッケナム・スタジオのレコーディング機材に関してポールが怒りを爆発させた日でもある。やりとりは以下のとおり――。

グリン　ＬＡに機材を作るやつがいる。ワリー・ハイダー（アメリカのレコーディング・エンジニア）はどうだろう？　知ってるよね？

ポール　いや。僕らに必要なのはすごいコンソールだ。

グリン　彼はアメリカのモービル担当みたいなものだ。カフエンガにスタジオを持ってる。ビーチ・ボーイズのスタジオだ。ものすごいトラック（貨物自動車）を持ってるんだ。でかいトラックで8トラックをレコーディングできる（モービル・ユニットのこと）。クリームのライヴ・アルバムなんかも、全部あれでやった。ああいうのを調達できるかも。

ポール　すぐにアメリカに電話しろ。来週中には着くように急げ。なんでEMIができない？

グリン　あいつら4トラックのモービルは持ってるよ。

ポール　持ってねえよ。クソ、8トラックをビーチ・ボーイズのとこに持っていっちまった。本当は持ってるんだよ。スタジオを使おうとした時に「今晩8トラックを移動させる」と言ってたさ。そういう言い訳するんだよ、あいつら。……マル、どうにかしてくれよ。8トラックでこれをレコーディングするとしたら、機材も最高にしなくちゃいけない。どこで調達する？

ジョージ　EMIが調達すべきだろ。ベンジャミン・ブリテン（イギリスの作曲家・指揮者・ピアニスト）がパリでアルバム制作となったら、あいつらはバカみたいにクソ機材を送り込むはずさ。

ポール　そうするに決まってる……いま必要なのは、今週末までに手に入れられる最高のコンソールだ。何の問題があるっていうんだ、費用か？　日本もアメリカもとてもちゃんとしてるから、ここまで送ってくれる。ドイツもちゃんとしてる。

ジョージ　だめだったら、おまえらの8トラックを使う。

ポール　ミキサーや他のも全部必要だ。なんで何もかもアマチュア仕事なんだ？　しっかりしろ！

演奏曲で興味深いのは『THE BEATLES』収録の〝新曲〟二曲で、ジョンの「I'm So Tired」をポールが歌い、ポールの「Ob-La-Di, Ob-La-Da」をジョンが歌っている。ジョンは、「Ob-La-Di, Ob-La-Da」を毛嫌いしていたわりには楽しそうだ。「I'm So Tired」をポールが歌ってくれて嬉しかったからだろうか？　もうひとつ重要なのは、過去の未発表オリジナル曲「One After 909」が引っ張り出されたことだ。歌詞について、ジョンとポールが早速こんなやりとりを始める。

ポール　彼女は電車に乗っているんだな。
ジョン　そう。
ポール　それで彼は……
ジョン　駅に行って……
ポール　戻ると番号を間違えていることに気づく。それで？
ジョージ　場所も間違えている。
ジョン　〝Station〟と韻を踏まないとな。
ポール　駅員が「場所が違っている」と言うところの歌詞はいいな。あの曲やってと、キッズから何年も言われてたんだよ。「なあマイク（ポールの弟）、お前は音楽について何もわかっちゃいない」とか言ってごまかしてきたけど。

ジョージ　ほとんどの人は、歌詞なんて気にしてない。
ジョン　この曲はずっと、未完成って扱いだったよな。
ポール　ああ。
ジョン　仕上げる気が起きなかった。

続いて登場する「Because I Know You Love Me So」(〈Fly On The Wall〉に一部収録)、「I'll Wait Till Tomorrow」「Thinking Of Linking」(『ANTHOLOGY』の特典映像でポール、ジョージ、リンゴが再演)、「Won't You Please Say Goodbye」も初期の未発表曲だ。初期の未発表曲が初めて〝蔵出し〟されたこと――それもまた、ゲット・バック・セッションの大きな魅力のひとつだろう。

ちなみに、ジョージが「All Things Must Pass」を演奏中にマイクに触って感電し、ポールが「もしジョージが死んだらエンジニアの責任だ」と笑いながら言ったのも、この日の出来事だ(映画『LET IT BE』で観られる)。セッションは原則平日のみなので、次の顔合わせは六日である。

1月6日（月）
ポールとジョージが口論した日

主要曲「One After 909」「Don't Let Me Down」「Two Of Us」「All Things Must Pass」「She Came In Through The Bathroom Window」

一月一八日開催予定の〝復活ライヴ〟の会場はどこになるのか？ 一月四日に広報担当のデレク・テイラーは、次のようにコメントした――「ビートルズはリヴァプールのキャヴァーン・クラブかロンドンのラウンドハウスでライヴを行ない、ライヴ・アルバムを発表する」。

収容人数を思うとロンドンのロイヤル・アルバート・ホールが候補としては最適だと思うが、一月二日にリンゴが出したキャヴァーン・クラブの案は、〝ゲット・バック〟の精神にふさわしい。実現していたら、これもまたすごい騒ぎになっていたことだろう。デビュー前の六二年八月にキャヴァーン・クラブで演奏した映像が残っている「Some Other Guy」もやったら、なおさら、である（ちなみにゲット・バック・セッションで「Some Other Guy」は、一月二二日、二三日、二九日に演奏されている）。ポールが一九九九年と二〇一八年に（移転後の場所ではあるが）キャヴァーン・クラブでライヴをやったのは、ゲット・バック・セッションを思い起こしてのものでもあったのだろうか？

さて、土日を挟んで三日目のセッション。仲睦まじいやりとりが続いたのは最初の数日のみで、この日は、最後にスタジオにやって来たジョージが「ライヴ・ショーは中止にすべきだ」と言っている。ジョージのイライラの原因は、ジョンとポールの無関心にある。新曲「Hear Me Lord」を書いたと告げたのに、ジョンが気のない返事をしただけだったので、「もうやめて家に帰ろう」と言うのだ。その後に新曲を披露しても、誰も興味を示さない。リンゴの妻モーリンに捧げたボブ・ディランとの共作曲「Maureen」のような、いかにもジョージらしいアコースティックな佳作も披露してはいるものの、この日も「All Things Must Pass」以外は、全員でジョージの曲を真剣にやる、という流れにはどうしてもならない。

一方、セッションの主導権を握るポールは、長い時間かけて取り組んだ「Don't Let Me Down」のリハーサル中にサビのハーモニーに"love for the first time in my life/ I'll never let it get away"の歌詞を思いつき、ジョージに一緒に歌うように強要（ハーモニーの場面は〈Fly On The Wall〉で聴ける）。その後も二人で一緒に歌ってみるが、思うようには進展しない（ハーモニー案は翌日以降は試されずに終わる）。ジョンも、曲の冒頭でいきなり歌い出すのではなく、イントロにギターでちょっとしたフレーズを入れる案を出し、ジョージがいくつか弾いてみせた。

そして「Two Of Us」の演奏中に、映画『LET IT BE』にも出てくる口論が起こるのだ。曲の骨格を大事にするポールと、細部にこだわるジョージのアプローチの違い――それがきっかけだった。ジョージが拗ねたのは、「Hey Jude」にギター・ソロを入れたがったのをポールに拒否された話を、よりによってその場でポールが蒸し返したからだ。"Hey Jude"とポールが口走った瞬間、ジョージが敏感に反応したのは、映画でもはっきり映し出されている。映画では、このきわどい場面にジョンが「テープを聴いて判断したほうがいい」と〝助太刀〟したような流れになっているが、翌七日のジョンの喋りをここに突っ込んだマイケル・リンゼイ゠ホッグの意図的な編集である。実際には、「他の曲をやろう」と言うポールに同意して「Maxwell's Silver Hammer」を挙げたジョージに対し、ジョンは「Two Of Us」を続けようと言ってポールをがっかりさせている。

以下「実況中継」――。

ポール　聞いてくれ。僕ら『THE BEATLES』の時みたいに、またバラバラになってるから、気持ちをひとつにしたほうがいいようだ。たとえば今やってるこのヴァース、二声で単語をいくつか歌おうとしているけど、ダダダダ……チャチャとやればいいだけさ。必要ならそこに細かい部分を埋め込んで……

ジョン　細かいところはわかってるさ。僕はただ最後まで歌おうとしてるだけ。

ポール　言ってることわからない？　リフが必要な時には、リフがこなくちゃいけない。

ジョージ　リフか。リフなんかありゃしない。問題は〝you and I〟のところ——君が何をしようとしているのかがわからない。

ポール　〝you and I〟のところはただ……

ジョージ&ポール　（〝You and I have memories...〟と歌う）

ポール　言いたいことは、一致がみられないということ。一体感が音から感じられない。

ジョージ　それなら、感じられるまで演奏し続けるしかない。

ポール　それか、演奏をストップして、一体感がないと口に出して言う。

ジョージ　ああ、それにしても一緒に続けなきゃいけない。僕にはそれしかやりようがない。

ポール　まあな、でも……

ジョージ　サウンドの調和がとれるまで。

ポール　それについては、何と言っていいかわからない。ただ言いたいのは、「さあ、演奏しようぜ」――それだけ。
ジョージ　ああ、わかってるさ。
ポール　でも、それも不可能だ。つまるところが出てくるから。
ジョージ　たしかに。
ポール　オーケー、やってみよう。（コードを弾く）どうしたらいい？　お手上げだ。複雑になってしまった。もっとシンプルにして、必要なところだけ複雑にしたかったのに、細かいところが複雑になってしまった。
ジョージ　ちっとも複雑じゃないさ。僕はただ……
ポール　わかる。ただ、言いたいことはわかってくれるだろ？
ジョージ　お望みなら、コードだけ弾けばいいんだろ。
ポール　またかよ、ジョージ。君はいつもそうだ。
ジョージ　僕がやろうとしているのは、それだけなのに。
ポール　ジョージ、君はいつも僕の言葉にいらつくな。君を助けたいだけなのに、結局、毎回、僕が君をいらつかせることになってしまう。
ジョージ　君にいらついたりしてないさ。
ポール　でも、言いたいことはわかるだろ？　たとえばこうやって（コードを弾く）、それから……わかるだろ？　もう、こうやって撮影されてる中ではできない！　カメラの前では。
ジョン　これをやればいいのか？（リフを弾く）僕は構わない。歌を合わせるにはちょうどいい。

ポール　それでもいいよ。
ジョン　ああ。
ポール　だけど、みんなわかってくれるよね？　今現在、複雑になってしまっていること。
ジョン　ああ。
ポール　僕がただ言いたいのは、複雑に絡まってしまっているのをいったんほどいて、そこからまた複雑にしようということ。午後いっぱいこれにかかってしまっているだろう？　こういうことばかりやってるから、何も進まない。残り一二日しかないのだから、先に進めようよ。複雑になっているこの曲を、系統立ててほどいてから、少し複雑にして、それからまたさらに複雑にして――ここにこういうドラムを入れて、あそこにこんなドラムを入れて――いったんストップして、この細かいところをみてみよう、といった具合に。
ジョン　いいアイディアを思いついた。インプロすればいいんだ。歌いながらこれを弾くのは大変だから。やらせてくれ。
ポール　オーケー、それなら……
ジョン　こういうふうに（違うふうに弾きながら）インプロするよ。
ポール　ああ、どっきりカメラの前でそれを素早くやってみな。
ジョン　どっきりカメラのことなんて忘れちまえ。
ポール　それができない。（ジョージに向かって）ただ言いたいのは、僕がいつでも君を却下して、演奏をストップさせると思っているみたいだけど、そうじゃないってこと。僕は全員の演奏をストップしているんだ――自分たちのやってることがはっきりするまで。

ジョージ　けど、曲に何が合って、何が合わないか、演奏してみないとわからないじゃないか。

ポール　そうだけど、他にもたとえば、ソロを演奏する時――ソロを即興でやる時も、ストレートなコードやストレートなリズムも弾く。

ジョージ　そう。

ポール　ヴォーカルなしで。こんなこと本当は言いたくないけれど、他に言ってくれる人がいないから仕方ない。いつだって僕だけがこういうことを言い、それには誰も賛成してくれない。ただ、「まあ、オーケーかな」程度の返事しかない。僕の言っていることは、間違っちゃいないよね？

ジョン　言いたいことはわかるけど、それに対して何をしたらいいかわからない。

ジョージ　君が自分のパートに関してうまいやり方を思いつくまで、待つよ。そこから僕のパートに取り組んでもいい。

ポール　それは違う。

ジョージ　君がここで自分のベースに取り組むなら、僕だって君と取り組む気はある。

ポール　言いたいのはそういうことじゃない。君にだけ向けて言っているわけでもない。またいつものように、自分が批判されていると感じているみたいだけど。この前も言ったよね、君を攻撃しているわけじゃないって。僕はバンドに向けて言っているんだ――「ボーイズ、聞いてくれ。こういうふうにやってみないか？」ってね。

ジョージ　それでこちらにまったくやる気が起きないのは、不思議だな。

ポール　今回も、「Hey Jude」にギターを通して入れたほうがいいか？　だのなんだの、以前みたいな話だったら、僕は……

ジョージ　もういい、どうでもいい！　なんでも君の望みどおりに弾けばいいんだろ！　それか、弾いてほしくないんなら、なにも弾かない！　君が喜ぶことなら、なんでもするさ！　今回のことに関しては、君はわかっちゃいないと思ってるけどね。

ジョン　ギャロップしている、パンチのある部分はいる？　僕がインプロするけど。

ポール　いや、そうじゃない。もうこんなことやってられない。これはどうにかしなきゃならない問題だ。リハーサルして、テレビ番組にしようとしているのに、君の言うように、まだ四曲しか取り組んでない。二〇曲三〇曲やるようなシステムにして、曲を覚えなくちゃならない。全部のコードを覚えるまで、みんなでインプロできるまで、彫刻を彫る作業みたいなもんだ。それからだ、必要なソロをやるのは。それも、今よりさらにいいサウンドにならないと意味がない。

ジョージ　少なくとも僕からすれば、今日始めた限りでは、単なる時間の無駄に思えた——僕の時間の。一時間、一時間半やって、覚え始めたと思ったら——この前もそうだったけど、突然、見失うんだ。自分のやっていることに意味やかたちが見え始めたと思ったら……そういうことだ。

ポール　言ってることはわかるよ。ただ、君のやり方が、……僕がやろうとしてることを……

ジョージ　でも、僕にはそれしかできない。そのひとつのやり方——それがどうであれ——それしかできない。

ポール　他の曲をやろう。
ジョージ　いや待って、覚えればいいだけだから……
ポール　だめ、だめ、他の曲だ。
ジョージ　「Maxwell's Silver Hammer」は？
ジョン　この曲をやってしまおう。そしたら、何であれ、かたちになる。自分たちをどんな状態に持っていきたいか、考えてみようよ。
ポール　……ものすごく時間を無駄にしてしまった気がする。四人が揃うと、文字どおり大量の時間を無駄にする……

緊迫した場面ではあるが、バンドは〝生もの〟である。〝前向きなポール〟と〝後ろ向きなジョージ〟に、〝乗り気じゃないジョン〟がたまに混ざる――〝良くしよう〟という思いは一緒なのに、価値観や距離感の違いが感情を揺さぶっているように思える。

他にも興味深いやりとりが多い。たとえば、未発表曲についてマイケルに聞かれたポールが、デッカ・オーディションを引き合いに出す場面だ。

ポール　今のところ出来に最も満足してるのは、この前やった「One After 909」だ。僕らがやった最初の曲のひとつ。毎日学校をさぼって、僕の家に行って、二人で「Love Me Do」や「Too Bad About Sorrows」を書いてね。その頃の曲はたくさんある。一〇〇曲くらいあるけれど、使うなんて思いもしなかった。どれもダサいからね。でもいい曲ばっかりだよ。「One After 909」も歌詞が最悪だとこれまで思ってきたけど、曲はいい。

マイケル　バディ・ホリーの死後にたくさん曲が発売されたのは面白いってトニー（・リッチモンド）と話しててね。君らの未発表曲はたくさんあるの？　あるとしたら、録音されてなくて、頭の中にあるだけ？

ポール　デッカがいくつか持ってるけど、何もできないはず。

グリン　デッカ？　オーディションのテープ？

ポール　ああ。あれで何かできるかもしれない。

また、前の日（五日）に『SGT. PEPPER』を聴いたポールが、ジョージ・マーティンが加えた歓声のSEはライヴを思い出させてくれるから気に入っている、と答える場面もある。

ポール　昨日の夜『SGT. PEPPER』を聴いたら、冒頭に笑い声が入っててね。今回作ってるのにも、あんなの入れてもいいかもと思った。いま取り組んでいるのがレコードになったところは、まだ想像できないけど。

グリン　レコードにするとしたら、ライヴ・アルバムにしたほうがいい。その方向で考えてみたら？

ポール　あれは本当のライヴではなくて、作り物だったけど。笑いが起きて、聴いてる人は何を笑っているのかわからない……ああいうのも面白い。

一方、ジョージとリンゴはチュニジアでのライヴに乗り気ではなかったので、ジョージがマイケルらとともに、スタジオ近辺に最適な場所はないかと車で探しまわったが、そんなに都合のいい場所はすぐには見当たらない。今後のライヴ・ショーについても、泣き叫ぶ若い女性ファンしか来ないのではないかと心配するジョージ、ボートの上でやろうと言うリンゴ、全席空席でのライヴを（無言のジョンに代わって）提案するヨーコ、裸で演奏するのはどうかと提案するポール、それなら客が裸のほうが面白いと返すジョージなど、およそ現実的ではない意見が出て収拾はつかず、である。ローマのコロシアムそっくりの建物を作り、本物のライオンと一緒にやったっていいじゃないかと言ったのもポールだ。

ヨーコ　ステージは野外にあって、あなたたちが神に向かって演奏してるの！　星にも向かって！

ポール　うん。

マイケル　それか、あなたたちのことを一度も観たことのない人たちに向かって！　君の言うとおりだよ。ヴィジュアル的に普通のステージ・パフォーマンスでは、みんなの記憶にある過去を超えるものができない。

ポール　観客は何のために必要か？　観客がそこに存在するとしたら、それは単純に、観客のことが好きで、彼らのために演奏してあげたいという演者の善意のおかげだ。それか、チケット代が欲しいとか、ショーのためのリアクションが欲しいからだ。でも、それなら、(観客なしで)僕たちだけが出てくるのは、ショーとしては十分じゃないということになってしまう。四人だけでは物足りなくて、郵便局員のアップを映すことも必要、ということになってしまう。

マーティン　観客が必要なのは、演奏する相手が必要だからだ。

マイケル　ステージ上の役者みたいにね。本物の人間がそこには必要。

ヨーコ　空っぽの椅子があればドラマチックね。二万脚の空っぽの椅子!

マイケル　誰もチケットを買わなかったみたいじゃない!

ポール　誰もそうは思わないさ。

ヨーコ　それから、ビートルズの観客は今どんなだろうとみんな思ってるから、目に見えない、世界中から来た無名の人々を観客にしたほうがいい。ティーンエイジャーなんかじゃなくて。まだティーン相手にやってると思われたり、観客が仮装した人々なんかだったりしたら、「あれが今のあいつらのファンか」と思われて危険だわ。(空っぽの椅子だったら)世界中の〝心〟が観客になる!　それを阻止するなんて、ばかげてる。

マイケル　そのアイディアは五〇分というより五分くらいしかもたない。世界中をターゲットにするのは、君の言うとおり。門の外に並ぶティーンエイジャーじゃなくて、相手は全世界にすべきだ。「Jude」(「Hey Jude」のこと)でやろうとしたことは、まさにそれだった。

ポール　ねえ聞いて、僕らはふたつのショーをやろうとしてるんだよね?　どっちにしろ、ふたつだよね？　日曜と月曜かなんかに二日間録る予定だろ？　今あるアイディアを分ければいい。ふたつの案を両方やればいい。建前としては、僕はひとつの案だけをやりたい。たとえば、一枚の写真を選んで、他には手を付けない、みたいな。でも実際には、ふたつのショーをやることが決まってる。ひとつの案としては——一晩は無音の中での演奏、もう一晩は椅子が人で埋まった状態で演奏する、なんてのも可能だ。

マイケル　でも、ドキュメンタリーっていうものは、無音の中で演奏するようなものよ。つまり、観客はいないけど、いるのと同じということ。

ポール　そうだな。でも、まだ演奏したとは言えない。今までやった曲は、どれもカメラの存在をできるだけ無視してやったから。本番では、二台のカメラ、ふたつの観客、ふたつの何かの中でパフォーマンスをするべきだ。

ヨーコ　テレビを観ている人たちは、よっぽど変わった観客でもなければ、観客を観たいとは思わないでしょうよ。観客が着飾った王や女王だったら別だけど。

ポール　たしかにそうだな。視聴者は観客を観るためにテレビをつけるわけじゃない。

ヨーコ　そう、そう。

マイケル　誰もいないところで演奏したら、悪い意味で、あなたたちが金持ち過ぎる印象を与えるかもしれない。望みどおりの客で満席にして、観客を幸せにできるのに、空席に向かって演奏することに何の意味があるの？

ヨーコ　誰もそういうふうに思わないわよ。今時分だったら、とても詩的な場だと思うでしょう。

ビートルズがお金持ちだなんて、みんなもう知ってるし。
マーティン　それではライヴをやる意味がない。レコーディング・スタジオに行ってワン・テイク録るだけのようなものになる。観客はバンドに何か特別な効果をもたらしてくれるはずだ。
ヨーコ　それなら本物にすべきね。本当のライヴをやると新聞で告知して。大行列ができて、クレイジーな現場になる。
マイケル　（ロイヤル・）アルバート・ホールでやるのに反対というわけではないけど、それだと数年前の匂いがする――シェイ・スタジアムでやってた頃みたいに。
ヨーコ　なんとでも言えばいいわ。最高のものをやってきたから、何をやっても数年前と同じか、それ以下に感じられてしまうでしょうよ。
マイケル　いま出ている案に特別賛成というわけじゃないけれど、もっといい案が出たら変えればいいしね。海のそばのロケーションも捨てがたい。
ポール　イギリスじゃなくちゃだめだ。外でやるとしてもイギリスだ。外国に行かないのは決定事項だ。
デニス　文字どおり裏庭でやるのは？
ポール　手が凍えちゃう。
マイケル　裏庭でやったら、ビートルズのテレビ番組というよりは、プロモーション・ヴィデオになってしまう。
マーティン　他のスタジオでやればいい。

ポール　観客込みでやる心構えはできている。でもヨーコが言っていることも正しい。昔と同じじゃだめだ。前と同じようにやるとしても、入ってきた時に僕らがみんな裸だったら……まったく違うものになるね？

マイケル　それについては、彼女とまったく同意見だ。

ポール　観客に何かをやらせようというのはだめだ。ショーをやるのは僕らだ。

ヨーコ　ニューヨークにいて「Hey Jude」をテレビで観たら、（舞台に）よじ登ったり歌ったりする周りの観客は、エキストラだと思うでしょうね。でもあれが本物の観客だと思ったら、ビートルズはもうたいそうなものじゃないと感じるでしょうね。世界中の人々は、ビートルズの観客といえば、叫びながら洋服を引きちぎったりすると思っているから。

ジョージ　まったく違った、自分の思いどおりのイメージを創り上げることもできる。自分の好きなイメージを思い浮かべるだけでいい。なんでもいいのさ。ただのナイトクラブのバンドになってもいい。ムードたっぷりの暗い照明で、一〇人くらいを相手に……

マイケル　それじゃあ、しょぼいキャバレー・バンドになっちゃう。

マーティン　大勢の観客がいたほうがいい。メインになるようなものではなく、ただのサウンディングボードとしての観客だ。

ポール　ダンスホールなんかどう？　昔のように純粋なダンス。「タワー・ボールルームでダンスをしませんか。今宵のバンドはビートルズです！」って出ていって、ダンス・ナンバーのように演奏する。早い曲やスローな曲に合わせてみんながダンスする。ダンスに付きものの喧嘩もある……それか、とても落ち着いた感じのダンス。

マイケル　あなたのアイディアは、基本シンプル。とってもとっても、シンプルなアプローチ。でも、そんな感じで観客がバンドの周りでダンスするのがいいとは思えない。ただのローカル・バンドじゃないんだから。あなたたちがテレビ出演して失敗だったのは一度きり――『Top Of The Pops』で「Paperback Writer」をやった時――あれはダンスがあったね、覚えてる？　四分でもばかげて見えるのに、もっと長かったら、狂ってるみたいに見えちゃう。あの時はとても真面目くさった感じで……あの頃のあなたたちは、真面目くさってた。基本となるアイディアは、できるだけシンプルなアプローチをとること――これは、とってもとっても、正しい考え。でも、もう地元のダンス・バンドじゃないのよ。そうだったら良かったけど、そうじゃない。だから、そのふりをしようったって、無理。仮装でもしない限り。

ポール　仮装するとしたら、セットを作らなくちゃいけなくなる。映画スタジオにいるのだから、それもおかしくはないけど、タワー・ボールルームで撮影することもできるのに、それをわざわざスタジオで再現するのは無意味だ。

マイケル　クリスマス後の金曜の午後（六八年一二月二七日）に撮影場所を探して、どこもブティックをちょっとましにした感じだからやめたのもそれが理由。四年前はみんなブティックで撮影してて、今じゃ製材所の廃墟か何か。どれも作り物くさい。

ヨーコ　（俳優の）リチャード・バートンを偽物の観客の前で演技させたくないでしょ？　どんな観客であれ、偽物っぽく見えるわ。彼はレジェンドだから。それなら彼が自分の船に乗ってるところや、ひげ剃りしているのを観るだけのほうがずっと魅力的。わかる？　だから自分の家での撮影——ジョージか誰かの家——で撮影したほうがいいのよ。

デニス　ロイヤル・アカデミーかテート・ギャラリーでやったら？

マイケル　ビートルズとして演奏するなら、観客の前でやらないと——変わった観客にするにしても。家で演奏するのもいいアイディアだけど、もっとビッグなことをやらないと。

ヨーコ　ポール・マッカートニーやジョージ・ハリスンの家を観られたら、十分ビッグなことだわ。

ジョージ　関係ないかもしれないけど、ブリジット（・バルドー）の観た？　彼女、サントロペに観客を連れていって、正門から歌いながらプールの周りまで歩くんだ。

マイケル　それはドキュメンタリー部分にしてもいいけど、観客は必要。あなたたちのキャリアの前半は、観客が音楽に大きな要素を占めていたよね。あなたたちのオーラにすごく貢献してた。

最終的にどのようなアイディアが実現するか、すでに結果を知っているからこそ、よけいに非現実的なやりとりに思えるのかもしれない。けれども、同じことをやらないのが〝ビートルズ流〟の証——と言えそうな対話は、刺激的で面白い。それぞれの性格が伝わってくることも含めて、だ。最も堅実で現実的なのがジョージ・マーティンだということもよくわかる。ポールは、ダンスホールのアイディアを、自ら主演・脚本・音楽を手掛けた映画『GIVE MY REGARDS TO BROAD STREET（ヤァ！　ブロード・ストリート）』（八四年）で実現させた。

この日は、ジョージとの諍いでポールの気持ちが下がっていたのだろうか。後半の「Two Of Us」のセッション時に、バンド内のこれまでの立場について心情を露わにする。

ポール　「お前がボスになれ」が怖いんだよ。実際、僕は数年ボスをやってきた。みんなもそれぞれボスをやった。隠しても仕方がない。そういうふうにやるとみんなで決めただろ？　こんなのカオスでしかない。こんなに長くかかって。本当だよ。クソみたいな演奏を一〇回もやれば、それはかたちとなって表われる。だから、できるだけ良くしたい。でもそれぞれアプローチの違いがあるから、レッド・ノーヴォ（ジャズのヴィブラフォン奏者）みたいにやればいいと思う。つまり……

ジョン　インプロしまくるってことだな。

ポール　インプロしてクリエイティヴなものを得る。無理は承知だ。そういうやり方をしてこなかったから。僕のやり方を押しつけてもしょうがない。……何度も犯した過ちを再び犯すのは忍びない。僕らがまたこんなふうになるのは、耐えられない。まったくばかげてる。解決の糸口さえ見つからない。今やるべきことは――自分の曲は自分でアレンジすること。インプロヴィゼーションしたくなったら、そう言えばいい。

ジョージ　それがいちばんいい。

ポール　音楽を演奏することに限らない。これはより深い問題だ。

1月7日（火）
解散に向かっているとジョージが言った日

主要曲「I've Got A Feeling」「Maxwell's Silver Hammer」「Across The Universe」「Don't Let Me Down」

この日もポールは先に来て、「The Long And Winding Road」と「Golden Slumbers」をまずはピアノで披露。「Golden Slumbers」は、前日に演奏した「Carry That Weight」へと繋げていて、『ABBEY ROAD』収録版と同じイメージがすでに出来上がっているのがわかる。続けて演奏された未発表曲「The Palace Of The King Of The Birds」は、八〇年に制作された（こちらも未発表に終わった）アニメ映画『RUPERT THE BEAR』のサウンドトラックに使用される予定だった曲だ（公になったのは「We All Stand Together」のみ）。

ジョージとリンゴもスタジオにやって来て、一年前のインドの思い出話に花を咲かせる――。

ジョージ　ポールが昨日、マハリシと僕らの写真の話をしてね。それで大きいカラー写真を見たんだけど、すごかったね。ちなみに君はかっこよく映ってたよ。

リンゴ　みんなで並んで座ってるやつ？

ジョージ　ポールとジェーン、ジョンとシン（シンシア）が右で、パティと僕と君とジェニー。写真を見ただけでも、みんななぜそこにいるのかわからず、ただ座っているだけなのがわかる。ポールに言われて写真を見るまで気づかなかったけどね。特にポールとジェーンとシンは、辛くて耐えられないように見える。それでも彼は笑っててね。

リンゴ　マハリシ？

ジョージ　そう。

　まずポールは、セッションのタイトル曲とも言うべき「Get Back」を、ベースを弾きながら初めて披露した（まだ即興の域を出ない）。その後、ライヴ・ショーをどうするか、昨日に続き真剣な話し合いが行なわれた。さらに話はブライアン・エプスタイン死後のリーダー不在の状況の改善案へと進む。「バンドを改善するか、プロジェクトをすべてやめるかどっちかだ」というポールの発言にジョージは同意し、「解散に向かっているのは明らかだ」と一言。ジョンは、やる気のなさを棚に上げて対話の重要性を消極的に述べるだけだった（〈Fly On The Wall〉に一部収録）。

　主なやりとりは以下のとおり――。

ポール　ありきたりな観客を使ったまったくベタなショーになったら、撮影したとしても、使わなきゃいい。いいものができなかったら、ボツにすればいい。今ショーを中止にするにしても、すべて無駄になることには変わりがないのだから。僕らしょっちゅうボツにするよな。いつも金を無駄にしている。

マイケル　最悪なのは、宣伝じみたドキュメンタリーを作ること。ショーを一緒にやってしまうことに反対する理由なんてどこにある？

ポール　まあ、まあ、落ち着いて。僕らみんなここにいて、やるから——歌も歌う。ただ、ベストな案を思いついてないのが問題ってだけだ。すごいアイディアを思いつかないのなら、ショーはやらなければいいってだけ。

ジョン　どうしようもないな。いいネタを思いつけなかったとしたら、最悪、僕らがLPを作ってるドキュメンタリーにするしかない。ショーをやらないなら、LPを作る。

マイケル　どっちにしろ、ショーはやるべき。でも、君の言うことにも一理ある。今あるアイディアは、十分じゃない。

ジョージ　ミスター・エプスタインが亡くなってから、何もかも変わってしまった。

ポール　ミスター・エプスタインがいなくなってから、僕らはすごくネガティヴになった。そのせいで全員が、順番にビートルズを嫌いになる。前向きになれる要素が何もなくてうんざりするよ。うんざりしないようにするには、「前を向いたほうがいいのか？　それともすべて台無しにするしかないのか？」と四人が自分に問うしかない。選択肢はふたつしかないのだから。そうだろ？

ジョン　僕らがやっていることは、すべてコミュニケーションのためだ。テレビに出るのだってコミュニケーション。「All You Need Is Love」のように、大勢に笑いかけることだってできる。僕の動機はそれさ。

マイケル　「All You Need Is Love」も「Hey Jude」も、たしかにコミュニケーションそのものだった。
ポール　もちろんそうさ。
ジョン　動機づけが必要なら、それはコミュニケーションだ。
ポール　「やれ」と言うやつがいなくなったんだよ。人生のある時点に差し掛かると父親はいなくなり、自分の足で立たなければいけなくなる。僕らが直面しているのはそれさ。父ちゃんがいなくなって、キャンプ合宿で僕らだけになったようなもんだ。家に帰るか、残ってやるか。規律が足りないのも良くない。何をするにも、うまくやるには規律が必要だ。ミスター・エプスタインのような規律が少し必要。彼が「スーツを着ろ」と言ったら、着た……いつでも規律に対して抵抗はしていたけど。でも最近は自発的にやっていることばかりだから、規律に抵抗するなんてばからしい。ちょっとの規律でいいんだ。要するに、真剣にやるなら、もう少し規律が必要ということ。いろんなすごいアイディアの詰まったショーが、僕の頭の中ではもうできている。この前の晩も思いついたんだ。笑いがあって――何を笑っているか見えないけど、聴衆が笑ってる――そんなちょっとした驚きのあるショー。でも、それを実現するには、力を合わせる必要がある。ちゃんとやる必要が。
マイケル　そのとおり。結局、あなたたちが決めてくれないと。あなたたちがここにいてやることと――それをなんとかいいものに仕上げることしか、僕らにはできないのだから。
ポール　世界中のどんな監督だって、「馬鹿野郎、俺のセットから出ていきやがれ！」ってなるはずさ。なんとかやろうとしている真っ最中に、「やりたくない」ってみんなが言い出したら、どうにもならないだろ？　ジャッキー（・ロマックス）がアルバムの制作途中で「やーめた」と言ったら、アルバムは完成しないんだ。
マイケル　誰それ？
ポール　最初から最後までジャッキーは、「よし、やってやる！」という感じで、こっちはただ、彼の素晴らしい働きぶりを見ているだけでよかった。アルバムや作品を誰かと作る時、相手にやる気があれば、こっちはただ……
ジョージ　それなら、そういうやつとやればいいじゃないか。
ポール　でも、君らも以前はそうだっただろ、ボーイズ？　あの頃、僕らはもっとやる気があった。映像を観てみろよ。あれこそ、僕らは〝やっている〟。
ジョージ　あれが〝やっている〟って言うんなら、あれこそ、僕がやる気の起きない理由だ。嫌で嫌でしょうがなかった。
ポール　ああ、まあ、そうだな……。まあ、でもそれは、少し話を曲解している……
ジョージ　わざとそうしてる。だってあんなの大っ嫌いだったから。だから僕は……
ポール　でも、今じゃ大人になったから、もうああいったことをやる必要はない。
ジョージ　ああ。
ポール　ドーランを塗って出ていって、汗をかきながら頭を振る必要はないんだ。もうそういうんじゃないから。ちょっと大人になったからな。
ジョージ　もうすでにやったことだし。

ポール　以前やったことを、同じやり方でやらなくていい。ジョンだって今では、ヨーコと黒い袋を使ってやってる。あれはたぶん、〝やっている〟ということになる。

ジョージ&マイケル　白い袋。

ポール　白い袋だ。つまり、次元が変わっただけで、やることはやってる。

マイケル　だけど、あなたたちはまだ人前で演奏したいの？　それとも、自分たちのことをレコーディング・アーティストとして見てる？　ジョンの言うとおり、コミュニケーションが問題で、あなたたちが演奏しているのを観るのも、一種のコミュニケーションでしょ。

ポール　たしかに観客は必要かも。僕ら――僕は、少し臆病になったんだよ、特定のことに対して。

マイケル　観客の前に出るのも大変なことのひとつなのかもしれない。観客の前に出ることでやってきたのが、前と同じようにいいものを提供し、かつ前と同じことをやらないということだったとしたら。以前に戻る（"get back"）のはとても難しいこと。言い換えれば、以前の状態に戻る（"get back"）という考えは、やめたほうがいい。

ポール　たしかにそう。ヨーコがこの前言ってたのも、同じことだ。観客の中に入って、彼らがワイルドになるように焚きつける必要はないんだ。

マイケル　彼らも年を取ったから。この部屋にいるみんなが年を取ったようにね。

ポール　それはむしろいいことで、だからこそ、媚びる必要もない。やるべきことをやって……以前と同じ規律……とも言えないな、同じ……

マイケル　衝動。

ポール　欲求だ。やりたいという欲求。……すごくうまくいっている曲もあるんだから、無駄にしたくない。(ジョンに向かって)アルバムに入った君の曲をやっている時に、だめにしてしまうこともあったね。僕らの機嫌が悪かったりして、君が「この曲はこんな感じだ。ちょっと席外す」と言って、残った僕らが仕方なく演奏する……なんてこともよくあったよね。

マイケル　だからこそショーは中止にすべきじゃない。マイケル(自分のこと)は、世界中の誰よりもあなたたちのショーに貢献できることは確か。なんてったって、世界一のロックンロール監督なんだから。と同時に、今現在ショーは存在してないし、誰もやりたいと思ってない。ジョージが「本物のショーじゃないから、誰もやりたがらない」と言うのも無理はない。何か他にやる理由を見つけなきゃ。

ジョージ　曲についても同じだ。僕の曲はひとつもショーでやりたくない。どうせゴミみたいになるから。妥協の産物になる。スタジオでやるとしたら、自分の思い描いたとおりにすることができるし、やる気が起きるまで演奏し続けることもできる。

ポール　君は去年、「ポール、君が望むことはなんでもできる」って言ったよね。でも最近の君は……

ジョージ　強く望めばいいのさ。

ポール　君はショーが実現する前から「できない、妥協の産物で終わる」みたいな言葉を矢のように発してるけど、そうは思わない。僕らはすごくうまいバンドだから、ちゃんとやって、曲もちゃんとしたいと望めば、すごいものができる。どうせいいものはできないと思うことは、なんのいい効果ももたらさない。瞑想と同じ。失望から何かが生まれる。（リンゴに向かって）ドラムを叩きたくないって言ったら、「僕らだってみんな同じさ」と肩をぽんぽんと叩き、「みんなで乗り切ろう」と励ます。「なら、やめちまえ！」なんて言っても無駄だろ？

マイケル　ここで番組をやらないのは、安易すぎるから。車で高級ブティック街のロケ地探しをしていた時、「トゥイッケナムでやったら？」とデニス（・オデール）が言ったの。そしたらニール（・アスピノール）が、「それじゃあ安易すぎる」と。障害となるものをあえて置く必要はないけど——おかしな言い方かもしれないけど、さっき言ってたブライアン（・エプスタイン）のこと——何か抵抗する対象があったほうがいい。裏庭でやるのは簡単すぎて、何かをやり遂げたことにはならないでしょ。現時点でショーにガッツがないし、自分も含め、誰にもガッツがない。やるならベストの番組を目指さなきゃ。ビートルズでしょ、ただの間抜けな四人組じゃない。

ポール　障害って何のこと？

マイケル　特に意味はない、ただの喩え話。

ポール　例を挙げてよ。

マイケル　たとえば、外国に行くとか。

ポール　つまり、何らかの現場に僕らは置かれ、フレイムワークの中に納められるということ？

マイケル　フレイムワークは、外国。

ポール　それに関して言えることはひとつ。外国には行きたくない。バンドの決定事項だ。

ジョージ　ここにいたって同じことだけど、ここのほうがましだ。行ったらマイクやテープやヴィデオの設置なんかで、もっと大変なことになる。

マイケル　ここにいることで問題になるのは、クリームの番組みたいになること。それぞれのショットをあれより長くした感じになるのが心配なの。外国に行けば、ヴィジュアル的に大きなプラスになる。考えてもみて。ヘリコプターから、水に囲まれた円形劇場を録るの。松明の明かりと二〇〇〇人のアラブ人がいる。ヴィジュアル的にファンタスティック！　言うなればそれが障害ね。他に自分たちを納める、いけてるフレイムワークを考えているところ。フレイムワークは絶対に必要。ホールの裏手でやる必要もない。ジョージ、そういう障害はいいものよ。規律とかそういうんじゃなくて。あなたたちが過去五年間にやってきたことは、障害を取り除くことだから、仮の障害を作るのは簡単なことではない。拘束服で演奏するのは間違った障害。今はそんなの、手ぬるい。

ポール　ファンクラブ向けのショーに出て、ウェンブリーかウィンブルドンで、かごに入って演奏したのを覚えてる？　あれは変わったことをやったね。

ジョージ　地獄のようだった。

ポール　でも、毛色の変わった感じになったよね、病院で演奏してるみたいで。物に向かって演奏してるみたいで――ファンクラブみたいな、病院みたいな。

マイケル　「Jude」は涙を誘うやり方をした。白人と黒人と、郵便局員やら母親や子どもやベルボーイがいて、途中で眼鏡をかけなおす男がいて。泣ける要素は、あなたたちの音楽の一部だから。

ポール　真面目な意図のあるものができたらいい。チャリティとか。僕らは決してそういうタイプじゃないけど、慈善を装って、そういうショーをやる。

マイケルが言う「クリームの番組」は、二日前（一月五日）の夕方に放送された、六八年一一月二六日のロイヤル・アルバート・ホールでの〝解散コンサート〟の模様を含むドキュメンタリー番組のことだ。ポールとジョージは番組を観たが、リンゴはすぐにチャンネルを変えたらしい。「慈善を装って」というポールの発言に、『LIVE AID』を思い浮かべたファンもいるかもしれない（笑）。さらにポールは提案を続ける。

ポール　ＢＢＣの番組を観た人いる？　学生たちが『Late Night Lineup』を乗っ取ったやつ。テレビの枠を二〇分間与えられ、チェルシーのアート祭りに行って……手慣れた感じではなかったけど、すごく良かった。男が一人、モニターを観ながら紅茶を飲んでるんだ、長いこと。五分くらいだったけど、テレビにしたら長すぎる。背後で「Revolution」がかかってて。アナーキーみたいだったよ、学生たちがＢＢＣを占拠して。ああいう場を、僕らは一時間与えられることになる。

ジョージ　「All You Need Is Love」は、政治的な放送みたいで良かった。ああいうふうにしようよ。

ポール　それは大賛成だ。「Jude」も政治的だったな。

マイケル　政治的だったけど、パーティみたいだった。

ポール　そこだよ。僕らはああいったパーティのような政治放送が嫌いなんだ。

ジョージ　僕らは何か言いたいことがあっても、曲に隠すように仕込んだりして、そのまま出すことは避けてきた……ああいうのは本当は嫌だった。「All You Need Is Love」も、少しそういうところがあった。陰陽マークだの花だの小道具があって……「All You Need Is Love」というメッセージ自体は、的を射たいいものだったけど。

ポール　誰に向かって演奏するのか？　どこで演奏するのか？　周りに何があるのか？　たとえば国会議事堂でやるとしたら……国会議事堂でやれるよう手配してもらえない？

マイケル　『CIRCUS』でやろうとしたよ。

ポール　やっちゃいけない場所でショーをやろうよ。立ち入り禁止区域でやって、それで、演奏中に警察に力ずくで退出させられる。ちょっと暴力的になったほうがいい。

マイケル　そんなの危険すぎる。マニラ再びって感じで、みんなが袋叩きにあってる図は、想像しただけで面白いけど。

ジョージ　マニラとメンフィスだ。

マイケル　メンフィスもひどかったの？　まあ、あそこはもともと治安の悪いところだけど。

ジョージ　テキサスもそうだ。

マイケル　ジミー・サヴィル（『Top Of The Pops』の司会者）みたいにやろうっていうんじゃないの。足の骨を折った子どもたちを想像してみて。一九四四年のビング・クロスビーのミュージカルに出てくるような子どもたち。孤児院なんてどう？　チャリティにしたらいいと思う。

みんな　(不満を口にする)

ポール　リヴァプール大聖堂は?

ジョージ　リクエストを募って、それぞれの曲を誰かに捧げるようにしたらどうだろうか。「この曲はハリー・ウィルソンに捧げます。これはローマ法王に、これはザ・シンギング・ナン、ワシントン総督……」といった具合に。

ポール　(ジョンに向かって) 君はどう思う?

ジョン　何について?

ポール　ショーの開催場所について。

ジョン　(沈黙)

マイケル　ＪＬ (ジョンのこと)、意見を聞かせて。

ジョン　孤児院は良くないな。

ジョージ　悪いオーラの中に閉じ込められることになるからな。

ポール　ビアフラに飛行機を送って、人々を救出したら? 飛行場で演奏して。ビアフラ人のためのショー。

マイケル　最もチャリティらしいものは何? 大量殺人鬼に向かって演奏するの。世界の歴史の中では、法律上の殺人犯でとても慈善的な人々がいるわ。

ジョージ　〝慈愛は家庭から〟と言うしね。

ポール　それならジョージの家でやろう。

マイケルの発言を受けてジョージが出したフィリピンのマニラとアメリカのメンフィスは、どちらも六六年のツアー時に四人がひどい目に遭った場所で、ハリー（ハロルド）・ウィルソンはイギリスの当時の首相、ザ・シンギング・ナンは六三年の全米一位の「ドミニク」で知られるベルギーの歌手スール・スーリールの別名である。実りがあるように見えて、収拾がまったくつかない不毛なやりとりの末、ライヴ・ショーにみんな非協力的なら僕もやらないとポールは述べたが、それでも無反応なメンバーに対し、自分までやる気がなくなりそうだとポールは嘆く。

ポール　なんで君らがこれをやっているのかがわからない。何のため？　金のわけはないよな。なんでここにいる？　僕がここにいるのは、番組をやりたいからだ。でもみんな全然協力的じゃないいな。他にも番組をやりたいからここにいる人は？

マイケル　マルの言うとおり。もう十分エンターテインメントの要素はある。そのエンターテインメントをどこに持っていくかが問題。

ジョージ　演奏を観るだけじゃつまらない番組になる。「ありがとうございました。お次は……」といったふうに、編集で寄せ集めただけのものに……

ポール　最初はそんなふうなのを思い描いていて、そうなる可能性もまだある。当初考えていたのは、ドキュメンタリーなしでショーだけ。それか、両方入れたとしても、どっちも良くなければ、たいしたものはできない。

マイケル　完成度の高いものに仕上がったら、エンターテインメントのすごいパッケージができる――アルバム、初公開のドキュメンタリー、そしてライヴ。
ジョージ　熱意とやり遂げる体力があれば、さまざまなものがこれから生まれる。
マイケル　病院、孤児院、チャリティなんかもその一部。素晴らしいショービジネスにすべき。それが人を喜ばせるんだから。フランスの少年の唇に浮かんだ微笑み、アメリカの若い女性の目に浮かんだ涙……そんなのがあったら。

一月一八日予定のチャリティ・ショーの開催が二〇日に延期になったのも、この時期のことだ。

ポール　昨日の夜、マルが言ったよね。「ここで番組をやるんならやると、今日決めなきゃいけない」って。びくびくしながら僕らに提案してくれた。僕らに叫んだりしたくなかったと思うよ。でも言わざるを得なかったんだ。曲をやるんなら、コードを覚えなきゃいけないのと同じこと。歌詞もそう。やるんなら、基本的なことをやらなきゃいけない。最後のミーティングで僕が叫んでいたのは、やり方はふたつしかないということ。やるか、やらないかだ。決めてほしい。みんなが決心するまで、何日もここで時間を無駄にしたくない。僕はやるよ、みんながやるなら。学校と同じだ。ここに登校しなくちゃいけない。僕は学校を中退したし、みんなもそうだけど、また行かなきゃいけないのと同じ。
マイケル　あなたたちさえちゃんとしてくれれば、機材を抱えて後からついていくから。

ポール　やるんなら一所懸命やって、五日前までに全部覚えられるように、一日何曲リハーサルするか考えることも必要だ。五日前といったら、今から一週間後だ。
マイケル　初日は音楽的に最も良かった。四曲くらいまわして演奏してたから。
ポール　でも言わせてもらえば、まるで関心のないような人がいると、僕も興味を失う。ツアーのせいとか、何々のせいとか、言えないよ。この……今年に入ってからの〝あれこれ〟には、すごく僕も……
ジョージ　去年だよ、去年。
ポール　過去数ヵ月はこんな感じだったけど、前のアルバムだってこうだった。もっとひどかったかもしれない。ニールが言ってた。僕らはみんな個別に彼に電話して、「みんなを集められる？」「何するか教えて」と聞くって。お互いに聞くんじゃなくて、みんなニールに「あいつら何してる？」と聞くんだ。
ジョージ　でもいつもそうだよね。君が言ったように「これをやりたい、あれをやりたい」とみんな言って、結局は誰もやりたくないことをみんなでやることになる。
ポール　でも今回は違う。
ジョージ　公式に宣言してくれ。
ポール　全員にとって、これで最後にしたほうがいいのかもしれない。やる意味がないから。
ジョージ　そう、そのとおり。
マイケル　そうなったらすごく悲しい。観客としてとても。

ポール　もちろんさ！　バカだな！　ばかばかしいのは承知だ。でも、もっとばかばかしいのは、これを続けることだ。
ジョージ　今回は君のやりたいことをやることになるからな。
ポール　大馬鹿なのは、僕ら四人だ。誰のせいにもできない。僕らしかいないんだから。
マイケル　今みたいにふさぎこんでいるより、クリエイティヴになったほうがいいよ。
ジョージ　日記をつけているんだけど、まさに「ふさぎこんでいる」と書いたところ。
マイケル　ビートルズは少なくとも、この一年はふさぎこんだままだよ。
ポール　そんなこと言っちゃいけない。
マル　一緒に演奏してないからだ！　でも、一緒に演奏するとなったら、いつも昔のことを話すだけ。まるで年老いた年金受給者みたいに「ロックしてた頃のことを覚えてる？」って。でも、いま僕らは、ここにいる！　やろうと思えばやれる。熱意がほしいんだ。
ポール　少しだけ言わせてほしい。君たちは必要とされている。みんなビートルズが必要なんだ。本当に多くの人にとって。君らが何をするとしても。
ポール　それから、僕は自分のアイディアを押しつけることがあるかもしれない。最善なアイディアではないかもしれないけど、良いアイディアではある。それをみんなで改善することもできるんだ。曲だって一緒に書いて改善することもできる。（リンゴに向かって）ドラミングだってやろうと思えば改善できる。そうじゃなければ、他に考えはある。でも、やろうと思えば、より良くなるんだ。

そして、バンド崩壊について触れたジョージの発言を受けて、「誰が子どもを引き取るのか」と尋ねたジョンに対し、ポールはビートルズの楽曲管理者ディック・ジェイムスの名を挙げた。

ジョージ　僕が曲について言おうとしていたのは、こういうことだ。僕が一九四八年から二〇曲くらい書き溜めてある曲は、スタジオに持ち込んだ瞬間、ふーっと無いものにされてしまう。

ポール　ああ。

ジョージ　だから決して持ち込まなかった。でも徐々に、今ではちょっとずつ持ち込めるようになった。本来ならそうあるべきだった。

ポール　うまくいってないことを気にしてもしょうがない。大事なのは、うまくいってないことを、四人が認識することだ。

ジョージ　もう十分認識させられてるよ。

ポール　いやいや、認識するだけじゃなくて、より良くする必要がある。僕がやろうとしているのはそういうことだ。

ジョージ　そろそろ離婚する時が来たのかもしれない。

ポール　僕も先週そう言った。時は近づいてる。

ジョン　誰が養育権を？

ポール　ディック・ジェイムス。

ジョン　それがいい。

警句を引用したジョージの皮肉っぽい発言――「見ざる」（無関心なリンゴ）、「言わざる」（会話に参加しないジョン）、「聞かざる」（自分の意見を主張し続けるポール）――が飛び出したのもこの日のことだった。さらにポールは、ショーに向けての決意表明を再度述べる。

ポール　電話で言ったのはそういうことだ。僕はやるよ。人生のこの時点でバラバラになるなんて、ばかげてるから。何の意味がある？　全員、アタマでは同意しているのに、実行に移していないだけじゃないか。（ジョンに向かって）君はヨーコと自分のやることをやってる。でも、ここにきて僕らを見下げた発言をするのはばかげてる。いや、実際に君のやってることといったら、何も喋らないことだ。それから、僕も君を見下げた発言をしているかもしれない。そう思えるかもしれないけど、実際はそうじゃないんだ。僕ら四人は似た者同士なんだ。お互い腹を割って話していないだけさ。

さんざん意見を闘わせた後、それでも続けて「I've Got A Feeling」「Maxwell's Silver Hammer」「Across The Universe」に取り組む四人。「I've Got A Feeling」ではエンディングのリズム・パターンをどのようにするか検討し、リンゴがタムタムを叩くなど、いくつか試す。金床をハンマーで叩いた音を「Maxwell's Silver Hammer」に加える案も出た。その時のやりとりが面白い。

リンゴ　ごめん、ジョージ。ハンマーが少し重すぎる。

ポール　マルのほうがマックスウェルみたいだからいいさ。もっと学者風にしなきゃな。真面目にブレザーとストライプのネクタイをして、大きい合金のハンマーを持って。僕のマックスウェル像はそれ。医学専攻のマックスウェル・エジソン。

ジョージ　これをプロデュースする人に言いたいのは、僕はベースのことを何も知らないから、サウンドのことを知らずに演奏しているということ。ただコードを差し込んで演奏しているだけだから、誰かサウンドに熟知した人――グリンがいるなら彼に、気をつけるように言っておいて。

ジョン　（おどけた朗読風に）さあ、「Maxwell's Silver Hammer」物語の始まりです。（ロンドンの）ベイズウォーターの質屋"F.D. Cohen"からハンマーを手に入れました。

ポール　（おどけた朗読風に）マックスウェルはどこにでもいる、普通の少年でした。予測不能の状況が降りかかるまで、彼は他の青年と同じような生活を送るはずでした。

ジョージ　"bang, bang, Maxwell's silver hammer"って大勢の人でコーラスを歌うのはどう？　口笛を吹きながら歌って、合わせるのは僕には難しすぎる。「Jude」の終わりみたいにしたらどうかな？

ジョン　みんな歌を知ってるだろうから参加して。僕らはこの曲を知らないから。

ジョージ　あそこにコーラス部分を映し出すのはどうだろう？

こうしたリンゴのちょっとした言動からも、リンゴは、場の空気を変えるのに重要な繋ぎ役であることがわかる。ジョージも積極的だ。また、六八年の「Lady Madonna」のセッションでのボツ曲「Across The Universe」をジョンもジョージも気に入っている、という興味深いやりとりも出てくる。

ジョン 捨てるのはもったいないから、今回再利用してしまおう。最後にやった時は、終わりのほうではなんとかうまくいったけど、そのヴァージョンの気に入らない点は、その時、自分でも何をやっているのかわからなかったことだ。タンブーラは良かった。

ジョージ 僕は気に入ってたし、君が好きじゃないと言ってた〝女の子たちが歌う部分〟も気に入ってる。あのレコードは全部好きだ。ちょっと変わったアイディアで、ちょっと変わったやり方でやったというだけ。

ジョン やり方はあまり変えないで、もっと良くすることもできる。長いこと聴いてないけど、無駄にするのはもったいない。

「Maxwell's Silver Hammer」にしても「Across The Universe」にしても、このように協力して曲を仕上げようという積極的な場面もあるにはある。だが、いかんせん新曲が少ないため、〝自分〟のも〝他人〟のも含めて昔の曲を引っ張り出して延々と肩慣らしをしているような状況だ。「Dig A Pony」をかったるそうに歌うジョンの横でポールはあくびをする始末である（映画『LET IT BE』

で観られる)。歌っている途中でジョン自身も飽きてしまい、「もっと速い曲をやろう」と言う。だが、演奏するのは〝昔の曲〟——「One After 909」だった。

ポールのやる気は他の三人(特にジョンとジョージ)に届くのか? まだセッション四日目なのに、いつ解散してもおかしくない状況だ。

ちなみに、そんな危うい状況ではあったものの、ニール・アスピノールの依頼でカメラマンのイーサン・ラッセルがスチール写真の撮影を開始したのは、この日(一月七日)が最初だったようだ。その後も断続的に撮影を続け、計一一日間(一月七日、一三日、一四日、二二日〜二七日、三〇日、三一日)、ゲット・バック・セッションの写真をカメラに収めた(二一日も撮影した可能性がある)。それらの厖大な写真は、『LET IT BE』のイギリス(日本も)の初回盤LPの豪華ボックスに付けられた写真集としてまとめられた。ラッセルの写真は、『LET IT BE』のLPとシングルのジャケットをはじめ、その後も数多く使用された。ゲット・バック・セッションのめぼしい写真は、ほとんど彼の手によるものと言っていいだろう。撮影日数が多いこともあり、四人の日々の服装の違いから、撮影日を特定できるという楽しみ(?)もある。『LET IT BE』の表ジャケットの撮影日は、ジョンが二二日、ポールが一四日、ジョージが二四日、リンゴが二七日である。このあとのセッションの流れを追ってみると、〝マッシュルーム・カット〟のようなそのポールの写真の撮影日が興味深い。ポールはいったい、何を演奏していたのだろうか。

1月8日（水）
船上ショーの案が（懲りずに）浮上した日

主要曲「All Things Must Pass」「She Came In Through The Bathroom Window」「Maxwell's Silver Hammer」「I Me Mine」「Let It Be」

この日は珍しくスタジオにジョージとリンゴが先に来て（映画『LET IT BE』で二人がカメラに向けて顔を近づけるのはこの時のもの）、ジョージが「I Me Mine」をリンゴの前で披露した。ジョンとポールがその後も自分の曲にまったく関心を寄せないことにストレスを感じていたジョージは、ビートルズでやるよりも、ソロで自分の曲をのびのび思いどおりにやったらどんなに気分がいいかと感じていたはずだ。そうした思いが最初のソロ・アルバム『ALL THINGS MUST PASS』（一九七〇年）に結びつくわけだが、「I Me Mine」がポール（とジョン）への当てつけであるのは明らかだった。

この時のジョージとリンゴとのやりとりは、映画『LET IT BE』にも一部出てくる。

ジョージ　曲名は「I Me Mine」。歌ってあげようか？　聴きたくなくても構わない。たいした曲じゃないから。ミュージカルに入ってても入らなくてもいい。ちなみにヘヴィなワルツだ。テレビで観たんだ。ＳＦの番組で、突然メダルだのなんだのについての話になって、そこから曲を思いついた。オーストリアかな、舞踏会から来た人々が、みんなメダルを身に着けていた。背後で音楽がかかっていた、3／4拍子の。時々あるんだよね、何かを聴いて、別のものを思いつく。あの時もワルツが頭に入り、"I me mine"（と歌う）と思いついた。みんなで一緒に揺れるような曲だ。

その後、スタジオにやって来たポールとの会話も面白い。

ジョージ　気になるブーツがあってね。ハイカットだけど、そんなに締めつけるやつじゃない。皮でできてなくて、もっと柔らかいやつ。アフガンのコートみたいにグルーヴィーなやつで、刺繍されていて、ブーツみたいだけど、家で履くスリッパだ。

ポール　そういうブーツが欲しいのか？　持ってるぞ。

ジョージ　どこで手に入るの？

ポール　僕から手に入れればいい。あげるよ。持ってても履かないから。

映画『LET IT BE』で「For You Blue」を演奏している場面（収録は一月二五日）でジョージが履いているブーツが、ポールからもらったものだったとは、ちょっと意外な気がする。

この日に一度だけ演奏された「Two Of Us」のエレキ・ヴァージョンは、出色の仕上がりとなった。映画『LET IT BE』でも観られるように、ジョンとポールが一本のマイクを挟んで立ったまま歌う姿は、惚れ惚れするほどのカッコ良さだ。パワー・ポップ・ヴァージョンとも言えるアレンジも素晴らしく、発表されたアコースティック・ヴァージョンと並べてみると、「Revolution」と「Revolution 1」ほどの違いがある。

他にもこの日は、一月三日と同じく「One After 909」をやった後に、ジョンとポールがデビュー前に書いた未発表曲「Too Bad About Sorrows」と「Just Fun」を取り上げたり、「I've Got A Feeling」の力のこもった演奏を聴かせたり（映画『LET IT BE』で観られる）、「Let It Be」を初めて全員でやったりと、聴きどころの多いセッションとなった。「Let It Be」では、ポールが〝マウスベース〟ならぬ〝マウスハイハット〟をしつこく続け、リンゴがそれに従って同じようにずっと叩き続ける場面が出てくる。演奏後のジョンの一言も聴き逃せない――「（"Mother Mary"の歌詞を）"Brother Malcolm"に変えろ。そしたら良くなる」

「One After 909」は六三年のシングル「From Me To You」セッションのボツ曲だったが、ダレた雰囲気にカツを入れるのに最適な曲だったようで、四人を結束させる効果をこの後も場面場面で生み出している。また、「Too Bad About Sorrows」と「Just Fun」の合間に、ジョンがマリファナ使用の刑罰についての記事を読んだことに触れ、「For You Blue」の出だしに使われた"Queen says 'no' to pot smoking FBI members"の一節を披露。この流れでそのコメントをとらえると、ジョンは、（一般的に言われている）"movement"ではなく"members"と言っているのは間違いない。

その後は、「All Things Must Pass」「She Came In Through The Bathroom Window」「Maxwell's Silver Hammer」のリハーサルに時間を割き、続いてジョンとポールも加わって「I Me Mine」も延々と演奏したが、ギターを攻撃的にかき鳴らすジョージに対してジョンは、「ハリソン・フィッシャー（二〇世紀初頭に活躍した美人画の画家）の女どもや小人どもがこれで踊ればいい」と辛辣な言葉を投げかけている。さらに「ビートルズはロックンロール・バンドだぞ！　とっとと失せろ！」とも。ジョンは、ジョージの〝ヘヴィ・ワルツ〟を、歌詞も含めて毛嫌いしていたことがわかる。対してジョージは、再度「I Me Mine」を演奏した際に、ポールとともに、ジョンとヨーコの〝Bag In〟をからかってお返し（？）をする。

ジョージ（ジョンに）いいね〜。それ、撮影用にやれば？　曲はとてもシンプルでやりやすいから、ワルツか何かを加えたほうがいいかも。少し〝袋〟でおしゃれにしたければ。

ポール「これからジョンとヨーコが、白い袋に入ってワルツを踊ります！」と言って、白い袋がくるくる踊る。二人が中に入って、やってる。何をやってるかというと、今回はワルツだ。脱出芸をやる曲芸師みたいにしよう。「ごらんください、縄で二人をくくりつけております。何も袖に隠しておりません」と言ってから、白い袋をかぶせる。

映画『LET IT BE』でも観られるように、「I Me Mine」をBGMにジョンとヨーコがワルツを踊ったのは、これを受けてのことだろう。また、ポールがアドリブで「Don't Bother Me」を口ずさむ場面があり、それを受けてジョージはこう返している。

「夏のツアー中、ボーンマスで病気で寝ていた時のことを覚えている。医者がトニックをくれて、アンフェタミンか何かが入ってた。覚えてる？　それで君たちが、ハイになりたくてそれをみんなで飲んだんだ。あの時に書いた曲だよ」

後半は、ライヴ・ショーの観客やステージの造り、演奏地についての話し合いが延々と続く。解散のようなバカげたことは絶対に阻止し、ビートルズのライヴ・ショーを実現させたいポール、海外でのショーに乗り気なマイケルとジョン、イギリス国内でならやるリンゴ、そもそもショーをやりたがらないジョージ。結論は翌日に持ち越しとなった。

主なやりとりは以下のとおり。まず観客について——。

マイケル　ショーのエンディングは、「Hey Jude」や「Good Night」のような涙を誘う曲で終わったほうがいい。後ろに「一九六九年一月二〇日」と書いた大きなボードも必要。「次は真実の愛についての曲をポールが歌います」というようなMCを後からかぶせて。

ポール　観客は誰にする？

ジョン　ウォルトン・オン・テムズのパン屋だ。

マイケル　人間。列の最初の数千人。

ポール　観客はどこに？　円形に囲ませる？　ここを円形劇場みたいにもできる。四方向に配置して、てっぺんにはカメラ。

マイケル　それじゃあ、レコードにするにも撮影するにも良くない。でもそうするなら、僕ならうまくできるし、あなたたちもうまくできる。松明は次回にまわせばいいし。

ポール　『Around The Beatles』（ビートルズの六四年のテレビ特番）みたいになるね。

マイケル　そうそう、そう思ってた。あれはいい番組だったね。だから舞台劇っぽくしたい。最近のプレスリーの番組も少し『Around The Beatles』みたいだった。過去にあなたたちがやったのと同じことはやりたくないけど。

ポール　三本くらいしかテレビはやってないよ。

ジョン　『Magical Mystery Tour』『Around The Beatles』と『Shea』だ。

ポール　本当のテレビ番組は『Around The Beatles』だけじゃないかな？

マイケル　あれは良かった。でも、何か提案すると、誰かしらが良くない点を指摘してくる。他のみんなはどう思ってるの？

ジョン　僕はこう思う（と言って「Sweet Little Sixteen」を弾く）。

マイケル　昨日も弾いてたね。何も言わないでいつもいきなりやるから、その曲怖い。

続いて円形のステージ・セットについての、ジョンとデニス・オデールのやりとり――。

ジョン　透けて見えるようにするなら、プラスチックを使ったほうがいい。骨組みなしで。こっちの番組ではみんな使ってる。硬質プラスチックか、新しい素材。プラスチックの大きな塊をどんな形にもできる。観客を動かしてもいい。

デニス 数段あって、踊ったりできるといいな。
ジョン 頭の上に持ってきたら、透けて見える。
デニス この場所を覆って、洞窟みたいにしてもいい。
ジョン だめだ。
デニス なら、背景は黒とかはっきりした色がいい。そしたらパネルやライトをコントロールできるし、好きな色にできる。
ジョン そう。どこからでも透けて見える。

ジョンが結成したプラスティック・オノ・バンドの〝発想の元〟が窺える発言が興味深い。そして会場についての、リンゴとマイケルのやりとり――。

リンゴ 行くんなら、四、五日にしたい。向こうでリハーサルする必要はないだろ?
マイケル 子どもがいると、持っていくものもたくさんになるね。
リンゴ イギリス人の観客に向けて演奏したいんだ。
マイケル 話し合わない? 望みの観客が用意できると説得したら、拒否権を行使するのをやめてくれる?
リンゴ 僕を説得するのは簡単さ。やるなら最高のやり方にしてくれ。海と劇場をヘリコプターから撮影しても、せいぜい一、二分にしかならない。それだけのために行く気にならない。

マイケル　あなたたちビートルズだからこそ、いい番組を作りたい。ビートルズがやることはすべて最高じゃなきゃ。アルバム全部最高じゃない？　バンドとしてだけでなく、ソングライターの三人だけでなく、四人とも最高だから、最高のショーにすべき。

リンゴ　やることすべてが最高なら、普通のことをただやってはだめなの？

マイケル　今のところ、あの足場と筒状のセットの話は、四年前みたいで古い。四年前が悪いってわけじゃないけど、もうみんな二八歳くらいになって、観客も生き方も変わってる。この場所をロックンロールにすることもできるけど。

リンゴ　タヒチだのなんだの、どこだっけ？　君が僕らを連れていきたいところをロックンロールにできるとは思えない。

マイケル　チュニジアかトリポリ。

リンゴ　ジブラルタルは？――わかるかな、ポールが一時間演奏するのを観たほうがよっぽどましだ。彼は素晴らしいからね。

マイケル　まとめると、ジョンは行きたい。ポールはたぶんどっちでもいい感じ。ジョージはどちらかといえばあなたと同じ。なかなか大変なバトル。問題は、ロシアのせいで話し合いができないということ。ロシアがだめと言ったら、四国とも何もできなくなる。

マイケルの言う「ロシア」と「四国」は――演奏場所の話をしているので混乱しがちだが、ロシアはリンゴ、四国はビートルズのことだ。マイケルによると、海外渡航が実現した時に備え、ポールのアイディアでそれぞれコードネームで呼び合うことにしたらしい。具体名はポールかジョンが考えたそうだ。

ライヴ会場に関しては、マイケルはチュニジア、デニスはリビアを推していたが、他にもエチオピア、ジブラルタル、タヒチなど、〝イギリス以外のどこか〟であればいいと言ってもいいほど、多くの案が出た。ジョージの反対がなければ、リヴァプールからチュニジアに向かう船の上でのリハーサルと、円形劇場での本番の演奏が撮影されていたかもしれない。実際、一月一三日にマルとニールがチュニジアかトリポリの円形劇場を見にいく予定もあった。

四人を交えての、会場についての話し合いは延々と続く（〈Fly On The Wall〉に一部収録）。

ポール　なぜ反対するか――わざわざ行くのがひとつ、それと機材の設置だの、すべて大変だ。でも不可能ではない。アラビアかどこかでライヴをやるとして、みんな僕らがロックするのを待ち構えている。ＱＥ2（イギリスの豪華客船クイーン・エリザベス2）とか船を調達できたら行くよ。チケットは無料配布する。乗船込みのチケットだ。船の上で撮影する。
マイケル　ロシアは、イギリス人の観客じゃなきゃだめだと言ってる。イギリス人観客が調達できれば、ロシアは行く。ロシアのためのちゃんとした観客が必要。
ジョン　ロシアか！　いいなあ！
マイケル　違う、違う。リンゴのコードネームよ。
ジョージ　外国でやるのに何の意味がある？　素晴らしい休暇になるという以外に？　それなら、

仕事をやってから自分で行くよ。
デニス 仕事からの逃避だよ。それが答え。
ジョン 僕のアイディアは、ボックスをステージの上にも置いて、動かす。
ジョージ また格子のあるかごに入れられるの？
ジョン そうしたらどのアングルからでも撮影できる。ライトで色を変えるだけ。『Around The Beatles '69』だ。
ポール 僕の提案はこうだ。どこかに行くんなら、船で観客も連れていく。船上でショーをやって、着いてからもやる……月明りの下で。最後のドレス・リハーサルは船上。
マイケル 待って、待って。フランスが登場よ。
ジョージ フランス？　僕はフランスに入国できないよ！
マイケル 違う、違う。あなたのコードネームよ。水のそば、戸外の完璧な劇場、これ以上の素晴らしいアコースティックな環境はない。
ジョン 歌いながら日が落ちて、夜明けが訪れる。静けさと月と。すべて曲のためにある。どうだ？
リンゴ ロックンロールのバンドがそんな？
マイケル 夜明けでも夜でも、ロックンロールになれる。それなりの観客がいれば。
ジョン 一緒に連れていくしかないな。
デニス チャリティのことを忘れてない？

ジョン　船いっぱいの精神障害……

みんな　えー！

マイケル　リンゴは英語が喋れる観客がいいの。

ポール　去年、アルバムを作っていた時、ロンドンのＥＭＩでやる必要もないってことになったよね。

ジョン　アルバムを作るたびに言ってる。「なんでいつもＥＭＩなんだ。ＬＡでもできるのに！フランスでもいい！」――それでも結局、ここにいる。またしても僕らの周りにクソみたいな城をおっ立てて。今度こそどこかでやるべきだ。向こうで実際にアルバムを作るだけでなく、「今度のギミックは何？」っていうプレッシャーから解放される。神がギミックになる。残る問題は観客だけだ。

ポール　冒険になるな。

ジョン　ミドルエイトの途中で陽が昇る……タイミングを考えただけでわくわくするよ。

リンゴ　ありのままの自分でいたい！　快適であったかくて、ぬくぬくしたところがいい！

ジョン　月が昇り、スモークが漂っている中に、僕らがいるのが見える。

リンゴ　本当にここでやったほうがいいと思う。でも、ロシアでいるのはやめた。絶対行かないと言ってるわけじゃない。

ジョン　言いたいことはわかる。ここに留まる理由をひとつだけくれ。

リンゴ　人々のためだ。

ジョン　それなら、連れていけばいい。

ポール　ここの入り口で、たとえば最初の千人——イギリスから来た白人（笑）にチケットを配ればいい。

ジョージ　もう終わりにしたい。二週間も巨大な船いっぱいの人々と過ごすなんて。ここならせめて家に帰れる。仕事を忘れて。それだけ多くの人とすべての機材を持っていくなんて現実的じゃない。これはもちろん、僕らの問題だ。

ジョン　地球上の最も素晴らしいセットがあって、それをまだ作っていないだけだ。シンプルなことさ。

リンゴ　でも、僕らと彼（マイケル）以外に、どれだけの人がそのセットを観るっていうんだ？　彼らが観たいのは、テレビの出演者だ。周りにあるものではなく。

ジョン　ズームアウトしてセットを映せば観られる。セットの使い道はある。

リンゴ　リラックスして、太陽が輝いて……それも悪くないな。

マイケル　九回か一〇回アップを撮ったら、何か他に映すものが必要になる。

ジョン　インドの屋上みたいになる。そこに機材を揃えたようなもんだ。

マイケル　イエスって言ったら、行ってくれる？

リンゴ　ばかなこと言うなあ。一度イエスと言ったら、もう気にしないさ。

ジョン　いったん考えよう。

マイケル　でも、今いいところよ。

ジョン　全員が今イエスと言ったとしても、明日ノーと言うやつが出てくるかもしれない。
ジョージ　船なんて本当にばかげてる。すごくお金がかかって……狂ってる。ロイヤル・アイリス（リヴァプールのクルーズ客船）よりも巨大な船が必要になる。
ジョン　そんな船、ただで調達できるさ。向こうの宣伝になるから。
デニス　三時間も電話すれば調達できる。
リンゴ　船の手配に？
デニス　そうだ。
ジョン　アメリカの海軍から船を調達した。
リンゴ　ちょうどそこにあって、数時間使っただけじゃないか。
ジョン　反戦映画（『HOW I WON THE WAR』）に米海軍が協力してくれたんだ。
リンゴ　映画観たよ！　プレミアに行ったじゃないか！　君は最高だったけど！
ポール　いったん寝かせよう。
リンゴ　みんな、おやすみなさい！
マイケル　おやすみ、ロシア！

1月9日（木）
まとまりのある演奏が増えた日

主要曲「For You Blue」「Two Of Us」「I've Got A Feeling」「She Came In Through The Bathroom Window」「Get Back」「Across The Universe」「Let It Be」

リンダとともにまずスタジオに現れたポールは、ピアノの弾き語りで新曲を披露。「Another Day」「Let It Be」「The Long And Winding Road」「Her Majesty」「Golden Slumbers」「Carry That Weight」と続け、「The Long And Winding Road」を数回試した後、「Oh! Darling」やアドリブも含め、出来立ての新曲を和やかに演奏した。まるでポールの自宅で聴いているかのような雰囲気である。曲の合間にポールは、フランク・シナトラの『SONGS FOR SWINGIN' LOVERS!』（一九五六年）のようなアルバムが作れると冗談交じりに言う。「Golden Slumbers」「Carry That Weight」「The Long And Winding Road」の歌詞についてのやりとりも興味深い。

ポール　（「Golden Slumbers」について）この曲はおとぎ話のようにしたい。「むかしむかし　お姫様がいました」「むかしむかし　王様がいました」

マル　王様が子守唄を歌います（笑）。

ポール　（「Carry That Weight」について）これは物語みたいな曲だ。決め文句が続けて出てくるところは、「Act Naturally」に少し似てる――"And this is why she said... She said, Boy, you're gonna carry that weight, carry that weight a long time...”（とポールとリンゴで歌う）“weight”（重荷）は問題のことだ。山積みになった問題。でも、最初に思いついた時は、コメディ風の曲だった。飲んだくれて、カミさんと喧嘩して、また酔っぱらって……と。翌朝起きたら、頭が重い。何の重荷だ？　と思ったら、単に自分の頭だった（笑）みたいなヴァースも出てくる。この問題は、みんなが普段直面してるような問題。よくあるような歌にしてもいいな。主人公はすべてを手に入れていて、何もかもうまくいっている。でも、「今朝、卵をひとつ割ってしまった」みたいな（笑）。

リンゴ　うさぎが逃げたとか（笑）。

ポール　そういう些細な問題（笑）。

マル　鏡を割ったとか。

ポール　右の靴紐をきつく締めすぎたとか。（「The Long And Winding Road」について）こっちの曲は他にも何か足したいんだ……天候による障害とか。

マイケル　美しい曲ね。なんていう曲？

ポール　「The Long And Winding Road」。つまずいてるところがあってね…——“The storm clouds and the rain / Break up over the winding road...”（と歌う）。やっぱり曲がりくねった路についての曲にしたい。なんか絵が思い浮かぶんだ——“just the winding road that leads to your door, it will never disappear, I’ve seen that road before, it’ll always lead me here, lead me to your door”

リンゴ　手始めにはいいね（笑）。

マル　『オズの魔法使い』みたいな歌詞だね。あの映画は観た？

ポール　観てないけど。
マル　「The Yellow Brick Road」は知ってる？
ポール　ああ。
マイケル　あれはいいよね。
マル　雰囲気が似てる。ドロシーが男の子たちのところに戻って、もう二度と会えなくなる。
マイケル　そう、そう。
マル　あれは悲しい。
マイケル　泣けるよね。
マル　実際に泣いた。
ポール　先にあるものを歌ってもいい――"The thing that's up ahead / At the end of the road..."（と歌う）。
マル　路上に障害があって、それを乗り越えるようにしたら？
ポール　うーん、現実に障害がありすぎるから、歌にまで入れたくないよ（笑）。
マイケル　終わりはどうするの？　ハッピーエンディングにするの？　それともまだ決めてない？
ポール　こんなふうに終わらせようと思ってる――"But still they lead me back / To the long and winding road / You left me waiting here / A long long time ago / Don't leave me standing here / Lead me to your door..."（と歌う）。

この日はポールもいつも以上にやる気満々で、ショーを意識し、立ち位置や機材の場所も本番同様にやろうと切り出した。対して、遅刻したジョージは、「ダンスのステップはまだ習ってないよ」と冗談で返している。

四人で本格的に取り組んだ「Get Back」のセッションでは、歌詞を作り込んでいく場面が興味深い。"Joe"や"Teresa"など具体的な人名にするかどうか、歌いながら即興で決めていったり、"Arizona"に呼応するフレーズを考えながら"Puerto Rican""Pakistanis"などの言葉を即興で加えたり……という具合だ。最後のプエルトリコ人とパキスタン人については、イギリス領の有色人種のイギリス移住に関してこの日の朝に見た新聞記事にヒントを得たものだった。あまりにも多くの移民がイギリスに住みついているので国へ帰れ（"Get back"）と言ったイノック・パウエル議員の差別発言を受けての歌詞だ（パウエルは六八年四月二〇日にも〝血の川の演説〟と呼ばれる同趣旨の発言をしている）。それに合わせてなのか、演奏も、ポールがマイクでがなった凄まじいパンク・ヴァージョンとなった。

ちなみに、「Get Back」のこの〝替え歌〟を歌ったポールは人種差別主義者だと、八六年にイギリスのタブロイド紙『ザ・サン』紙に書かれ、ポールはこんなふうに答えている――。

「「Get Back」の歌詞に「公共アパートにぎゅうぎゅう詰めのパキスタン人がいる」というようなくだりがあった。でもそれは、パキスタン人が詰め込まれすぎていることへの抗議のつもりだったんだ」。

また、ショーの選曲を具体的に決めるためなのか、「Two Of Us」「Don't Let Me Down」「I've Got

A Feeling」「One After 909」「Let It Be」の構成・アレンジも固まりつつある。

「Let It Be」を本格的に取り上げたのはこの日が初めてだった。後半に集中的に演奏を開始した時、ポールがピアノを弾き始めたところでジョンはマル・エヴァンスにベースを取りにいかせている。ポールはコード進行を口で伝えながら、時間をかけてジョンとリンゴにそれぞれベースとドラムを指導。ジョンにはバック・コーラスも指示している。歌詞はまだ二番までしかできていない。セッションは一時間を超えたが、ポールが演奏後に"Brother!"と叫んだり、"Brother Malcolm chants to me"と歌ったりしている場面がある。昨日（八日）のジョンの助言に（この日は）一度だけ従ったようだ（"Brother Malcolm"の言い換えについては後述）。

前半に「Let It Be」を演奏した際に、ポールは、ゴシップ記事を元にした興味深い話を披露する――。

ポール　今朝の新聞の『William Hickey』（ゴシップ・コラム）に、僕が、とあるグループに曲を提供したって書かれてたの知ってる？　それによれば、僕は一二時ごろホテルで飲んでて、バンドがいたからドラムを叩いたら、そいつらが「一曲ください」と言った。僕は「いいよ」って言ってあげた（"I've been to Albufera, had a great time there"と歌う）。「La Penina」って曲。ホテルの名前を付けた。そいつら気に入って、みんなで歌って、楽しかった。でも記事では、僕が二万ポンド相当の曲を簡単にあげてしまったことになってる。記事の最後では、デレク・テイラーが、曲をあげたんじゃなくて、曲のもととなるリフをあげただけと言ってるのに、やつらときたら、「レノン＝

マッカートニーは現在、ジミー・スコットから拝借したリフ〝Ob-La-Di, Ob-La-Da〟で潤ってます」と記事に書きやがった。くそどもめが。あれはリフを思いつくための言葉にすぎなかった。「ハロー」と口に出しただけじゃ、リフにならないだろ。僕がジミー・スコットからもらった二語を、リフにしたんだ。彼から命を奪ったわけじゃあるまいし。彼が曲を書いたわけじゃないんだぜ。

そう言ってから、ポールは「Penina」のさわりを披露したが、これは、六八年一二月一一日からの約二週間、ポールとリンダがヘザーを連れ、ハンター・デイヴィス（ビートルズの伝記の著者）の家族が住んでいたポルトガルのアルガルヴェに休暇旅行に出かけた際の話だ。ポールは、旅行を急に思い立ったらしい（出発当日はジョンがヨーコと出演した『ROCK AND ROLL CIRCUS』の本番収録日だった）。「Penina」は、ジョッタ・ヘレという四人組のバンドが六九年三月に、カルロス・メンデスが六九年七月にそれぞれシングルとして発表している（ともに作曲クレジットはポールのみ）。ポルトガルのグループに会ったとポールはウイングスのファンクラブの会報誌『クラブ・サンドイッチ』でも話しているので、その場にいたのはジョッタ・ヘレだろう。

ナイジェリアのコンガ奏者ジミー・スコットは、ビートルズの「Ob-La-Di, Ob-La-Da」のセッションに参加していたので、その時のやりとりが元になったのは明らかだ。ポールの別名プロジェクト、ファイアーマンの三作目『ELECTRIC ARGUMENTS』（二〇〇七年）に収録されている「Nothing Too Much Just Out Of Sight」も、ジミーの口癖を元にしたものだった。ちなみにジミーは、六八年一一月六日に「Ob-La-Di Ob-La-Da Story Alullo（Part 1）」（B面は〈Part 2〉）という〝便乗〟シングルをイギリスで発表している。

ジョージが六日と七日に新曲「For You Blue」を披露した時にはほとんど相手にされなかったが、この日はポールがピアノ、ジョンがエレキ・ギターでそれぞれ合わせるなど、まともな演奏となった。その合間にリンダも同席し、テレビ・ショーについて話し合う。

マイケル　郵便局員、母親と娘、黒人と白人、ターバンを巻いた男、それから女の子たち。みんな世界の一部で、それを売りにすべき。

リンゴ　ヒューイー・グリーンの『Opportunity Knocks』（メリー・ホプキンのデビューのきっかけにもなったタレント発掘番組）が一三年もうまくいっているのは、おばあちゃんや、どこにでもいるお母さんを出演させるからだ。視聴者は、自分たちと同じような普通の人々を観たい――ここでショーをやったほうがいい理由のひとつは、そういうこと。イギリス人とアメリカ人はメインの人々だから。

マイケル　それでもやっぱり、相手は世界中の人々だと思う。

リンゴ　僕らのファンのほとんどは、アメリカ人だ。

リンダ　たしかに。

マイケル　そうかもしれないけど、ファンは、ビートルズは自分たちだけのものでなく、世界のものだと思ってるはず。そして、本当に世界のもの。「Jude」はそこが良かった。ターバンを巻いた人や中近東の人が出てきて。

ちょっとしたアドリブ曲も含めて、この日は力の入った演奏が多い。特にジョンのノリがいい。映画『LET IT BE』にも出てくる「Suzy's Parlour」や「Shakin' In The Sixties」「Tennessee」「House Of The Rising Sun」、それに「She Came In Through The Bathroom Window」でのポールとの掛け合いをはじめ、ジョンが中心となって他の三人をぐいぐい引っ張っている。やる気のある時のジョンはすごい。逆に、やる気がない時は……ということでもあるが。

この日の山場は、「Get Back」で歌われたパキスタン移民の歌詞（"Don't dig no Pakistanis"）に端を発して生まれた即興曲――「Commonwealth」「Enoch Powell」「Get Off!」の三曲だ。「Get Back」に続き、こちらはイギリス移住に反対するイノック・パウエル議員とハロルド・ウィルソン首相との答弁の記事を元にした曲である。いずれもジョンとポールの、瞬発力が試される掛け合いが素晴らしい。たとえば「Commonwealth」では、ポールが"Commonwealth"と言うと、ジョンが"Yes!"とすかさず韻を踏むように応酬する、という具合だ。ジョンの即座の反応にポールは吹き出しながら"Commonwealth"と続けている。二人の〝ツーカー〟なやりとりは、「Getting Better」でのジョンの合いの手や、「Dig It」「You Know My Name (Look Up The Number)」などに通じる絶妙の間合いを感じさせる。「Commonwealth」でポールは、"dirty Enoch"と、〝人種差別主義者〟パウエル議員を揶揄して楽しんでもいる。

そして、「Dig It」の元歌と言ってもいい「Get Off!」へと突入する。"Can you dig it?"とポールが

（ジョンよりも先に）言っているのも聴き逃せない。クォリーメン（ビートルズの前身バンド）のアイヴァン・ヴォーンとエリック・グリフィスや、マルコム・エヴァンス、ビル・ハリー、トニー・シェリダンなど、ビートルズに縁のある人物の名前を四〇人以上ジョンとポールが次々と叫ぶというめくるめく展開に耳を奪われる（映像でも観たいものだ）。勢いづいたのか、ジョンが演奏の合間に「アンプの音量に文句があるならグループを辞めろよ」とジョージに一言かましているが……。「Get Off!」の途中でジョージが「For You Blue」を弾き始めたものの、構わず「Get Off!」に戻したのもジョンだ。

1月10日（金）
ジョージがビートルズを脱退した日

主要曲「Get Back」「Two Of Us」

この日は、ディック・ジェイムスが早い時間にスタジオを訪ねた。一月七日にビートルズの楽曲の〝養育権〟の引き取り相手としてポールが名前を挙げた人物である。ディック・ジェイムスは、六三年二月に設立されたビートルズの楽曲管理会社「ノーザン・ソングス」の五〇パーセントの株をせしめたディック・ジェイムス・ミュージック（ＤＪＭ）の社長で、五四年にジョージ・マーティンのプロデュースで「ロビン・フッド」のヒット曲を放った元歌手でもあった。

ここでは、ノーザン・ソングスが六五年に版権を獲得した「ローレンス・ライト・ミュージック」のカタログについて、ディックがポール、リンゴ、マイケル、グリンに長々と説明し、どうやらそのカタログを見ながら会話を交わしているようだ。

マイケル　このカタログが、この前売りに出されたやつ？

ディック　つい最近、我々が買ったやつだ。我々とは、ジョンとポールも含む。

ポール　かろうじて。

ディック　かろうじてとはどういうことだ？

ポール　ノーコメント。

ディック　ずいぶん本質をついたコメントだな。

ポール　そうとも言える。

マイケル　本当にこれ買ったの？　なんて商才があるんでしょう！　誰が買うのかと思ってた！

ディック　多くの曲が二五年から三〇年、新たなパッケージで売られてないから、どんどん再発するつもりだ。やつらは未だに二五曲を三シリングで売ってたんだ。「Stardust」もある。今の貨幣価値だったら、一二曲五シリングでも輸出向けには十分だ。

リンゴ　「Red Roses For A Blue Lady（ブルー・レディに紅いバラ）」もある。

ディック　今から一二ヵ月の間にこのカタログを広範囲で展開する。

マイケル　商品化するということね。

ディック　そう。まったく新たな商品にする。楽譜とソング・アルバムの市場は拡大してるからな。

マイケル　でも、誰が楽譜を買うの？　僕はプライベートでは買わない。土曜の夜に友達と過ごす時、「I Want To Hold Your Hand」をピアノで弾きたくなったら、楽譜を買うかな？

ポール　買うのはほとんどピアノを弾く人たち？

ディック　それだけじゃない。ギターを弾く人やバンド。

マイケル　何でこんなことを聞いてるかというと、楽譜を買うよりレコードを買って、自分たちで聴き取ったほうが安上がりじゃないかということ。

ポール　それは難しいんじゃないかな。耳が良くなきゃできないから。

ディック　ポールの言うとおり。ピアノを使ってコードを聴き取るのは簡単なことじゃない。

ポール　たとえば、僕がメリー（・ホプキン）のアルバムをアレンジした時は、アレンジする前に必ず譜面をもらった。アレンジする人全員がコードを知らなきゃいけないから。

グリン　ポップ・ソングの楽譜はコードの間違えが多かったね。

ポール　最近はそうでもないよ。

ディック　そう。初期は間違いもあったがな。

グリン　歌詞の間違いもあった。

ポール　歌詞の間違いはもうなくなったな。僕らは必ず歌詞をつけるようになったから。

ディック　ボーイズ（ビートルズのこと）は曲を書くというより、創るだろ？　レコーディングが終わったら、アセテートをもらい、譜面起こしの担当者に渡す。やつは経験豊富で、起こすのがとてもうまい。彼が間違えることもあるから、俺たちが歌詞を校正してから、ジョンとポールにチェックしてもらうようになっている。譜面起こしとボーイズのチェックの後は、ジョージ・マーティンに譜面が渡され、彼が拒否権を行使する。

ディックとポールとの距離感がよくわかるやりとりだが、ディックは二ヵ月半後の六九年三月二七日に、ジョンとポールに無断でノーザン・ソングスをイギリスのテレビ会社ＡＴＶ（Associated Television）のルー・グレードに売却した。ポールはなぜ、自作の「Yesterday」を歌っても他人にお金を払い続け、利益が少ないままなのか？――いまだに続く楽曲権利問題が泥沼化するきっかけも、この時期から始まった。

この日は最初に「Get Back」を取り上げ、ジョージとジョンがギター・ソロをそれぞれ弾くなど、前向きなセッションとなった。だが、よりヘヴィなサウンドに仕上げようと試みるポールに対し、ジョージは「お前にはエリック・クラプトンが必要なんだろ」と言い放ち、ポールがうろたえる場面も出てくる。その後、「Two Of Us」にバディ・ホリーの「Peggy Sue」のようなドラムを加えようという案も出るなど、セッションは順調に進むかにみえた。

ところが、「Two Of Us」を演奏後の昼食中にジョンとジョージの〝ガチンコ対決〟が勃発（内容は不明）。ジョージは、セッション再開後、「I'm Talking About You」を弾き始めたジョンに向かって「バンドを去ることにした」と伝えたのだ。

「いつ?」と返すジョンに対して、「今すぐ」と答え、そのままスタジオの階段を駆け上がった。上の階にある小さな食堂で昼食をとっていたポール、リンゴ、マイケル、マルに向かって「また(ロンドンの)クラブでな」と一声かけて、スタジオを後にしたという。ジョージが駐車場に向かった時、ちょうどジョージ・マーティンが自分の車をジョージのベンツにぶつけてドアをへこませたところだったという、笑うに笑えない話もある。

ジョンには弟分として蔑まれ、ポールには技量も含めて下に見られ続けたジョージ。実りのない演奏と、乗り気でないライヴへの不満、それに自分自身の扱われ方への不満が爆発したのだろう。この時ジョージは、『NME』にメンバー募集の告知をすればいいとまで言ったそうだ。頭痛続きだったというジョージがギターのワウワウ・ペダルに引っかけて「Wah Wah」(『ALL THINGS MUST PASS』に収録)を書いたのは、この直後のことだった。

ジョージは夜にトライデント・スタジオに向かい、ブルート・フォースの「King Of Fuh」の作業に従事した(おそらくジョン・バーラムのストリングスのダビング作業の立ち合い)。その後、クラウス・フォアマン夫妻の家でポーカーをやって気晴らしし、週末は、ウォリントン近くにジョージが購入した両親の家に車で向かった。ちなみに「King Of Fuh」はジョンとジョージのお気に入りで、六九年五月にアップルから発売されたが、過激な歌詞が引っかかりラジオで流されず、話題にもならずに終わった(二〇一〇年に発売されたアップル・レーベルの編集盤『COME AND GET IT: THE BEST OF APPLE RECORDS』などに収録)。ポールの『EGYPT STATION』(二〇一八年)に収録された

「Fuh You」を聴いて、「King Of Fuh」を思い浮かべたマニアもいたはずだ。

ジョージがスタジオからいなくなり、〝スリートルズ〟でまず演奏したのは、ジョンが歌うザ・フーの「A Quick One While He's Away」。ジョージが抜けたのを皮肉るかのような選曲だ。しかもジョンは曲の後半でこう叫ぶのだ――〝Ok George, take it!〟と。バンドを抜けたジョージに向かってギター・ソロを弾けと言っているとも、ソロでやれよと言っているようにも受け取れる。

ジョージが抜けて出番がきたのはヨーコだ。続けて「Don't Worry Kyoko」を絶叫し、バックでは、あろうことかポールがベースによるフィードバックを加えている。ジョン、ポール、リンゴをバックに歌うヨーコの〝勇姿〟は、ヨーコのドキュメンタリー『THEN AND NOW』で観ることができる。ヨーコが絶叫していた方向は〝ジョージの定位置〟だったという、またまた笑うに笑えない話がある。

辛辣なのに傷つきやすいジョンの心情は、ジョージの〝脱退宣言〟のショックで加速されたようだ。ジョージ抜きで演奏された「I've Got A Feeling」「Don't Let Me Down」「Maxwell's Silver Hammer」のジョンのやけくそな歌いっぷりがあまりにもひどいからだ。自暴自棄、ここに極まれり。ジョンに付き合いグダグダに歌うポールもあっぱれ、である。

ジョージの脱退は、ライヴ・ショーとテレビ特番にも多大な影響を与えた。それを案じたスタッフの〝緊急ミーティング〟も行なわれた。ジョージ・マーティンとニール・アスピノールが、〝ジョン&ポール〟と〝ジョージ〟の関係に言及しているのが実に興味深い。

マイケル　心配なのは、いったん去ると、戻ってきづらいということ。

ニール　それは心配ない。どっちにしろ、日曜日にはみんなで会う予定だから、そこで戻ってくるかも。やりたいことや演奏しなければいけないことに関しては、どうしても〝ジョージ対ジョンとポール〟になってしまう。

マーティン　曲作りのこともある。二人は曲作りのパートナーで、彼は一人だ。大変だと思う。

マイケル　でも、ジョンとポールはもうあまり一緒に書いてないんでしょ?

マーティン　書いていないが、それでもパートナーであることに変わりはない。

マイケル　クレジットもそうなってるしね。それから二人は、ジョージとよりも、音楽的に合うのかもしれない。

ニール　たとえば、こういうことだ。誰かが書きかけの曲を持ってきて「こういうのを書いた。僕はこういうふうに演奏する。ほら、お前のパートを加えろ、やれ」と言う。そしたら「それはやりたくない。そこを変えろ、これをやれ」となる。やりたくないことをやらせていたら、数ヵ月だって耐えられないだろうよ。

マイケル　今夜ジョージは、自分のセッションがあるの?

マーティン　ある。(ブルート・フォース用の)ストリングスだ。

　ジョージを思いやるアップルのスタッフのやりとりは、しかしながらジョンの耳にはまったく届かなかったようだ。リハーサルの後半にも、「こうこなくちゃ」と(なぜか)思わせるジョンの毒舌は止まらない。

マイケル　これからどうするの？

ジョン　ジョージの楽器を山分けする。

みんな　（爆笑）

続いてカナダのＣＢＣがジョンとヨーコにインタビューしているが、マイケルが仕掛けたマイクをヨーコが発見する場面が出てくる。

ヨーコ　これはシークレット・エージェントか何かのもの？

ＣＢＣ　それを使って君らに不利になるようなことをするんじゃないの？

ヨーコ　（ＣＢＣに向かって）あなたのものじゃないの？

ジョン　それはこっちの備品だ。

ＣＢＣ　それ、ラジオ・マイクだよね。

ヨーコ　（ジョンに向かって）あなたたちにプライバシーはないの？

ジョン　ないさ、ビートルズの番組をやるとしたらな。それで、いつやる？　月曜？　火曜？

ＣＢＣ　火曜日は？

ジョン　オーケー。火曜（一四日）にここで、一〇時以降だったらいつでもいい。（スタジオの）角でもどこでも、好きなところでやればいい。
CBC　電話で聴いたけど、いいね。ヨーコは新しいサウンドをもたらしている。
ジョン　彼女、歌ってただろ？
CBC　『TWO VIRGINS』を聴いたんだよ。
ヨーコ　あ、気に入った？
CBC　いや、まったく。
ジョン　わー！
CBC　（ジョン・）ケージやシュトックハウゼンは好きだけど……
ヨーコ　次世代のサウンドよ。次にくる新しいサウンド。それが好きになれないだなんて。
CBC　やりすぎだと思った。盛り上がるところも何もないからね。
ヨーコ　冗談でしょう？　そんなにはっきり言わないで。ありふれたものなんていらないわ。
CBC　ケージの「Indeterminancy」は聴いた？
ジョン　いや。
ヨーコ　ええ、もちろん。
CBC　ジョンに聴かせてあげて。あれはすごくストーリー性がある。
ジョン　ああ、あれなら聴いたよ。
ヨーコ　ねえ、聞いて。あのストーリーなんてもううんざり。私はあれを日本語に翻訳したのよ。
彼（ジョン・ケージ）と一緒に仕事していた頃、あれを全部タイプしてあげた。

ジョン　君が彼の秘書だった頃な。
ヨーコ　ああジョン、あなたは時々、とても残酷でひどいことを言うのね。
CBC　（『TWO VIRGINS』は）カナダでは一般向けに販売するの？
ジョン　たぶん。誰かがやってくれる。
CBC　僕らがやるよ。
ジョン　そう？　CBSが？
CBC　いや、僕個人の会社。権利を持っているポリドールは、怖がって手を出さない。だから僕らが扱いたい。
ジョン　誰でもやりたいやつがやればいい。
CBC　唯一の心配は、訴訟。
ジョン　僕らは何も心配していない。そんなの日常茶飯事だからな。
CBC　ジャケットが問題だ。僕は大丈夫だったよ。ただ二人の人間が立っているように思えたから。たいしたことなかった。これから世界中のバンドが脱ぐことになるのが唯一心配だ。
ヨーコ　でもあれ、いちばんいいショットじゃなかったのよ。

そしてジョンとリンゴが昔話に〝ゲット・バック〟する。

ジョン　（アメリカ訛りで）毎日のように思い出すよ。なんて楽しかったんだろう！　僕らがビートルズで、グループで世界中で演奏して、ロックして。僕は言うね、「リチャード、覚えているかい？」――そして彼はこう言う、「その頃、僕はまだ加入してなかった」。

リンゴ　ホテルにはいい思い出がある。

ジョン　ああ。

リンゴ　ツアーはあまり好きじゃなかった。

ジョン　オーストラリアで卵を投げられた時がハイライトだったな。

リンゴ　僕、扁桃炎で長いこといなかったろ？

ジョン　おお、そうだった。

マイケル　誰が代わりに行ったの？

リンゴ　ボビー・ニコルだか、ジミー・ニコルだか。

ジョン　ジミー・ニコル。今じゃ二九番目のビートルとして、ニュー・メキシコで生計を立てている。

この日の最後には、ジョンがもう一丁かました〝クラプトン〟発言も出た。

ジョン　月曜か火曜（一三日か一四日）までにジョージが戻らなかったら、エリック・クラプトンに弾いてもらう。ジョージが脱退するのなら……

リンゴ　彼はなんでクリームを辞めたの？

ジョン　エリックは喜ぶはずさ。彼がクリームを辞めたのは、全員がソロをとるバンドだったから。僕らはそうじゃないから、思う存分ギターを弾ける。はっきりさせなくちゃならないのは、ジョージが辞めても、ビートルズを続けたいかということだ。僕は続けたい。他のメンバーを見つけて、続けたい。もしビートルズが解散するのなら、他のバンドを見つけてくる。僕はシンガーで、ダンサーじゃないぜ、ベイビー！

リンゴ　僕は他の〝ビートル〟とはやりたくないけど、やれと言われれば、やる。

マイケル　番組用には、ジョージが病気になったことにすればいい。

ジョン　いや、バンドを去るんなら、去ったことにする。

マイケル　アイクかティナ・ターナーを入れればいい。

ジョン　ジョージの代わりに？

マイケル　そう。それから、会場について……変なことを言うようだけど、ジョージが戻ってくるなら外国、エリックが入るならここでやる。だけどやっぱり、海外でやったほうがいいと思う。

ジョン　ただやり続ければいい。

マイケル　外国に行くべき。

ジョン　何事もなかったかのように。

ジョージが抜けてもビートルズは続けたいというジョンの意見に、消極的に従うリンゴ。打開策は見えない状況だ。

1月13日（月）
解散を辛うじて免れた日

主要曲「Get Back」

ジョージの〝脱退〟を受けて、前日（一二日）に、リンゴのウェイブリッジの自宅で緊急会議が開かれた。ジョージも顔を出したが、相変わらず意見を言わないジョンをヨーコが代弁し続けることに腹を立て、また途中で帰ってしまった。一二日の日曜日は、新曲のなさをポールに指摘されていたジョンが新しい曲を書く時間に充てていたが、それも叶わずである。

そして一三日。今度はジョンがセッションを半ばボイコットして夕方三時に到着し、演奏は二時間程度で終わってしまう。そうした経緯もあり、この日はむしろ、今後に向けての対話が多い。緊迫した状況でもあり、内容は刺激的だ。まずはリンゴとマイケルの映画談義から――。

マイケル　ドラムを叩くより、映画のほうが好き?

リンゴ　それに答えるのは難しいな。映画はちょっとしかやってないけど、ドラムはたくさんやってるし。だから映画をやるのかもしれない。

マイケル　いい気分転換になるのね。

リンゴ　『HELP!』と『A HARD DAY'S NIGHT』は、まあ良かった。何をやっているのかわからなかったけど、とにかく四人で演技した。

マイケル　でもすごくいい映画になった。

リンゴ　まあ、でも、やったうちには入らない。演技というより素だったからね。ただ言われるとおりにやっただけ。『CANDY』をやった時は二週間しかかからなくて最高だったよ。何かやることが必要だったから。あれはいいものができた。

マイケル　（監督のクリスチャン・）マルカンは助けてくれた？

リンゴ　いや、あまり助けてもらったように思えない。撮影前に本を読んだ。本では庭師が、ガタガタと緊張して震えているから、そういう演技をしたけど、映画の中では変に映ってしまった。本を読んでいない人が観たら、なんでガタガタ震えているのかわからないだろ。彼女に呼ばれて「はい、お嬢様」と言って、お屋敷に入ったことはないから、周りを見渡して。そういう演技をしたけど、映画の中じゃ頭がおかしい人にしか見えない。

マイケル　でもうまくできてたよ。訛って喋ったの？

リンゴ　そう、訛るようにした。

マイケル　メキシコ訛り？

リンゴ　そう。アクセントは得意じゃないから、もう忘れたけどね。メキシコ人みたいに喋るように、コーチに指導を受けたんだ。

マイケル　『CHRISTIAN』（『MAGIC CHRISTIAN』のこと）の脚本は読んだ？

リンゴ　読んだけど途中であきらめた。実際にやるシーンになるまでは読まないよ。それも大変なんだよね。脚本はよくわからないから苦手なんだ。断片的すぎる。本がなけりゃ、自分の役柄をなんとなく推測するしかない。傲慢なのか、すごく真面目なのか、謙虚なのか。自分で決めなきゃいけないいんだけど、教えてもらったほうがいい。ピーター（・セラーズ）と、もしかしたらデニス（・オデール）、それにテリー・サザーンが来たら、どんな役になるか教えてもらえるかもしれない。ただ、一〇月のはずだったのに、長いこと待たされてるんだよね。二月まで待てないよ。映画作りはそんなもんだってみんなに言われるんだけどね。まあ、楽しみにはしてる。『CANDY』がすごく楽しかったから。

さらに、ジョージが聞いたら怒りそうな（?）ハレ・クリシュナ談義も。

配達人　ハリスン氏ですか？（と言いながら何か荷物を置く）
みんな　（爆笑）
配達人　必ずセットに運び入れるように言われたのですが。
マイケル　それってあれから？　初日に僕が尼と呼んでた人たち。
リンゴ　ハレ・クリシュナのこと？
マイケル　ハレなんだって？
リンゴ　ハレ・クリシュナ。

マイケル　どういう意味なの？　「平安があなたとともにありますように」とか？
リンゴ　ええっと……神やらなんやらの類。少なくともそう聞いた（笑）。
マイケル　彼らのこと好き？
リンゴ　いいや。

そして、ジョンが来る前に、リンゴ、リンダ、マイケルにニール・アスピノールも加わり、今後についての話し合いが延々と続く。〝鬼〟ならぬ〝ジョンとヨーコ〟の居ぬ間に……だろうか、ポールはここで本心を打ち明けている。

リンダ　他の誰もいない、四人だけの場で話し合えればいいのにね。こうやってみんなで座って話しているみたいに。
リンゴ　ニール、昨日の夜、行った？
ニール　昨夜、ジョージにも似たようなことを言って……彼も同じ意見だった。
リンゴ　どういうこと？
ニール　彼が言いたいのは……四人だけで、ってこと。それだけだ。
ポール　大賛成だ。
ニール　僕も。
リンゴ　イエス。

ニール　だから昨日、彼（ジョージ）はジョンに、「君は嘘をついてる」と言ったんだ。
ポール　ああ、決定的瞬間だったね。
ニール　そう。でも心からそう思ってたんだよ。ジョンもわかって言ってたと思うよ。
ポール　ああジョンか、もちろんそうさ（笑）。
ニール　だからこそ、「ジョージ、君の言いたいことがわからない」とジョンが言った時、ジョージは二度こう言ったんだ――「君は嘘をついてる。もういい」と。ジョンは自分の言ってることを十分理解していると思ったから。
ポール　もちろん理解してるさ。
リンダ　なんて素晴らしい。
ニール　それだよ。クソみたいなことがずっと続いて、本当にばかばかしい。
ポール　たしかに。でも思うのは、みんなクソみたいなことをするということ。ジョンはクソだし、僕もクソだし、リンゴもクソだし、ジョージもクソだ。問題はジョンが、影響力があるかのようにふるまおうとすることなんだ。それを見越してみんな、値打ち以上の価値を彼に与えちまう。それに、ヨーコも彼も、真剣に自分たちに影響力があると思ってる。
リンダ　影響力があるように全然思えないわ（笑）。
ポール　彼もヨーコも……
リンダ　はーっくしょん……吹っ飛んでけー！
ポール　彼らは本当にそう思ってるんだよ。でも……

ニール　みんな咳き込むんだ！　ごほんごほん。

リンダ　ごほん、ごほん。どっか行っちまえ！

ポール　まあ、でも僕も同じことを思ってる。前に言ったよね、「ありがとう、でも、ヨーコなしで曲を書きたい」と。それが僕のやり方だから。たとえばチュニジアにいたとしても、バスルームに行って曲を書いて、出来上がったら戻ってきて君らに見せる。それからこう言う――「だいたい揃ったけど、いくつか言葉を練ろう。少しだけ」と。

ニール　ああ。

ポール　ヨーコがいると、イチから曲を書くのは難しい。〝ヨーコ・ビーム〟に当たりながら曲を書くと、白い壁についての曲になっちまうんだ（笑）。なんでかというと、ジョンとヨーコがそれを好きなのを知ってるから。実際は気に入ってもらえないけどな。彼らの好むのは何だろうと考え、それを尊重しすぎてしまうんだ。でも実際はそういうのは好きじゃないはずだ。実は彼ら、いたって真面目だからね。

リンダ　お互い、少し離れたほうがいいんじゃない？

ニール　いやいや、そういうことじゃない。

リンゴ　ジョンと連絡取った？

ニール　マルが今朝、電話した。僕はだめだった。

マイケル　後で来るの？

リンゴ　わからない。マルもだめだったから。

ニール　じゃあ、誰も彼と話してないの？
リンゴ　留守番電話になってたから。誰かまた連絡して。
ニール　誰も電話に出ないいんだよ。
リンダ　誰も聞きたくない意見を言ったり、言いたいことを言えないミーティングなんて意味がない。
ポール　ミーティングについてもそうだな。君は僕と一緒に来るし、ヘザーも来るし、ペットも一緒だ。
リンダ　「行かないほうがいい？」と言おうとしたんだけど、でも……
ポール　午後、リンゴの家に行くのは、楽しいから無理もない。
リンダ　そのとおり。
リンゴ　なんだって？
リンダ　ヘザーはザック（リンゴの長男）と遊べるし。
ポール　家族の行事みたいで、一人で行くのは気が引ける。
リンダ　「私たち残りましょうか？」と言おうとしたんだけど、やっぱりと思い直して。
リンゴ　なんで？
ポール　四人だけになるべきだからさ。
リンゴ　（リンダに向かって）でも、君は邪魔にはならないよ。
リンダ　真剣な話し合いをしているのに他の人がいたら、話が逸れるでしょう？

ポール　重役会議に妻や友達、子どもやペットを連れてくるようなもんだからな。
リンダ　ヨーコはいつも口を挟む。
ニール　それだよ。ヨーコが必ずいて、みんなうんざりする。重役会議にならないのさ。
リンダ　ヨーコがジョンの代わりに喋るからね。
ポール　でも、どうしようもないよ。昨日、曲作りについて言ったのも同じことだ。ジョンと一緒に書こうと思うと、仕方ない。僕らがいけないのは、昨日ジョンが言ったように、僕らのちょっとしたエゴに引っかかるようなものを排除しようとすることなんだ。今まで、誰に対してもそうだった。あの本（『Love Me Do!〈ラヴ・ミー・ドゥ！　ザ・ビートルズ'63〉』一九六四年）を書いてたマイケル・ブラウンも僕らの仲間内に入ってきたけど、追い出された。僕らが仲間に入ってほしくなかったからだ。四人が何かやっている間は、端にいてほしかったから。

続いてポールが、ビートルズとヨーコに対する〝ジョンの感情〟を的確に説明する。

ポール　答えはいつもふたつだ。彼女と闘って、ヨーコ抜きの四人にビートルズを戻すか、彼女の存在を認めるか。彼（ジョン）は、僕らのために彼女と別れる気はない。それならば、僕らが（彼らに）打ち勝とうとしなければ、それは障害ではなくなる。僕らがそれを乗り越えようとしている間は、それは障害物でしかない。そんなに悪いことじゃないよ。彼ら二人は一緒にいたいだけなのさ。若い恋人たちを一緒にいさせてあげようよ。「このような状況下では任務を遂行することはできない」なんて言うのはだめだ。まるで僕らがストライキを起こすことになる。そう、職場環境が悪いからストをするようなもんだ。でも、実際はそんなに悪い状況でもない。

マイケル　ジョンはそれについて何と？

ポール　何も。ただ、ビートルズをずっとやってきて、ビートルズから得たものはたくさんあったから――ジョンはもう、ヨーコとビートルズだったら、ヨーコを選ぶということだ。

マイケル　ヨーコはずっと居続けるというわけね。

ポール　もちろん。

マイケル　でもおかしいことに、この前、彼と話した時、彼はビートルでいるのをやめたいとは思わないと言ってたの。ビートルズがだめになるのを望んではいなかった。

さらに、ビートルズを存続させたいポールの切なる思いが伝わるやりとりが続く。

ポール　一度だけジョンと一緒に（曲作りを）やろうとした時は、ヨーコは合意してくれて、ちゃんとしてくれた。ただ、彼女がそこにいると思うだけで……僕はジョンにあまり話さなくなり、彼もあまり話さなくなった。そこにいればジョンは彼女に依存するから、結局は同じことだった。ジョンはきっちりやろうとする時は、ヨーコに口を挟ませない。お互いきちっとやろうとしていることがわかると、ちゃんと話し合うことができるんだ。でも、「I Will」の最後のヴァースを一緒に書こうとした時は、結局、僕一人で書くことになった。ヨーコも邪魔にならないように他のことをやってくれたのに……。あれだよ、二人はくっついていたいんだ。彼に向かって「だめだ」と言うのはばかげてる。たしかに彼はやりすぎている。でもジョンはいつだってやることが極端だろ！ ヨーコもたぶんそうだ。彼らは二人ともそうなんだから、「これについて極端に走ってはいけない。もう少し配慮しろ。ミーティングに持ち込むな」と言ったところで無駄だ。ジョンがそう決めたのだから、僕らは口を挟むべきじゃない。僕らのビジネスに関わることだとしても、「ジョン、それは良くないな」と言う以外は、あまり口を出せない。まあ、そんなことを言った日には、「失せろ！」「俺にとってはいい」「そんなにやりすぎてない」とかなんとか言い出すだろうが。

マイケル そういうことをもうジョンに言ったの？

ポール 「ヨーコと一緒に曲を書きたくない」とは言ったさ。

マイケル ヨーコが加わる前は、二人で書いてたの？

ポール ああ、もちろん。

マイケル それとも、二人での作業は少なくなってた？

ポール たしかに少なくなってはいた。一緒に演奏しなくなってから。

マイケル ステージで、ってこと？

ポール そう。バンドとして。前は一緒に暮らして、一緒に演奏してたから。同じホテルで毎朝同じ時間に起きて、一日じゅう一緒だった。それだけ一緒にいたら、何かしら二人の間にできる。それが今のように物理的に離れれば、失うものもあるさ。レコーディングだのなんだのになって、音楽的に失うものもある。前よりも演奏はずっとうまくなったとは心底思う。ただ、一緒じゃなくなって、お互いを軽く見るようになったんだ。お互い見下げた発言をするようになった。ビートルズはこうあるべきだと、ヨーコが提案するようになったのもな。僕らは〝九時五時〟の仕事をして、週末休むような、そういう働き方をしたほうがいい。みんなはもう大人だ。ジョンのところに行って、労働組合はこう言っていると伝えることもできるけど、最終的に判断するのは彼だ。子どもと同じ。子どもが悪さをしたら、やめなさいと言う。そうすると、子どもは平気さと思う。ジョンの（『TWO VIRGINS』の）アルバム・カヴァーも同じことだ。「なんでそんなことをする？」と聞いても、「なぜだめなんだ？」と聞き返される。そこが問題。こちらには譲歩する気持ちもあるんだが。

リンダ　譲歩するには、向こうも歩み寄らなきゃ。

ポール　向こうが譲歩するためには、まずこちらから歩み寄らなきゃならない。

マイケル　彼女が（スタジオに）いつもいること自体、（ポールが）譲歩していることにならない？

ポール　ジョンの残された道は、「あばよ」だけになる。そんなの嫌だ。「九時に、女の子抜きで、女の子は家に置いてきて」と命令する父親のような存在が必要だ。誰かそのうち現れるかもしれない。

リンダ　仕事は仕事よ。

ポール　考えてもごらん。ヨーコがアンプに座ったから解散したなんてことになったら、五〇年後にはお笑い種さ。「ジョンが毎回こういう女の子を連れてきてさ」――「なんだって？」ってなる。

マイケル　それにしても、リンダの言うように、バラバラになったら悲しい。

リンダ　音楽を考えただけでも。

ポール　僕らの音楽がなくなったらな。

リンダ　本当に。ビートルズのアルバムが出るってだけで大騒ぎだから。シングルでも。

マイケル　ラジオから流れてきてもね。

リンダ　ジョンソン大統領がスピーチするみたいなもんで、みんな聞く耳を持つのよ。

ポール　昨夜、テレビ番組についてのアイディアをニールに話したんだ。センセーショナルにするアイディア。『デイリー・ミラー』とかの真面目なニュースの編集者か誰かをリハーサルに呼ぶんだ。ショーの本番、曲の間に世界中のホットなニュースを、ニュース番組みたいに挿入する。最後のニュースは、ビートルズの解散だ。

マイケル　いいね。

リンダ　いいけど、そんなの誰も望まない。

ポール　ありがとう、でも結構ということか。

マイケル　やるなら生放送がいい。

誰がジョンとヨーコに鈴をつけるのか？　そんなふうにも読み取れる長い話し合いの後、スタジオ内の食堂にやって来たジョンとヨーコ。ジョージ不在の中、ジョンとヨーコ、ポールとリンダ、それにリンゴも加わってのやりとりは、「ここまで話すのか？」と思わせる、さらに腹を割った話し合いとなった。

ポール　ジョージはどこ？
リンゴ　ジョージの匂いがする。
ヨーコ　ジョージを連れ戻すのは簡単よ。
ジョン　そんなに簡単じゃない。彼の受けた傷はじくじくいってるから。
ポール　そうだ。
リンダ　そう。
ジョン　僕らがそうしてしまった。特に昨日は傷をより深くして、バンドエイドをあげることもしなかった。ジョージのせいでもある。ジョージがああなると、僕らのエゴのせいで、どうしてもああなる。
リンゴ　彼は辛いよね。
ポール　ロゼをちょうだい。
ヨーコ　私も同じのを。
ジョン　僕のエゴのせいだけとも言えない。おとといジョージのところに行った時も……
ポール　君の意見に固執してほしくないね。絶対に。
ヨーコ　あなたのエゴも見上げたもんよ。

ポール　君ら二人にやり込められたくないよ。

ジョン　自問してるだけさ、本当に彼に戻ってほしいのかって。

ヨーコ　そう。そう思ってるの？　ジョージに戻ってほしいって。

ジョン　戻ってほしいと心から思ったら、君（ポール）のために自分のエゴを抑え込むしかない。君への嫉妬を抑え込んで、何らかの理由をつけてやり続けるしかない。そうさ。君は今年に入って突然、僕が何者で、彼（ジョージ）が何者かということに気づいたわけさ。

ポール　まだ全部は把握していない。

ジョン　今まで君には、君なりの動機があった。僕はそれに合わせてきた。それで僕は君よりかっこよく見えたわけだ。その前も僕は、利己的な理由や正当な理由、それか、他に選択肢がなくて君に合わせてきた。だけど今年に入って君は、自分のしてきたことがわかった。それから、他人（ビートルズの三人）がしていることもわかり、僕らがそれに責任を感じていること、お互いの関係性に責任を感じていること、それがなければもっといいものができることも……。聞いてくれ。突然、状況を察したことを責めているわけじゃない。みんなの責任でもある。自分の身を守るという目的はみんな同じだった。自分の立ち位置がわからなくても、君のやりたいようにやらせて、ジョージに対しても同じだった。

ジョンの〝心情の吐露〟はまだまだ続く――。

ジョン　今回のことは君のせいだと思う。なぜか――君が突然すべてのことに気づいたからだ。自分がこういう人間だから、僕にはわかる。（リヴァプールの）メンディップスにいた頃もそうだったろ？「僕のこと好きか？」と聞いて、駆け引きをしてたんだ。
ポール　ずっとずっと見てきたよ。
ジョン　ああ、ああ。今年になって突然、（ポールに向かって）君は自分のせいにし始めた。まるで……僕が何も知らなかったかのように。それで君（ポール）はこう思った――「クソ、彼（ジョン）がどんなやつか知ってるぞ。よく人を蹴っ飛ばしてた。（クォリーメンの）レン（・ギャリー）とアイヴァン（・ヴォーン）と共謀して悪さをしていたのを覚えてる。僕は知ってる。やつなんてクソくらえだ！」と。たしかに僕はそういうことをしてきた。君（ポール）は五年間のトラブルを今年になって持ち出してきたんだ。片方の僕は、君（ポール）を助けるために何でもしようと思う。もう片方の僕は、自業自得だと思う。あいつ（ポール）のせいで五年間クソを食わされたのに、やっと今それに気づいたのか？　と。
ポール　ああ……彼（ジョージ）は戻ってくると思うよ。
ジョン　戻ってこなかったら？
ポール　そしたらまた新たな問題の発生だ。
リンゴ　ジョージは、四人が話し合うことを望んでいるんだ。
ジョン　もし僕らが本当に望むなら……ツアーはごめんだが……みんなの望みを方針とするなら、それに従うつもりだ。僕らが一緒にやってきたのも、方針があったからなわけだし。ジョージが言ったように、ビートルズは四人じゃない。僕一人でもビートルになるし、君一人でも。（リンゴに向かって）君はどうかな。君はあれ（映画）をやってるから……とにかく言いたいのは、ビートルズは四人だけで成り立っているわけではないってことだ！　ビートルズは仕事のようなもんだ。君（リンゴ）がピート（・ベスト）の代わりに加入したみたいに。僕はそう思ってる。

ポール　僕の言いたいことはこうだ。君はいつも先頭にいて、誰かしらが二番目で、ジョージは三番目だった。

リンゴ　僕はキャベツだった。

ポール　それは違う。君はウサギだった。聞いてくれ。ぞっとするようなことだけど、ジョージの言ってることは正しい。僕らがとってきた唯一のアプローチは、彼の言ってたとおりだ。僕らはいつでもジョージをだましてやらせてきた。突然わかったんだ。僕が無邪気にやってきたことを……

ジョン　やめてくれ。僕は少なくとも一四歳の時からはっきり気づいていた――自分が悪さを見て見ぬふりをすることに。それより前かもしれない。ダブデイル（小学校）時代からそういうことをしてきた。彼（ジョージ）のせいじゃないんだ。これは僕の問題だ。また同じことをやりそうになっていたから、この三年間はそれをやめようとしてきた。見てみるふりをするんじゃなくて、「今こそやめさせよう」と思った。

対して、マネージャー亡き後、リーダーシップを執ってきたポールが、思いの丈をぶちまける。

ポール　君ら三人が、たとえば店で売っている商品だとしたら、僕はそのままの状態で買いたい——たとえ本心では別の状態を望んでいたとしても。みんなが僕に何をしてほしいのかがわからない！　君らがどんな人間であれ、一緒にいてほしいと願っている。ベストな状態、可能な状態——そんなことを抜きにして、ありのままの君らでいい。ありのままの状態を受け入れられないとしたら、問題は僕にあるのだから。金も名声も、すべてのことを捧げても、君ら自身でいてほしいと思っている。君ら二人（ジョンとジョージ）がこういう人間だというなら、このまま続けるしかない。

ジョン　ジョージが言っていたとおりだ。以前のようには喜びが得られない。一緒でいるためにたくさんの妥協をしなければいけないから。アルバムも思ったようなものができない。以前は、『REVOLVER』でも『PEPPER』でも——これはどうやって生まれたんだろう？という驚きがあった。今じゃ、どうやってできたかわかるし、特定のノイズをどうやって創り出したかも知っているし、もっといいアルバムにできたはずだということも、わかりきっている。それか、アルバムを作らなければよかったということも。満足のいくものを作るには、もう自分一人でやるしかない。でもそれは、ばかみたいに大変なことだ。

リンダ　でも、昨日言ってたよね。もっと良くできるはずだって。あなたたちはただのスタジオ・ミュージシャンじゃない。自分が好もうが好まざろうが、あなたたちが一緒になると、いい音楽が生まれる。

ジョン　好んでる。

リンダ　人間関係を保つのは簡単なことじゃないわ。

ジョン　わかってる。ただ、全員がビートルズのＬＰに満足してないんだ。制作過程に不満があるんじゃない。出来上がった作品が、もっと良いものになったはずと思うからだ。自分の曲はいい。全体に対して、前ほど満足していないということだ。

リンゴ　僕は前より楽しんでるよ。

ジョン　個別に考えたらだよ。例を挙げなよ！　ジョージの曲でさえ、以前、僕らがやっていたどの曲よりも満足する出来だ。でも、全体としては、満足のいく結果じゃない。

リンゴ　僕は、『PEPPER』とかよりもずっと好きだ。

ジョン　僕もそうだ。個々の曲は、『PEPPER』よりもずっといい。でも全体としては——ビートルズとしては——うまくいってない。（『THE BEATLES』は）ビートルズの最高傑作になってもおかしくなかったのに。でも実際は、僕らが生み出したものとしては、そうならなかった。

ポール　僕は「もっといろいろ学ばなくては」と思うんだ。複雑なことはたくさん学んできたから、もっとシンプルなことを学ばなくちゃいけない。「自分はレースに勝った！」と思ったけど、実際はそうじゃなかったんだ。自分に満足していなかった。自分以外のすべての人を満足させただけだった。自分のためでなく、他の人々のためにレースに勝ったんだ。いろんなことは、実はとてもシンプルだ。知的な面で君（ジョン）に追いついていないせいで、至らない点がいくつかあったかもしれない。（リンゴに向かって）アルバム『STARDUST』について君が話した時も。君が心配するほど間抜けには聞こえないさ。僕はただ、君が本当にどういうものにしたいのか、知りたかったんだ。

リンゴ　ただ気に入らなかっただけだ。それが言いたかっただけ。僕が歌ってる時に「君は下手だ」と言われて。

ポール　一所懸命やっているのはわかる。何がいいって、君は自分らしく歌うということだ。

リンゴ　だけど、自分でやるしか方法がない。

ポール　ああ、本当に自分の歌い方を見つけるまでは、魂の片割れを失なったまま歌うしかない。

リンゴ　ああ。

ポール　たぶん、僕らすごく年を取ったら、本当の意味で一緒に歌えるよ。

リンゴ　そうだな。

ポール　その時には本当に歌おう。お互いにどんなにうまく歌うか見せよう。そしたらそこで死ぬかもな。そういう感傷的で甘いことなんだよ。そういうシンプルでちょっとしたことなんだ。

ヨーコ　でもそれがとても大事なことなのよ。

ポール　シンプルでなきゃ。〝A＋B＝X＋Y＋Z〟ではだめだ。

ジョン　僕が避けているのはそれかもしれない。

ポール　そうだな。でもそれでもいい。君は右に行くか、左に行くか、決めかねてるんだ。僕らの前にはふたつの道があるのはわかってる。君の行きたい道も、僕らの行きたい道もわかってる。それはポジティヴなことだ！　行きたいなら行けばいい。君にとってポジティヴなことは、電話ボックスに蹴りを入れることかもしれない。

ヨーコ　みんな、あなたがそれをするのを見たがっている。

ポール　でも実際、君は、電話ボックスを蹴っているように見られたくない。だから「みんなあっち見て！」と言い、みんなが見ていない間に電話ボックスを蹴って……（口笛を吹く）

ジョン　うまい喩えには思えないけどな。

ポール　僕らは、実際に君が蹴りを入れているところを見たいんだ。スティーヴ・マックイーンの映画で、彼が電話ボックスに蹴りを入れているところを、みんな観たいだろう？

ジョン　電話ボックスを蹴れないのは、僕だけでなく、みんなのせいでもある。

ポール　蹴れるよ、蹴れる。

ジョン　でも、リンゴが自分のアルバムのことで言ったみたいに、ばかみたいに見えて、僕のせいでみんなをがっかりさせることになるから、やらない。それぞれが、お互いに対してそういうふうにしてきた。

ポール　僕は僕、君は君、ジョージはジョージの行きたいほうに行く。でもいつか、みんなで好きなように歌えたら。君は好きなようにドラムを叩き、ジョージは本当に好きなように弾く――僕が弾くように無理に彼に弾かせることもなく。でも今は、僕の弾き方を彼に押しつけているようになってる。

ジョン　君はジョージにうまく弾いてほしい――なぜなら、自分の望むような弾き方にならないんじゃないかと心配しているからだ。それが僕らのやり方で、君は僕に対してもそうしてきた。

アルバム『THE BEATLES』での悪だくみには、本当にいらついた。君に何をすべきか、どうやってやるべきか伝えるのは無駄だと思うに至った。それであのアルバムではまるで酔っぱらってるみたいな歌い方で、君に向けて歌ったんだ。アルバム『THE BEATLES』では、「僕は酔っぱらって歌ってる。でも酔っぱらっていないふりをしてる。さあ、どうする？」と僕は言ったのさ。「ジョージ、お前は好きに演奏しろ」とも。そういうやり方をした。傲慢に「聞け、これが俺のやり方だ」と言っていたわけじゃない——君（ポール）は僕の望みどおりには弾かないから。「Dear Prudence」はアレンジされていたよな。"bom bom bom"って、わかるよね？「これでいくぞ」と言うのが怖かったから、ただ「一緒についてきて自分のやることをやってくれないのなら、この歌をやらないぞ」と言ったんだ。それしか方法がなかった。考えてもみてくれよ。君の曲作りにどれだけ協力した？ 君に「どれを歌え」とか「何を弾け」とか命令したことなんてないよな。

ポール ああ。

ジョン 今までの曲はどれもそのようにしてきた。過去の曲に対する唯一の後悔は、僕の恐れのせいで、望まない方向に君が曲を持っていってしまったことだ。僕に残されたたったひとつの道は、ジョージを仕向けてやらせることだったんだ……

ポール 「She Said She Said」みたいに？

ジョン 「She Said She Said」のように、彼はそのままのものとして受け取るから。この前のアルバムのアレンジが何かおかしいとしたら、それはたぶんジョージのせいだ。君にアレンジを任せたくなかったから、ジョージにやらせた。僕はただ君の……君に提案されたら、拒絶するか、それか二人で曲を書いている時は……。前作で僕は「オーケー、ポール、僕の曲のアレンジを決めたいんだな」と言った。でも僕はまだ、曲を熟知していなかった。アレンジが必要な問題点を君から指摘されるより先に、まずは歌ってみたかったんだ。僕が無知だからかもしれないが、自分以外に関しては、先のことが思いつかないんだ。ギターやドラム、ジョージ・マーティンのとか。フルートが鳴っているのが思い浮かばないんだ。わかるだろ？　一所懸命やれば違うのかもしれない。望まれれば数学的な図を描くことだってできるのかもしれない。でも、自分一人ではできたためしがないんだ。

ポール　君の言ってることは全部、僕にも当てはまるよ。

ジョン　ある時期は誰一人として、君の批判に対して反論できなかった。君はすべて拒絶するかrらな。

ポール　そうだな。

ジョン　だからジョージと僕は、「ここに一行足して」「君はここを弾いて僕は、ここ」ってやるしかなかった。君の言っていることは多くの場合正しかったが。

ポール　でも、僕らみんなして完璧に近いところまで到達できるのはいいことだ。聴いた人はみな、「いいな、またやってくれた」と思ってくれる。僕らはほぼ頂点に達した。でもそれは、自分たち以外の人々のためだった。僕らは、技術的に最高の最高の最高のところまで到達した。いつか、これを聴く人々が、近い点まで到達したら、僕らが頂点に達したことをわかってくれるだろう。だから僕はできるだけ、頂点を目指してる。先週もそうだった。ジョージに「こうやってくれ」と言った。

ジョン　今回は、ジョージに対して僕ら二人とも、同じことをした。それまでのことがあるから、もう我慢ならなくなったんだと思う。

ポール　彼を雑種犬のように扱った。

〝ジョージ脱退〟に正面から向き合い、これまでのバンド内の力関係にまで踏み込んで打ち明けるジョンとポール。この日のやりとりこそ、『GET BACK...NAKED』な対話と言っていいだろう。

今後の立て直しのための話し合いにもっぱら時間が割かれたため、演奏にも熱が入らずではあったが、この日のいちばんの収穫は「Get Back」だ。ジョージに代わってジョンがギターを担当したが、九日のポールのハード・ヴォーカル・ヴァージョンに続き、この日はジョンのハード・ギター・ヴァージョンとなった。最終的にジョンがこの曲でリード・ギターを弾くことになったきっかけは、案外この日に生まれたのかもしれない。また、歌詞に出てくる“Loretta Martin”の“Martin”をポールは“Marsh”と“Mary”でまず試し、その後ジョンの提案で“Marvin”でいくことに決めた。“Jo Jo”がジョン・レノンをイメージしたものなら、もう一人は、ポールの〝P〟か、マッカートニーの〝M〟の付く名前になるはずである。

そしてセッションの最後に、ショーは一週間延期されることになった。スタジオを引き上げる時、撮影スタッフが読んでいた『ディスク・アンド・エコー』誌の記事の見出しをたまたま目にしたポールは、ふざけてそれを読み上げた。そこには〝大人になれ、レノン！〟と書かれてあった。

1月14日（火）
ジョージ不在のセッション日

主要曲「Madman」

この日も最初にやって来たポールは、撮影監督のトニー・リッチモンドに対して〝ピアノ作曲講座〟を開いた。即興曲に加えてジェリー・リー・ルイスの「Whole Lotta Shakin' Goin' On」やローリング・ストーンズの「Lady Jane」、自作の「Martha My Dear」や未完成の「Oh Baby, I Love You」「The Day I Went Back To School」などを歌った。その後スタジオにやって来たリンゴとのやりとりは、映画『LET IT BE』で「Jazz Piano Song」を一緒に弾く場面で観られる。続けてポールがピーター＆ゴードンに贈った「Woman」や、「The Back Seat Of My Car」（七一年の『RAM』に収録）、未発表曲「Song Of Love」などを次々と披露。ほとんどスタンダード曲のカヴァーかと思える流暢で抒情的なメロディが耳に残る「Song Of Love」は、この時以外、いっさい演奏されていない。これらの曲をさらっと聴かせるポールの〝メロディメイカーとしての底力〟に圧倒される。

そして、この日も昼過ぎに遅れてやって来たジョンは、一月一〇日に予定していたカナダのCBCの取材を先に受けたため、ポールとリンゴはマイケルと一緒に映画作りの話で時間を潰すしかなかった。その後、映画『MAGIC CHRISTIAN』でリンゴと共演するピーター・セラーズが監督のジョセフ・マクグラスとともにスタジオを訪問し、メンバーと初めて顔を合わせたが、まさか演奏していないとは思わなかった二人は当惑。それでもジョンに『MAGIC CHRISTIAN』用に一分半のサウンド・コラージュを依頼し、「ギャラの折り合いがつけば喜んでやる」と返すジョンに対し、ポールは「ジョンが約束どおりに新しい作品を書ける保証はない」と告げている。

終日とりとめのない会話を続けた後、辛うじて最後に三人で数曲を演奏した。ジョンはエレキ・ピアノを弾きながら「Mean Mr. Mustard」の変奏曲とも言える「Madman」（二曲のメドレーも）、"Shoot big!"という一節が「Come Together」を思わせる「Watching Rainbows」、それに「Get Back」も歌った（ギターはポールが弾いている）。「You Know My Name (Look Up The Number)」のさわりもジョンは披露したが、ここで取り上げたことが、六七年録音のこの未発表曲をジョンが完成させようと思ったきっかけになったに違いない。

セッションも終了間近になり、マイケルが今後についてジョンとポールに尋ねる。

マイケル　撮影を続けて、演奏も続けるのか、それともリハーサルをしたいのか、それともここを抜け出して、ＥＭＩでアルバムだけ作るのか、決めなくちゃいけない。

ジョン　あいつにいつ会えるかによる……

ポール ジョージは今リヴァプールにいて、明日戻ってくる。
ジョン 明日？ じゃあ明日、やつに会いに行けばいいかな？ 明日はここに来なくていいのか？ それか、ここに来てから、午後に会いに行く？
ポール さあな。とりあえず今日のところは撮影はやめよう。みんな、もう終わりにしていいよ。

主要曲 なし

1月16日（木）
トゥイッケナム・スタジオでの最終日

撮影助手のポール・ボンドによると、一四日にマイケルから電話があり、こう告げられたという――「四人は解散したよ、すべて終わって、仕事もなくなった。給料は週末に精算するからね。どうもありがとう、さよなら」と。トニー・バレルの『THE BEATLES ON THE ROOF』には興味深いエピソードが数多く出てくるが、これもそのひとつだ。ポールまで意気消沈してしまってはビートルズはもたない。マイケルの落胆ぶりが伝わってくる。

前日の帰り際に「明日は行けない」とジョンから聞いていたポールは、それでも撮影スタッフのためにスタジオをただ一人訪れ、「Oh! Darling」と、アドリブで「Ob-La-Di, Ob-La-Da」を演奏した。ポールは演奏前にグリン・ジョンズに声をかけ、深いエコーをかけて歌っている。この曲を『ABBEY ROAD』に収録する際に、喉が潰れるほど歌い込んだことを思うと、この時点で〝普通ではない声〟にしようと目論んでいたのかもしれない。

この日のセッション開始前までにジョージと連絡が取れ、リヴァプールからロンドンに戻ったジョージも加わり、四人で今後について話し合うことになった。そのため、午後のセッションは中止となった。ジョージの気持ちを前向きにさせたのは、デレク・テイラーだった。「フィルムの企画を最後までやり遂げる責任がある」とジョージの尻を叩いたのだ。

そして五時間に及ぶ〝アップル重役会議〟の打ち合わせの場で、ジョージは復帰の条件を出した——トゥイッケナム・スタジオでの撮影を中止すること、ライヴ・ショーは（さらに）延期し、代わりに観客なし・予告なしで開催すること、テレビ番組用に用意していた曲に新曲を加えたアルバム制作をアップル・ビルの新しいスタジオで行なうこと。

他のメンバーはジョージに同意し、二〇日に再び四人で顔を合わせてセッションを続けることが決まった。併せてマルとニールのチュニジアの円形劇場視察も中止となったが、一月一六日付けの『メロディ・メイカー』誌には、デレク・テイラーがこんなコメントを寄せた。

「二五日に予定されていたコンサートは開催できませんが、なんらかの形でコンサートを行なう予定です。おそらく海外公演となる模様です。ファンとともに海外に行き、公演を行なうのも選択肢のひとつです」

あれ、二五日にまた延期か？　しかも海外？　二〇日からの〝新天地〟でビートルズはどうなっていくのだろうか。

1969年1月20日〜1月31日 Recording Sessions @ Apple Studios

1月20日（月） マジックを使えなかったアレックス

主要曲　なし

本来ならば二〇日の月曜日から新たな場所でセッションが始まるはずだった。だが、アップルの地下スタジオに78トラックの画期的な録音機材を設置すると豪語していたアップル・エレクトロニクスの責任者アレクシス・マルダス（マジック・アレックス）は、使えるものは何も準備できずじまいに終わった。大風呂敷を広げるホラ吹きだった、ということだ。

アレックスを最初からまったく信用していなかったグリン・ジョンズは、スタジオの設備を見て大笑いしたそうだが、「できないと決めつけずにまずは試すように」とジョージにたしなめられたという。EMIのエンジニアのデイヴ・ハリーズによると、この日にビートルズはセッションをし、一テイク録ってプレイバックしたらノイズしか聞こえてこなかったため、呆れてすぐに出ていったという。そのため、ジョージ・マーティンがEMIスタジオ（以下アビイ・ロード・スタジオ）の機材を調達するように指示し、EMIのエンジニアのデイヴ・ハリーズとアラン・

パーソンズ（後にピンク・フロイドの『THE DARK SIDE OF THE MOON（狂気）』他のエンジニアとなり、自身のユニット、アラン・パーソンズ・プロジェクトでも活動）が苦労してアップル地下に機材を設置して急場をしのぎ、翌日からのセッションに備えた。ジェフ・エメリックによると、アレックスが作った大がかりな機材はスクラップにして、中古電気製品屋に五ポンドで売り払ったそうだ。今だったら数千倍ぐらいの値が付いたかもしれない。

1月21日（火）
アップル・スタジオでの初日

主要曲「Dig A Pony」「I've Got A Feeling」「Don't Let Me Down」「She Came In Through The Bathroom Window」

こうして翌二一日、ほぼ一週間ぶりにセッションが再開された。
最初に取り上げられたのは、トゥイッケナム・スタジオではバンドでまとめ上げることができなかった「Dig A Pony」だった。だが、この時点で歌詞もアレンジもほぼ完成しているので、この日のセッションまでの間にジョン（とポール）が曲を練り直したのだろう。イントロとエンディングに“All I want is you”のフレーズを加えるアイディアもこの日に出た。「I've Got A Feeling」と「Don't Let Me Down」にジョンの“Can you dig it?”の一声が初めて入るのも聴き逃せない。

トゥイッケナム・スタジオとの相違点は多々あるが、まずはジョンのやる気が大違い、である。もうひとつ、プレイバック（演奏曲の聴き直し）の時間を設けるようになったことも挙げられる。

会話では、ボブ・ディランがザ・バンドと六七年に録音した「Down In The Flood」（七五年の『THE BASEMENT TAPES（地下室）』に収録）の歌詞をジョージが口ずさんだり、ポールがこの時点でのアルバム候補曲――〈All I Want Is You / The Long And Winding Road / Bathroom Window / Let It Be / Across The Universe / Get Back To Where You Once Belonged / Two Of Us On Our Way Home / Maxwell's Silver Hammer / I've Got A Feeling / Sunrise / I Me Mine〉を読み上げたりしているのが興味深い（「All I Want Is You」は「Dig A Pony」、「Sunrise」は「All Things Must Pass」のこと）。ジョンが『ROCK AND ROLL CIRCUS』用のMCを収録したのもこの日のことだ。

マイケル　時間が取れたら『CIRCUS』のストーンズ紹介をしてくれる？　「紳士淑女のみなさま、今宵のホスト、ローリング・ストーンズです！」と言うだけ。

ジョン　真面目なやつ？

マイケル　そう、そう。真面目にやって。

ジョン　小部屋かどこかでやる？

マイケル　そうね。

ジョン　昨日の夜、少し観せてもらったけど、なかなかいいね。

マイケル　君の曲は最高のものになるよ。昨夜、僕らもラフ・カットを観たけど、君らの曲と、

「Sympathy」はまだ編集してない。

最後にジョンが、この日の演奏を録音したテープをビリー・プレストンに渡したらどうかと提案。ポールとジョージは、一緒にやって覚えるほうが早いと返しているが、このやりとりから、ビリーの参加がすでに決まっていたことがわかる。

1月22日（水）
ビリー・プレストンが参加した最初の日

主要曲「Dig A Pony」「I've Got A Feeling」「Don't Let Me Down」

ビリー・プレストンの参加はジョージの推薦で決まったが、映画『LET IT BE』でも観られるように、ビリーを温かく迎える四人には、それまでのギクシャクした様子はまるでない。よそ行きの表情とはまさにこのこと。〝いい顔をする〟というやつだ。

ジョージがビリーに声をかけたいきさつはこうだ。六八年九月二一日にロイヤル・フェスティバル・ホールで開催されたレイ・チャールズのコンサートを、ジョージはエリック・クラプトンと観にいった。終演後、楽屋でレイと会った際、ビリーの顔を見て、ハンブルク時代にリトル・リチャードのバックで彼が弾いていたのを思い出した。八年ぶりの再会だった。その後、セッジョンが中断した六九年一月中旬にビリーに声をかけようと決めたが、居場所がわからない。そうしたところ、BBCテレビの音楽番組に出ているビリーを、アップルの経理担当のクリス・オデールが観て、ジョージに知らせ、アップルに来てもらうことにしたという。こうしてビリーも、〝五人目のビートルズ〟となったわけだ。

ビリーが加わる直前に、ポールが「I've Got A Feeling」のエンディングでキング牧師の有名な演説の一節〝I have a dream…〟と喋ったのを受けて、ジョンが〝I had a dream〟とエンディングで何回か繰り返しながら、そのセリフを曲に取り込めないか模索している。これ以後のセッションでもジョンは、〝Can you dig it?〟と並び〝I had a dream〟のフレーズを曲の合間に頻発しているので、よほど気に入ったのだろう。「I've Got A Feeling」には、ジョージが「Words Of Love」のコードを転用しようとする場面も出てくる。

セッションの合間の会話を聞いているだけで、トゥイッケナム・スタジオとは場の雰囲気が大きく異なることもわかる。特にジョンは、ようやく〝まとも〟になり、前半とはうってかわって饒舌だ。ジョージの話しっぷりも快活で、以前に比べて存在感が圧倒的に増している。中には、かなりきわどい（興味深い）こんなやりとりもあった。

ジョン　サトクリフ夫人（スチュアートの母親マーサ）からの手紙だ。
ジョージ　サトクリフ夫人が何の用？
ジョン　どいつもこいつも同じさ。金だよ。

ジョージ　「これが最後のお願いです。私の銀行口座（"bank"）はすっからかんです」——"My back"って書いてある。
ジョン　"back"と"bank"か。僕も"bank"だと思った。
ジョージ　「今まで何度もお願いしましたが、これが本当に最後になります。六六年三月、チャーリー（スチュアートの父親）が突然他界したため、長い間」——なんて書いてあるんだ？
ヨーコ　「病気」。
ジョージ　「病気を患っており、なんとか生きながらえています」
ジョン　病気だって？　単なるアル中じゃないか。
ジョージ　「そんな中、人生の終盤に差し掛かりました」。
ジョン　彼女はアル中だよ、知ってるだろ？
ジョージ　「どうかお願いです。あなたが以前知っていた男の子のためと思って、来てください」——ひでえな、これ。
ジョン　僕に何の関係があるっていうんだ。
ジョージ　スチュとは何の関係もない。
ジョン　そうだ。
ジョージ　彼女はスチュと疎遠だった。
ジョン　そう、そこまでいかないにしても、スチュは母親が大っ嫌いだった。毎日タバコ二〇本と五シリングをくれる以外は。カレッジの頃、そう教えてくれたよ。「なんだって？」とかなんとか、返事を書こうかな。さあ、ロックンロール・ショーの続きをやろうか？
ジョージ　ああ。

ヒッピーについてのこんなやりとりも――。

ジョン　やつらが僕らの家に来たから、はるか遠くの島にでも住めばいいと言ってやった。やつらは学校をやめちまうんだ。みんなドロップアウトする。僕らは社会からドロップアウトしたけどな。あいつらみんな、ヒッピー哲学やら、〝ブラザー〟やら、『SGT. PEPPER』がどうとか、「僕があなたに初めて会った時」とかなんとか言うのさ。それで僕らの家に泊まりたがる。みんななぜか、僕らの家にたどり着く。
ジョージ　僕はそういうやつらが来たら、クリシュナに送り込むよ。あそこなら食事にありつけるからね。リヴァプールに出発する直前も、ヘルス・エンジェルスが家に来た。一二人くらいで、子どももいたな。

午後になり、ビリーがついにセッションに加わる。キーボードで音に厚みと変化を加えたいと考えていたジョンは喜び、演奏のまとまりも明らかに良くなった。前日に続き「Dig A Pony」「I've Got A Feeling」「Don't Let Me Down」を集中的に演奏し、すべてプレイバックの時間も取っている。アップル・スタジオに移り、ようやく本腰を入れて新曲をライヴで演奏するという方向性が固まったようだ。

ポールがテープ・ボックスに“Rocker”と書いたファッツ・ドミノの「I'm Ready」からドリフターズの「Save The Last Dance For Me（ラスト・ダンスは私に）」、さらに「Don't Let Me Down」へと繋がる演奏も、ビリー参加後に取り上げられた。「Don't Let Me Down」のエンディングにはビリーのちょっとしたエレキ・ピアノのソロが加わり、曲の良さをさらに際立たせている。この日の「Dig A Pony」と「I've Got A Feeling」も含めて、すべてグリン・ジョンズ版『GET BACK』に収録された。グリンの仕事ぶりが、一発録りによる、スタジオの粗削りで生々しい雰囲気をレコード化する、という基本に忠実だった証だ。

メンバーのやりとりからも、ビリーが加わった手応えとアップル・スタジオの心地よさが伝わってくる。

ポール　もうメロトロンは到着した？　代わりにストリングスを入れなくちゃいけない？　ストリングスが欲しくなったら、調達してくれる？　メロトロンを入れてほしいんだけどね。ムーディーズ（ムーディー・ブルース）も使ってるからさあ。
ジョン　（ビリーに向かって？）君メロトロン弾ける？　まあ、どっちにしろ、一台入れようや。ここにも必要だから。
ジョージ　うちに一台あるよ。
ポール　それで、このスタジオは気に入ってくれた？

ジョージ　いいスタジオになりそうだね。機材は急場しのぎのものだけど。
ジョン　僕らにはビリーがいるからな。
マイケル　ずっといる予定なの？
ジョン　ああ。ポールはここで一度ショーをやってから、プリムローズ・ヒルかリンゴの庭か、どこかでもやると言っている。ＬＰの半分をここで、残り半分を外にしてもいいな。
マイケル　全部ここでやったほうがいいんじゃない？
ジョン　トゥイッケナムも入れて、全部の現場で録ったものを集めたら、すごくいいものになる。映画にもできるな。

ジョンが、金曜日（二日後の二四日）の夜のスケジュールの話をしている時に「アラン・クラインとディナーに行くことになってると伝えてくれ」と喋っているのも興味深い。実際に会ったのは二八日（月曜日）となったが、この時点ですでに連絡を取っていたことがわかるからだ。

さらにジョンとポールのこんなやりとりもあった――「ビートルズに広報部は必要ない」というポールに対し、アップルは「ノー・コメント」と答えるだけの広報部を作るべきだと返すジョン。さすがである。

1月23日（木）
ジョンとポールとヨーコの〝二度目の共演〟日

主要曲「Get Back」

幸先のいいアップル・スタジオでのセッション三日目。とはいえ、リンゴが映画『MAGIC CHRISTIAN』の撮影に入る二月三日まで、平日はあと七日しかない。それを踏まえてだろうか、こんな場面が冒頭に出てくる。

リンゴ　ぎゃー！　やったー！　今週が終わったら、三週連続で週末休める！
マーティン　今週末も働けば、ジョン？
ヨーコ　ああ〜！　今週末！
リンゴ　今から一〇日連続で働くとしたらね。
マーティン　すごく調子良く仕事してるから、ペースを落とさないほうがいい。
ジョン　反論はしない。
リンゴ　さらに一週間続けるより、週末働いちゃったほうがましかもな。
マイケル　木曜日まで頑張ろう。木曜日まで……
リンゴ　木曜日まで働くとしたら、外での計画はなしになるね？
マイケル　今のところ考えているのは、〝一〇時の噂〟と〝ランチタイムの噂〟と〝ティータイムの噂〟があって、今は〝ランチタイムの噂〟に従って、来週末まで続けること。もし外でやるとなったら、一週間先に延ばす。外で使いたいシステムは『CIRCUS』で使った「ＪＬ」（ヴィデオ・カメラ）で、あれは二月一五日まで手に入らないから。

リンゴ　逆にしたら？　ここでヴィデオをやって、外でフィルムをやる。

マイケル　どっちにしろ、外ではフィルムを使う予定。もうポールがあんまり反対しないからね。でもこの部屋は、巨大なＭＦカメラを四台入れるには狭すぎる。それと、ヴィデオ・カメラは来週末まで入手できない。火曜日は現実的じゃない——頑張ってやってもらったとしても、二日で三曲しか処理できないし、まだ二曲も手付かずなのがあるから。「Long And Winding Road」と「Mother Mary」はまだまったく手を付けてない。書きかけの曲は他にもある？

ヨーコ　（ジョンに向かって）もう二曲あるでしょ？　「Across The Universe」と……

ジョン　ビリーが加わってまともなバンドになったから、「Road To Marrakesh」をやろうかな。あの曲は最高にいかすんだぜ、ベイビー。オーケストラを入れるつもりだったけど、やるエネルギーがない。ハワイアン・ギター（ラップ・スティール・ギターのこと）もいいな。ハワイアン・ギターを持ってくるはずだったんだよ、ジョージ。

マーティン　持ってたのか。

ヨーコ　「Across The Universe」はやらないの？

ジョン　やらない。

ヨーコ　どうして？

ジョン あの曲は退屈になっちゃうから、代わりに「Dig A Pony」をやった。
ヨーコ "I want the truth" って歌ってる曲は?
ジョン まだ仕上げてない。
マーティン グリンの良くないところは……彼のことは気に入っているし、始めたばかりだから仕方ないが……とにかく仕上げてほしいんだ。
（リンゴが歌っている）
マイケル リンゴ、あなたも一曲やる予定?
リンゴ いつかね。
ジョン ジョージが君のために一曲書かなかった?
リンゴ 二人のための曲を一曲書いてくれたよ。
ジョン 二人で歌うの?
リンゴ ヘイ、ヘイ、ジョージ! カモン、リンゴ! （と歌う）——こんな曲。
グリン カッティング・ルームでテープをプレイバックしてみたら、まったく違って聞こえた。ディストーションもなく、すごくリッチな感じだった。システムが変わるとこんなに違うなんて知らなかったよ。
ジョン 言ってること、わかるよ。トライデントでリミックスした時も——たしか「Dear Prudence」をリミックスしてＥＭＩに持っていったんだが、最悪だった。「どうしよう、どうしよう」ってなった。

ちなみに、ここに出てくる「Mother Mary」は「Let It Be」、「Road To Marrakesh」と"I want the truth"はともにジョンのソロ・アルバム『IMAGINE』(一九七一年)に収録された「Jealous Guy」と「Give Me Some Truth」のことだ。

この日は、最も強力な曲という意識があるためか、「Get Back」を中心にリハーサルを繰り返している。会話では、「プロテスト・ソングのようにするのはやめた」と言うポールと、「ソロ・パートの一部をビリーに任せるのはどうか」と言うジョンの発言が面白い。実際、午後のセッションではジョンとビリーがソロを分け合うように演奏する場面も出てくるが、ギター・ソロは無理というジョンの弱気な発言も聞ける。ビリーが加わったことで、トゥイッケナム・スタジオでのハード・ロック風のアレンジがファンキーなアレンジへと変更された。

昼食後になってもジョージとリンゴがまだスタジオに戻ってこなかったため、その間にビリーは自作の五曲を演奏した。「Everything's Alright」「I Want To Thank You」「You've Been Acting Strange」「Use What You Got」と未発表曲「Together In Love」である。

続けてジョンとヨーコが即興演奏を始める(ジョージとリンゴはまだ戻ってこない)。即興といっても、ジョンのギターのハウリングとビリーのエレキ・ピアノをバックにヨーコが金切り声を上げるだけだが、ポールもドラムで加わっているというのがスゴイ。何がスゴイのかと言うと、ポールの気の遣いようが、である。「Get Back」のギター・ソロをジョンに任せたのもそうだろう。

ポールが「Get Back」の合間に"Ah, one two"を連呼し、「She Loves You」のライヴ演奏のイントロを思い出し、シングル「She Loves You」のB面収録曲「I'll Get You」のさわりも演奏している。最後は「Get Back」のプレイバックを聴いて仕上がりを確認しているが、その際にこんなやりとりがある——。

ジョージ このテイクをみんなで仕上げて、今すぐシングルにしたらいいんじゃないかな。
ジョン よし、とっととシングルにしちまおう。
ジョージ 今すぐやって、来週にはシングルとして出そう。
ポール ええ、今すぐ?
ジョン 裏面はビリーと僕らによる「(Get Back) パート2」にする。
グリン インスト・ヴァージョンということ?
ジョン そう。
ジョージ 競争が激しかった頃、次から次へとレコードを出していたのを覚えてる? 昔に「ゲット・バック」するみたいで最高じゃないか。あっちに持っていってカッティングすれば、明日にでもマスターが出てくるから、今は簡単にできる。

いつもよりも短い四時間程度でセッションは終了(グリン・ジョンズは、この日の後半に演奏された「Get Back」をメンバーに聴かせるために、三月にアセテート盤〈テスト盤〉を制作している)。

この日に初めてセカンド・エンジニア(テープ・オペレーター)として参加したアラン・パーソ

ンズは、初めて立ち会った時に「ビートルズは幸せそうには見えなかった」と回想している。

1月24日（金）
ジョンが珍しくやる気を見せた日

主要曲「Get Back」「Two Of Us」「Teddy Boy」「Can You Dig It」

最初にスタジオに着いたジョンとヨーコは、ジョージとマイケルを相手に『ROCK AND ROLL CIRCUS』の話で盛り上がる。

ジョン　どうだい調子は？
マイケル　今朝「Yer Blues」（の作業）を少しやったんだけど、すごくいい感じ。今度はザ・フーがショーを降りたいと言ってきたからね。
ジョン　本当か？
マイケル　うん。すごくいい演奏だったのに。そうなると問題は、（ストーンズの）「Sympathy」をまたやらなきゃいけなくなること。
ジョン　「Sympathy」？
マイケル　「Sympathy For The Devil」。今のところダーティ・マックと比べて劣るから。

ジョン　そのままにしておけばいい。僕が出演する理由はそこだよ。がっかりさせないでくれ。エキセントリックなロック・スターと思われるのはごめんだ。あのショーには魂を込めたんだぞ。

その後に話し合われたビリー・プレストンの〝立場〟についてのやりとりも興味深い。ビートルズに加えようというジョンと、セッション・マンとしてショーに出ることにだけは同意するポール、ボブ・ディランやエルヴィス・プレスリーなどの有名どころとならライヴをやると考えているジョージ。三者三様の意見は堂々巡りで結論が出ず、である。シングル「Get Back」に〝with Billy Preston〟のクレジットが入ったのは、こうしたやりとりを踏まえてのものだろう。

またこの日は、ジョンが「Get Back」「Two Of Us」「Her Majesty」にラップ・スティール・ギターで参加するなど、いつも以上に積極的だった。ジョンは続けて「Dig It」の原曲「Can You Dig It?」もスライドで披露し、演奏後にこうコメントした――〝That was 'Can You Dig It' by Georgie Wood, and now we'd like to do 'Hark, The Angels Come'〟（『LET IT BE』にフィル・スペクターが追加／曲とコメントは〈Fly On The Wall〉に収録）。ジョンが六八年にインドで書き、『ABBEY ROAD』に収録されることになった「Polythene Pam」は、ゲット・バック・セッションではこの日に唯一演奏されただけだが、すでに完成形とほとんど変わりはない。

「Two Of Us」は、ポールのこだわりが強かったエレキ・ヴァージョンをまた試してみたものの、それ以上は進展しない。六五年の『HELP!』のセッションでボツになった「That Means A Lot」の悪夢が再び蘇ったかのような展開だが、一月二日に続き、今度はジョンがアコースティックなアレンジでやろうと提案。ようやく光が見えてきた。「Two Of Us」は、「That Means A Lot」とは比べものにならないぐらい曲はいいし、エレキ版もアコギ版も出来はどっちもいいと思う――という話はさておき、まずジョンとポールが二人でアコースティック・ギターを弾き、ジョージがエレキ・ギターでベースのフレーズを弾く。演奏途中にポールがジョンに「いいぞ、フィル！」と声をかけるこの時のセッションの模様は、『ANTHOLOGY 3』で聴くことができる。フィルはエヴァリー・ブラザーズのフィル・エヴァリーのことだ。二人のアイドルをイメージしてポールはジョンと歌っている、ということがわかる。さらにジョンが曲の最後に口笛を加えたり、「Maggie Mae」とのメドレーで演奏する案が出たりするなど、意欲的なセッションとなった。三回演奏されたこのメドレー版の最後のテイクは『GET BACK』に収録され、「Maggie Mae」はそこだけ単独扱いで『LET IT BE』のオフィシャル・テイクとなった。

この日は、「Maggie Mae」に続くメドレーとして試されたジョンとポールの未発表オリジナル曲「Fancy My Chances With You」（〈Fly On The Wall〉に収録）やポールが一〇代半ばに書いた「Hot As Sun」（アドリブの歌詞入り）、「Catswalk」など、デビュー前に〝ゲット・バック〟した曲も増えている。ポールお得意のアコースティック・ギターによる、「Martha My Dear」に続いて愛犬を題材にした「There You Are Eddie」は、この時期にポールと交流をさらに深めたドノヴァンを思わせる佳曲だ。同じくこの日に演奏された「Teddy Boy」と被るのをポールは嫌がったのかもしれないが、ファースト・ソロ・アルバム『McCARTNEY』（一九七〇年）に入れてもよかったのでは？ちなみに、この日に演奏された「Teddy Boy」は『GET BACK』（ヴァージョン1）に収録され、

『ANTHOLOGY 3』にも一月二八日の演奏と併せて収録された。
夕方以降にはビリーも加わり、「Get Back」がほぼ完成。エンディングにポールのアドリブ・ヴォーカルを加えるアイディアが出たのもこの日のことだ。真面目に取り組んだ最初の曲としてポールは「Get Back」を挙げたが、ジョンが挙げたのは「Don't Let Me Down」と「Dig A Pony」だった。

1月25日（土）
プレイバックに時間を割いた日

主要曲「Two Of Us」「For You Blue」「Let It Be」

この日はまず、二二日収録の「I've Got A Feeling」「Dig A Pony」と二四日収録の「Get Back」「Teddy Boy」「Two Of Us」を聴き直してからセッションを開始した。一時間半ほど肩慣らしをした後、〝アップル・スタジオでの四日間〟のセッションを終えた感触を、マイケル・リンゼイ＝ホッグ、グリン・ジョンズ、ヨーコも交えて正直に話し合っている。ビリーが（この日だけ）参加していないから、なのかもしれない。ただし、リンゴは特に発言していないようだ（〈Fly On The Wall〉に一部収録）。

ジョン　（ポールに向かって）番組はいい感じになってきたが、最終的にどうするつもりだ？
ポール　答えられないな。
ジョン　そうだな。最後は豪華にしたほうがいいぞ。
ポール　言葉にするのは難しいけど、アップルの抱えている問題に似てる。
ジョン　人が多すぎるということだな。
ポール　ひとつのアイディアから最善のものを生み出すということだ。
ジョン　最初のやる気が失せたんだよ。アップルみたいに始めて、アップルのようにうまくいかなくなった。最初はショーにするはずだった。それがショーとドキュメンタリーを作ることになって、今じゃショーの案は消えてなくなった。
マイケル　ショーとアルバムね。その場で録音したライヴ・アルバム。
ポール　昨日ランチの時に話したことと一緒だ。なんとなくうまくいく気がする。不平不満を言うのをやめて、もう一枚アルバムを作ろうじゃないか。僕らの曲を他のフレイムワークに入れようとして、僕が唯一思いついたのが、テレビ番組だったというわけだ。またしてもロンドンのレコーディング・スタジオにいてアルバムを作って……というのは同じことの繰り返しに過ぎないから、曲をどこか他に持っていってみようとした。だから、このままレコーディングし続けるのも気に入らない。出ていって、現場を変えて、他のところでやりたい――ショーをやる、テレビ・スタジオでやる、ステージの上でやる、といった具合に。
ジョン　大きな問題はそこだ。他の誰もステージに立ったり、テレビ番組をやったりしたくなかった。結局はそういうことだ。誰も出ていきたくなんかない。そんなに出ていきたいのなら、他の人を見つけるんだな。

ポール たしかにそのとおりかもしれない。

ジョン そういうことだ。僕は流れに乗ってるに過ぎない。どう思う？

ジョージ だからやりたくないんだ。本当に時間を無駄にしてしまった。一曲一曲に取り組んで、曲を覚えて、レコーディングして――そうしていたら、いいライヴだってできたかもしれないのに。

ジョン ショーをやってる間、スチール写真を作ることにした。僕らを撮った写真に、サウンドトラックを付ける。グルーヴに乗ると、その場の雰囲気ががらっと変わるからな。その日うまくいってたら、何よりもまず、それをイメージとして焼き付けたほうがいい。〝その日にあったこと（"A Day In The Life"）〟を焼き付けるように。

ジョージ 今まで僕らがやってうまくいったことは、どれも今回のプロジェクト以上に無計画だった。何かを始めたら、それはひとりでに発展していってくれるということだ。最終的には、なるようになる。

ジョン たしかにそうなってるけど、ポールの望んだ結果ではないな。このプロジェクト全体が彼の曲だとしたら、妥協することになったということだ。彼の曲が、僕らみんなの曲になったというわけだ。

ポール まあ、いいけどさ。

ジョン　それでいいんだよ。だけど結局、お前はそれが気に入らないんだろ？　違う曲になっちまったから。聖歌かなんかがロック・ナンバーになってしまったのが。結局そういうことだ。
ポール　だけど笑っちゃうのは、これがすべて終われば、君はどこか——アルバート・ホールかどこかで、黒い袋に入るんだろ？
ジョン　そうだ。
ポール　それでショーだのなんだのやって……
ジョン　ああ、でも……
ポール　結局、自分もやりたいんじゃないか。
ジョン　ステージで演奏するのは嫌いじゃない。
ポール　ああ。
ジョン　全部うまくいって、面倒なことは何もなく、ただステージで演奏するだけだったら……わかるだろ？
ポール　そう、そういうことだ。ただ僕は、リンゴや僕らも一緒に……
ジョン　だからテレビ番組ならいいと言ったんだ。面倒なことはやりたくなかった。演奏すること自体は好きだから、ストーンズの番組にも出ただろ？　だからやろうといったらやるけど、もし他のみんながやりたくなかったら……
ポール　そうだな、結局は多数決になる。
ジョン　ただ、もうツアーに出るのはごめんだ。

ポール　わかる。でも、今の状態は、まるでツアーしてるみたいだ。今度はスタジオの中で。まったく環境を変えないでやり続け、そこから決して抜け出そうとしない。
ジョン　いや、抜け出そうとしたさ！
ポール　言いたいのは……
ジョージ　たしかに、ひとつのことから抜け出して他に移り、またそこから抜け出したくなってる。
ポール　田舎に住むのがいいのは、そういうことだ。快適で温かみのある環境の中に身を置ける。
ヨーコ　来週になれば気持ちが変わるかもしれない。
ジョージ　このスタジオ以上にいい場所に出会ってないと思うよ。長いこと。
ポール　たしかに。
ジョージ　いや、本気だよ。毎日演奏してることもそうだ。今までこんなに演奏したことはなかった。指使いがなめらかになっているのがわかるくらいだ。なかなかそういったことはない。だけど、ツアーに出るとなったら、もうだめだ。ただ演奏をしたい。ツアーだのなんだのしなくても、演奏は上達するはずだ。現状はそんなに悪くない。ただ、マイクだのカメラだのの機材がなければ、もっとやりやすい。
ポール　まあ、わかったよ。
（ジョージが、ポールに向けてのメッセージともとれる、ボブ・ディランの「All I Really Want To Do」を歌い始める）

ポール　何を不満に思っているのか、自分でもわからないんだ。

グリン　この二日間は、信じられないくらいにうまくいってるから、本当に何が不満なの？

ポール　たしかにすごくうまくいってる。

ヨーコ　うまくいってるわ。来週になったら何か変化があるかもしれない。

ポール　ああ。

ヨーコ　みんなが外に行きたくなるかもしれない。やっとうまくいき始めたばかりよ。

ポール　たぶん自分の気持ちとしては、やっと音楽的に一体感が得られたから、楽しい時間を過ごすよりも、このままの状態で完成させたいのかもしれない。最後までもっていきたい気持ちが強いのかな。やりすぎなのはわかっているんだけど。

ヨーコ　たったの三日間よ。

ポール　自分がうまくいくと思っているアイディアに、他の人が賛同してくれないのは残念だ。ヴィデオのこともそう。他の人の意見を変えるのは難しい。

その後、「Two Of Us」「For You Blue」「Let It Be」を集中的に演奏したが、それらの曲も、仕上がりをそのつど確認している。それだけ新曲の完成度が上がり、ライヴ・ショーに向けてエンジンがかかってきたということだろう。

「For You Blue」と「Let It Be」を四人が腰を据えて演奏するのは、この日が初めてのことだった。「Let It Be」は「こんなに遅く?」と思うが、「For You Blue」は違う。ジョンとポールもようやく

（?）ジョージの曲を気に入ったようで、ポールがブギウギ・スタイルのピアノを提案したのに対し、ジョージがピアノではなくアコースティック・ギターのイントロやホンキー・トンク風のピアノにしたいと返すなど、特にイントロのアレンジについて前向きな意見を交わしている（ピアノのイントロ版は『ANTHOLOGY 3』に収録）。楽器の変更が功を奏したに違いない。ジョンがこの曲でラップ・スティール・ギターを弾くことにしたのは、明らかに前日のセッションの影響があったからだろう。映画『LET IT BE』に出てくるのも、この日の演奏だ。

「For You Blue」のセッションの合間には、〝話題のロック・バンド〟について、ジョージとグリンのこんなやりとりも出てくる。ジョージはお腹がすいていたせいか（?）、ほとんど関心を示していない。

グリン　ジョージ、ジミー・ペイジのアルバムはいる？
ジョージ　ジミー・ペイジ？
グリン　自分の新しいグループ（レッド・ツェッペリン）のプロデュースを終えたばかりだ。
ジョージ　ヤードバーズにいたやつ？　ええと、そろそろランチ？
グリン　ベースはジョン・ポール・ジョーンズ。
ジョージ　ジョン・ポール……
グリン　ジョン・ポール・ジョーンズがベース。ペイジはボスみたいなもんで、セッションで使ったことがあったみたい。彼はとても若くて、二四歳くらいだけど、とてもうまい。ドラムはジョン・ボーナム。

他にも、ポールが一四歳の時に初めて作った「I Lost My Little Girl」をジョンが歌う珍しい場面が出てくるし、「Let It Be」がユーフェミア・アレンの「Chopsticks」に似ているというリンゴの発言も面白い。

「Let It Be」では、“Mother Mary”の歌詞をジョージが“Captain Marvel”に言い換えたり、ポールが再び“Brother Malcolm”に変えて歌っていたりと、二人で楽しんでいるが、それに応えるように"Bloody Mary comes to me"と返しているのがジョンならではのひとひねり、である。ヨーコがスタジオの隅っこで〝書道教室〟を開いたのもこの日のことだ（ヨーコのヴィデオ作品『NOW AND THEN』で観られる）。映画『LET IT BE』にも登場する、六八年にマハリシの元での修行についてのジョンとポールのやりとりも、だ。

ポール　そういえば、昨日フィルムを観たよ。
ジョン　なんだって？
ポール　マハリシの所に行った時の。全部のフィルムを集めてあるんだけど、すごかった。
ジョン　僕もリールでいくつか家に持ってる。ヘリコプターで空を飛んでる時のやつも。
ポール　ああ、あの時、撮影してたね。
ジョン　そのために乗った。

ポール　オープニングが良かったな。

ジョン　ふたつのリールに〈ジョン・レノン・プロダクション〉と書いておいたほうがいいな。彼もいくつかリールを持ってるけど、僕のは字幕のように〈撮影：ジョン・レノン〉と全部に通して出てくる。

ポール　僕らの姿や、やってることを観るだけでも見応えがあった。

ジョージ　向こうで何をやったの？

ジョン　そうだよ。僕ら何をやってたんだ？

ポール　よくわからない。ただ、今思えば、あれに参加するために自分たちの個性をずいぶん抑えていた。フィルムにもそれがよく出てる。君が歩く姿のロング・ショットもあってね。思うのは、僕らがやったことは、あまり正直じゃなかったな。彼（マハリシ）の背後で「学校みたいだよな、まるで」と囁いたりして。フィルムを観ると、実際に学校みたいだけど。

ジョン　「バカンス日記」とでも呼べばいいんじゃないか？　気持ちの整理をつけるために。

ポール　君が彼（マハリシ）と歩いているロング・ショットが出てきてね。まるで君じゃないみたいに見えて――「教えてください、尊師」という感じで。

ジョン　「教えてください、尊師」か（笑）。

ポール　この前の晩に君が言ったことを、リンダが思い出してね――マハリシが答えを教えてくれるんじゃないかと期待して、君が彼とヘリコプターに乗ったってこと。テープレコーダーを抱えて歩く君は、まるで哲学専攻の学生みたいだった。

ジョン　ああ、サウンドトラックも持参してな。
ポール　ただ言えることは、僕らはもっと……
ジョン　ありのままの自分らでいるべきだった。
ポール　そう。もっと自分を出すべきだった。
ジョージ　自分らしくあるべきだったなんて、最高のお笑い種だな。自分が誰であるかを探すのが目的で行ったのに。
ジョン　ああ、でもみんな見つけることができた。
ジョージ　本当に自分が見つかったというのなら、君ら全員、今のようになっているはずがない。
ジョン　自然にふるまえ（"Act Naturally"）ってことか（ジョンとポールが「Act Naturally」を歌う）。

「Two Of Us」を演奏中に、ポールの深層心理が垣間見えるような興味深いやりとりもある。

ポール　「二人があてもなく車に乗って（"two of us riding nowhere"）」――君と僕がこの〝二人〟だとすると、「一緒に家に戻る途中（"we're on our way home"）」ってことは……
ジョン　まるでゲイのカップルみたいだな。
ポール　そう、まあ、それは……
ジョン　"We're a couple of queens…"（「俺たちゃ　ゲイのカップル」と歌う）
ポール　うわっ、最悪だな。ポールとポーラでも入れないと、詩的許容（芸術的効果のために事実を曲げること）になっちまうよ、ジョン。
ジョン　まったくそのとおりだよ、ポール。
ポール　それで、また“we're on our way home”だけど、三人でこれをいい感じにできたら……
ジョン　楽器を使うか、三人で歌うかのどちらかしかないから。
ポール　“we're on our way home”（と歌う）
ジョン　お父ちゃ～ん。
ポール　“we're on our way home”（と歌う）
ジョン　お母ちゃ～ん。
ジョン&ポール　“we're going home”（と歌う）
ポール　「戻らなきゃ（“get back”）いけない」――「一緒に家に戻る途中（“we're on our way home”）」……なんかストーリーができてるな。他にも「僕をがっかりさせないでくれ（“Don't Let Me Down”）」や「オー！　ダーリン　僕は絶対に君のことをがっかりさせないよ」だの、まるで僕たちが……
ジョン　恋人みたいだな。
ポール　そう。
ジョン　その二曲はなよなよして歌わないとな。
ポール　そう。まあ、どっちにしろ、ショーではスカートを履く予定だけどな。

ちなみに、アップル・ビルの屋上でライヴをやるという案が初めて出たのは、この日のことだった（詳細は「一月三〇日」の項を参照）。

1月26日（日）
〝休日返上〟のセッション日

主要曲「Octopus's Garden」「Let It Be」「Dig It」「The Long And Winding Road」

〝休日返上〟になったのは、リンゴが出演する映画『MAGIC CHRISTIAN』の撮影が一週間後に迫っていたからだ。新曲の仕上げの遅れも一因である。この日は最初にジョージとリンゴがスタジオに到着し、ジョージがこんな話をしながらまず「Isn't It A Pity」を披露する。

ジョージ　むかしむかし五〇年代に（笑）書いたいい曲がある。三年くらい前にジョンに歌ってあげたら、「クソすぎる」と言われてね。まあそれはいいとして、自分ではいい曲だと思ってた。それで、ロスにいた時……ケヴ（マル・エヴァンスの助手のケヴィン・ハリントンのこと）、コーヒーもう一杯くれる？（アップル・レーベルの責任者の）ロン（・キャス）がリプリーズ（・レコード）で働いている人間を知ってたから、（フランク・）シナトラに一曲提供しないかという話になった。それで思ったのは、シナトラは何でも歌うってこと。どんな駄曲でも。もちろん彼は素晴らしいし、みんな大好きだ。でも、彼はぱっと覚えて、バンドも自分たちのパートを覚えて、スタジオに入って2テイクくらいで録っちまう。10テイクやったとしても、たいしたことはやらないなと思った。

ジョージは、さらに未発表曲「Window, Window」と「Let It Down」も披露したが、ジョンとポールがいない時は、まるで『ALL THINGS MUST PASS』のリハーサルをやっているかのようである。

続いてジョージがリンゴに「新曲の「Picasso」はその後どうなったの?」と聞き、「あれはやめてこれにした」とリンゴが言う「Octopus's Garden」に二人で取り組むことになった。映画『LET IT BE』で観られるのは、この時の作曲の場面だ。途中でジョンとヨーコがスタジオに入ってくる。「ベース以外なら何でも喜んでやる」とジョンが言ったのは、前日に「Let It Be」で急遽ベースを弾かされたのを皮肉ってのコメントである。ジョンのドラムの腕前のひどさ(?)は、映画でも観られるとおりだ。

「Octopus's Garden」の作曲中には、ヘザーとジョンとポールによる、こんな微笑ましい(?)掛け合いがある。

ヘザー　これくらいの大きさの子猫たちがいるのよ。
ジョン　そいつらを食べちまうのか?

ヘザー　ノー！
ジョン　猫を食うやつはたくさんいるぞ。僕は食わないがな。
ヘザー　昨日か、何日か前に生まれた子猫たち。
ポール　トーストに乗せて食う？　トーストで？
ジョン　パイで包めば、キャット・パイができる。
ヘザー　何日か前に生まれたのよね？
ジョン　一、二週間してから食べたほうがいいぞ。
ヘザー　ノー！　絶対に食べない！
ジョン　食べないの？　すごくおいしいのに。
ヘザー　大人の猫は——一匹すごくきれいなのがいて——パパ猫なの。黒い大きいぶちがあって。
ジョン　あー、黒いぶちがあったら食べられない。
ヘザー　もう一匹はトラみたいなの。
ジョン　トラみたいなのも食べられない。
ヘザー　猫は食べられないの！　おいしくないの！　でも私は、生まれたての子猫ちゃん。
ジョン　そうなの？
ポール　オーケー、子猫ちゃん。
ジョン　よしよし、ワンコめ。
ヘザー　私のこと「犬」って呼ぶのやめて！　私は猫なの！

ジョン　わかったよ、猫ちゃん。

グリン・ジョンズがメンバー用に作ったアセテート盤を前日に渡し、その感想を言い合う場面もあるが（ジョンは聴いてもいない）、「Get Back」以外は概ね使いものにならないという結論だった。他にも「Let It Be」に「「Rain」のようなベースを」とポールが〝マウスベース〟でジョンに伝える場面や、ジョンが「Let It Be」のコーラスの途中で声が出なくなって〝音〟を上げたり、〝Let it A, let it B, let it C, let it D,...〟と「You Really Got A Hold On Me」のイントロに乗せて茶化す場面が面白い。「Let It Be」にはビリーのオルガンも加わり、ゴスペル色が一気に強まった。

「Let It Be」に関しては、さらに笑える場面が出てくる。ポールが中盤の歌詞の冒頭を「ウェイブリッジのどこかにベラジーという名の猫がいて」とアドリブで歌ったところ、続く〝(She is) standing right in front of me〟にかぶせて珍しくジョージが歌っていると思ったら、内容はこうだ——〝sitting on the lavatory〟（便器に座ってる）。たまらずジョンが「便器！」と吹き出している。

ポールの心境やいかに？

「Let It Be」の合間には、別のバンドの話題も出てくる。

ジョン　マザーファッカーズを聴いたやついる？　アメリカのバンドだ。
ジョージ　へえ。
ジョン　マザーファッカーズなんて、ずいぶん捨て身な名前だな。ビルボードに登場することは絶対にない。一位になるところを想像してごらんよ。
マーティン　そうなったら最悪だ。
ジョン　今週のナンバー・ワンは、マザーファッカーズです。

この日の出色は「Dig It」だ。ボブ・ディランの「Like A Rolling Stone」とアイズレー・ブラザーズの「Twist And Shout」から発展したジャム・セッションは、延々一五分にも及ぶ。映画とアルバム『LET IT BE』を見聴きしただけではわからない臨場感がたっぷり、である。

「Dig It」に、なぜ“Like A Rolling Stone”のフレーズが出てくるのか？　この流れで聴けば〝一聴瞭然〟だ。アルバム『LET IT BE』収録の短縮版では聴けないが、“Come on, come on”のフレーズも「Twist And Shout」の引用だろう。マイケルによると、ジョンとポールは、思いついた言葉や名前を書いたリストを作っていたそうだが、一月九日に演奏された即興曲「Commonwealth」「Enoch Powell」「Get Off!」の三曲と同じく、二人の言葉感覚や瞬発力は、いつ聴いても素晴らしい。前半はジョンとジョージの掛け合いがあり、“I like take it”というジョージの合いの手をジョンが“okay”と褒める場面も出てくるが、中盤からは、「気づいたらポールがそこにいる！」という感じで、ジョンの“dig it”のフレーズに、思いついたメロディを次々と乗せていく。ポールが前面に出てきたらジョージが徐々に引っ込む――二人の距離感も伝わる場面だ。ヘザーとジョンによる声の掛け合いも最高だ。ヘザーがマイクでがなっているのは、ヨーコの物真似に違いない。

この日の最後には、「Let It Be」と並ぶポールのピアノの名曲「The Long And Winding Road」が登場。意外にもこの日が四人で本格的に取り組む最初の日となった。「Let It Be」に続いてベースを弾かされるハメになったジョンに対して、ポールは長い時間をかけて指導し、リンゴのドラムの叩き方も（もちろん）指示。途中でジョージがアコースティック・ギターを加えるなど意欲的な作業となった。この瑞々しい演奏は、最終的に『GET BACK』『LET IT BE』『ANTHOLOGY 3』のすべてに収録された。

1月27日（月）
「Get Back」が完成した日

主要曲「Let It Be」「The Long And Winding Road」「Old Brown Shoe」「Don't Let Me Down」「Get Back」「I've Got A Feeling」

この日は、後にジョンとヨーコの『WEDDING ALBUM』（一九六九年一〇月発売）としてアイディアが実現したと思われる『You Are Here』展の写真集についての話から始まる。

ポール（タブロイド紙を読み上げる）「昨夜ビートル・ジョン・レノンは、日本人女優のヨーコ・オノを抱きしめて、こう言いました――〝妻とはだめになった。ヨーコを愛している。もちろん妻とはまだ、法律上の婚姻関係にある〟」

ジョン　「女優」はいいな。

ヨーコ　『BOTTOMS』（一九六六年のヨーコの短編フィルム『FILM NO.4』の通称）で演技したと思ってるんでしょう。あのフィルムをそんなに真面目にとらえるなんて……

ポール　「彼はどれほどヨーコを愛しているのか？　〝女王陛下よりも愛している〟」

ジョン　スクラップ・ブックのレイアウトはすごくいいな。彼はいい仕事をしてくれた。

ポール　これがレイアウト？

ジョン　いや、これは一部分で、これからこんな折込やシートを何枚も作って、まとめる。ただ、パッケージがすごくいいな。

ポール　とてもいいね。

ニール　他に何を入れるの？

ジョン　さまざまなものを何百と入れる。これは報道関係だけ。もらった手紙全部、アート展の写真も。

ニール　あっ、このトピックだけについての本なんだ。

ジョン　そう。『You Are Here』についての本。フィルムについての本。

ニール　フィルムには警察官は登場するの？

ジョン　しない、しない。これはあの日（『You Are Here』展は一九六八年七月一日に開催）に対する反応だけが含まれる。

ヨーコ　すごいでしょう？　あの日一日だけで、こんなに反応があったの。
ポール　そうだね。
ジョン　すごくいいだろ？　いま僕らがやってることも似ている。ショーをやって、そこから本とフィルムができる。
ポール　ああ。
ニール　誰が担当するの？
ジョン　出版ということ？
ニール　そう。
ジョン　ケープかな、たぶん。
ヨーコ　たぶん、ケープに頼むことになる。
ポール　また本は作るつもり？
ジョン　ああ、契約でそう決まってるからな。
ポール　そういうこと。
ジョン　だから費用は向こう持ち。すごく金がかかる。
ニール　（クリッピングは）誰がやってくれるの？　ああ、やってくれる人がいるんだ。いいね。

セッションは、まずはポールがピアノで、一月六日、七日、九日にも取り上げた未発表曲「The Palace Of The King Of The Birds」を、この日は「Strawberry Fields Forever」とのメドレーで披露した。「The Palace Of The King Of The Birds」のピアノによる幻想的なメロディが「Strawberry Fields Forever」に似ていると、ポールは弾きながら思ったのかもしれない。その後、日本にまつわる興味深いやりとりが出てくる。

ポール　それは日本の僕らのレコード。
ヨーコ　もう聴いた？
ジョン　送ってくれたのか？
ポール　いや。向こうでは予告みたいなのを作るんだよ。宣伝みたいなもんさ。
ジョン　ただで配るのか。いいな。
ポール　外国語じゃなかったらよかったのに。

音楽雑誌の付録のカヴァー・レコードだろうか。続いて警察にまつわるやりとりも――。

グリン　あのくそマッポめ！「調書を取ります。あなたの言うことはすべて書き留めます」だのなんだの！
ポール　この前、高速道路で警察にひどい目に遭わされた。あいつらに止められて――警察に止められるのは大っ嫌いなんだ。自分が悪いことをしていないのに、止められた日には……でもあの日は、走っちゃいけない外側の車線を走ってたから止められて、「七〇も出しましたね」だのなんだの言われて。ちょうどリンダが、僕の頭の後ろを撫でていたから……彼は、「若い女性に首を撫でまわされたら、気が散るのも当たり前ですな！」と言い出しやがった。それで僕は言ってやったんだ――「だからどうした！　そういうことだよ！」。それから「こんなことで報告するな、巡査！」「しますとも！」みたいになって、それでもちろん、僕の税金がちゃんと払われていなかったから、そこも突っ込まれて……。マージー・トンネルでまた止められた時なんかは……サインがほしいから止めるんだよ、あいつら。……マイアミ警察のドキュメンタリーは観た？

ジョン　ああ、あれ、観た観た。

ポール　一四歳のアメリカの男の子が、マリファナ捜査のチームでスパイみたいなのをやって……学校で悪さした前科を帳消しにするために、捜査に協力するんだ。ひげ面で、ガタイのでかいLAのヒッピーたちが、子ども相手にさあ……覆面捜査をしている女性警官もいて、一斉検挙するんだ。

他愛のない話をしていたところにジョージがやって来た。

ジョン　アップルの重役として問題を報告する――便所の紙がない。

ポール　あ、そう。

ジョン　なんと恥ずべきことだ。

ポール　ピンクのなら、上の階にあるよ。
ジョン　そうなのか！
（ジョージが入ってくる）
ジョン　ハーイ！
ポール　ハーイ、ジョージ！
ジョン　（遅刻したから）二時間余分に寝られたようだな。
ジョージ　昨日は寝るのがすごく遅くなった。新しい曲を書いてたんだ。
ジョン　僕は眠れなかった。
ジョージ　すごくいい曲になった。やったー！　朝ごはんを食べてなかったんだ。
ポール　紅茶とトーストだよ。
ジョージ　（ジョンに向かって）「そろそろ寝よう」と思うんだけど、そのたびに一〇年くらい前の君の声が聞こえるんだ。「そのまま仕上げてしまえ。始めたものは最後までやり通せ」と。「曲は書き上げてしまったほうがいい」と君が前に教えてくれたから……
ジョン　自分じゃやらないけどな。できないんだ。でも、それが一番なのは、わかってる。

続いてジョージが新曲「Old Brown Shoe」を初めて披露した。ジョージが昨日書いたという〝すごくいい曲〟はこれ、だろう。そして、前日に演奏した「The Long And Winding Road」「Let It Be」「Dig It」と「Rip It Up」ほかのロックンロール・メドレー、二二日収録の「Don't Let Me

Down」のプレイバックをまず聴いてから本格的なセッションに突入、である。

ビリー・プレストンも初めて終日参加し、全体的に和気藹々とした雰囲気だ。この日を入れて残り五日しかないので、つべこべ言っているヒマはない、というところだろう。「Let It Be」を一〇テイク以上やり、ビリーはオルガンの代わりにエレキ・ピアノを試す場面も出てくる。続いて「The Long And Winding Road」に取り掛かったところで、ポールが音響に関してブチ切れた。

ポール　ピアノさえも聞こえないなんて、おかしい。ばかげてる。

マーティン　こういうことだ。すべての楽器がＰＡに繋がっている。それで……

ジョージ　ＰＡなんか要らないよ。

ポール　「ピアノに付けてくれ」とだけ頼んだはずだ。

ジョン　僕らが文句を言ってたのは、ドラムが……

マーティン　昨日の状態に戻そう。

ポール　昨日とまったく同じなのに。

ジョン　「リンゴにはＰＡ」と頼んだ。

マーティン　それはやる。

ジョン　ビリーにはマイクを。

ポール　全部の楽器には要らないはずだ。この部屋でこんなにいろいろあると……

マーティン　音がごちゃごちゃに聞こえるのは、たくさん機材があるから。昨日よりひどい。

ポール　もともと（ヴォーカル・アンプは）ビンソンがほしかったのに、ソニック・ディメンションになったからだ。

マーティン　いま必要なものは……

ポール　（激怒して）僕らに対する扱いがひどいじゃないか。ここの音が良くなれば、僕らの演奏だって良くなる。

マーティン　ＰＡのいいサウンドにするには……

ポール　ソニック・ディメンションじゃなくて、ビンソンか、エコー・チェンバーが必要だ。サウンド・シティのはいい。

ジョン　そうなの？

ポール　ああ。ボロいエコー・チェンバーならあるけどな。ハンブルクで演奏した頃みたいないい音を出したいんだ。

マーティン　ちょっと待て。ＰＡがあると、マイクやスピーカーが互いに反応する。ステージ上で演奏している時は、全員同じ方向を向いていて、スピーカーがマイクの音を拾わない。

ポール　ああ。

マーティン　ここでは、マイクがあっちこっちにあって、スピーカーの位置も近い。だから拾ってしまうんだ。位置を変えたりすれば……

ポール　問題はこうだ。何が悪いかなんて聞きたくない、そういったことに詳しくないから。

マーティン　知りたくもないのか？

ポール　もちろん知りたくない。知りたくないと思って当然だ。
マーティン　もちろん。
ポール　いろいろ知って、それで説明して……そんなの大変すぎる。
マーティン　PAシステムを良くしても、変わらないはずだ。
ポール　だとしても、いいPAシステムがあって――たとえばこの曲の場合――みんながピアノの音を聴くことができたら、そしたら自然に演奏できて……
ジョン　音に従って演奏できる。
ポール　ヴォーカルに合わせて音を加えることができるんだ。

アップル・スタジオの環境も万全ではないことがわかるやりとりだ。「The Long And Winding Road」の後半には、ジョンの〝オタクぶり〟が伝わる場面も出てくる。

ジョン　これ（スクラップ・ブック）を作ってくれる男に、僕の持ってる写真を渡して、複製を作ってもらうんだ。『HARD DAY'S』は、なくしちゃったんだよ。君らのを借りなくちゃならない。彼はインタビューやらも集めてくれて、最高だよ。
ポール　今のところ揃ったのは？
ジョン　『HARD DAY'S NIGHT』『DAVID FROST SHOW』『MAGICAL MYSTERY TOUR』だ。テレビと映画とラジオとレコードが揃う時もある。

その後のセッションでは、「Don't Let Me Down」のワン・フレーズ多い歌詞をポールが修正したり、「The Long And Winding Road」のサビにハミングを入れるアイディアを煮詰めたり、徐々に完成に近づいていく手応えが実感できる演奏が増えてきた。

特に「Get Back」には、かなり本腰を入れている。『LET IT BE』に収録された「Get Back」の出だしのポールとジョンのやりとりは、この日のセッションからとられたものだ。エンディングにポールのアドリブ・ヴォーカル（リプリーズ）を加えることも決まり、そこだけ何度も練習する場面も出てくる。シングルに採用されたヴァージョンは、エンディングにいく前に「間違えた」とジョージが一言。そのため、翌二八日のベスト・テイクを最後にくっつけたものだ。グリン・ジョンズの編集センスが光る。

他にも、「Get Back」をポールがドイツ語とフランス語で歌ったり、ビートルズを日本に呼んだ共同企画の永島達司氏の名前（"Tati Nagashima"）を"Jo Jo""Sweet Loretta Martin"の代わりに入れてみたりと、楽しんでいる様子が目に浮かぶ。ジョンが「この曲は"Sweet Loretta Martin"と"JoJo McCartney"の物語だ」と言っているのも聴き逃せないし、ジョンが「カニチカ（コンニチワ）」と日本語で言い、ポールが"Hello"と答える微笑ましい場面もある。

最後は「I've Got A Feeling」に集中しているが、新曲不足をポールが心配する。

ポール　リハーサルしてない曲がまだたくさんあるから、あと一週間は必要だ。スローな二曲

「Mother Mary」と「Brother Jesus」もやらなくちゃ。

グリン 「Long And Winding Road」はとても味わい深いね。いちばんいい曲とは言えないけど、まとまりがとてもある。

ポール 「Get Back」もまとまりがあった。あれくらいになるまでやったほうがいい。

グリン 今夜持って帰って、アセテートを作るよ。

ポールの言う「Brother Jesus」は、「The Long And Winding Road」のことだろう。この二七日には、〝屋上案〟を一歩推し進め、強度を調べるために、作業者がアップルにやって来た。その結果、床面（足場）の補強が必要となり、屋上の下に金属製の支柱を入れることになった。

また、この日の夜、ジョンとヨーコはパーク・レーンにあるドーチェスター・ホテルで初めてアラン・クラインに会い、個人マネージャーにしたいとＥＭＩ会長（ジョセフ・ロックウッド）に手紙を書いた。ビートルズのこれ以降の展開を思い浮かべてみると、思ったら即行動するジョンの直感が悪いほうに出た、ということになる。

1月28日（火）
アラン・クラインが初めてスタジオを訪れた日

主要曲「I've Got A Feeling」「Dig A Pony」「Get Back」「Don't Let Me Down」「One After 909」「Old Brown Shoe」「Something」「Two Of Us」「Teddy Boy」「All Things Must Pass」「I Want You（She's So Heavy）」

この日も最初は、グリン・ジョンズが昨日（二七日）ミックスしたアセテート盤を聴くところから始まった。曲は、二五日録音の「For You Blue」と、二七日録音の三曲――「Get Back」（3テイク）、「The Walk」「I've Got A Feeling」である。

グリン 昨日の夜ミックスしたやつのアセテートいる？ ロックンロール・ナンバーとかの。
ポール ああ。出来のいい曲はみんなそうして。
グリン 「Get Back」は、どのテイクがいい？
ポール 君に任せる。だめだと言われない限り、やりたいようにやってくれ。
グリン どっちかな？ 選ぶのがすごく難しい。
ポール なら、最初のだ。
リンゴ 最初の「Get Back」？
グリン 最初と最後、両方作ったほうがいいんじゃない？

マーティン　難しいな。最初のテイクにはいいところもある。
グリン　ひとつ気になってるのは、曲の終わりはフェイドアウトしないほうがいいんじゃないかってこと。
ポール　どの曲のこと？
グリン　「Get Back」
ポール　ほら、そういうことは君のほうがわかってるんだから、思うようにやってくれ。誰かから反対意見が出るまで、君の意見にみんな賛成するかもしれないから。ダブ（・プレート／アセテート盤のこと）を聴いてると、どの曲も、すごくいいポテンシャルがある。ただ、もっと安定させるために、あと一週間は必要だ。だめな箇所がないか、今日はじっくり取り組んでみよう。
マーティン　もっとまとまった数ができてから、いっぺんにじっくりとミキシングしたほうがいい。それから完全にリミックスする。リミックスに集中するのは一度きりにしろ。
ポール　たしかに。もっと曲数が必要だ。「Don't Let Me Down」……「Long And Winding Road」もある。あれはもっと良くなるはずだ。今ある曲を、きょう一日かけてリハーサルしたほうがいい。「All I Want Is You」もダブでは良かった。すごく粗削りではあるけど、とてもいい。ジョージはきれいにしたいみたいだけど、曲のポテンシャルはすごい。
リンゴ　あれは？
ポール　「One After 909」？
リンゴ　それもだけど、君の曲。

ポール　「Two Of Us」？
リンゴ　そうそう。
ポール　あれは最高だ。どの曲も最高だ。
リンゴ　忘れてたけど、それで四曲だね。
ポール　五曲だよ。「Teddy」もあるから。
ジョージ　おはよう……ああ、「Teddy」はいいね！　まだ覚えたてだけど。
グリン　そこがいいのさ！
マーティン　そういう曲のほうが、出来がいい場合もある。新鮮だから。
ジョージ　バスキングみたいでね！
みんな　イエーイ！

前半に集中的に取り組んだ「I've Got A Feeling」では、ギター・フレーズが完成するなど、実りも多い。特にジョンは延々と歌い込み、興味深いことに、エンディングのギター・フレーズにボブ・ディランの「Rainy Day Women #12&35（雨の日の女）」を重ねられないか試しているのだ（一月三〇日のルーフトップ・セッションでも、「I've Got A Feeling」を二度目に演奏した時に、エンディングにアドリブで「Rainy Day Women #12&35」を加えている）。

「I've Got A Feeling」の合間に、ジョンが昨日会ったアラン・クラインについてジョージに興奮気味にまくしたてる場面が出てくる。

ジョン クラインに会ったよ。
ジョージ クラインに?
ジョン そう、クライン。アラン・クライン。あらゆる点で面白かった。とにかく彼は素晴らしい。
ジョージ 本当に?
ジョン ああ。でもまず、会って話してみて。気楽に構えてくれ。僕らがほとんど知らないようなことを知っているんだ。
ジョージ 僕らについてのこと?
ジョン そう。クラインはすべての人の、すべてのことを把握している。それほどビッグなんだ。それほど怖いやつ。アレックスもああいう話し方をするけれど、とにかく会ってみてくれ。
ジョージ オーケー。
ジョン すごく興味深い人物だ。夜中の二時まで一緒にいた。
ジョージ 昨日の夜?
ジョン 彼に会わなくちゃと思い続けてな。前回会えなかったから。ずーっとそう考えてたんだ。クラインは僕の面倒を見てくれることになった。彼は僕らがどんな人間であるかをすでに知っていて、自分の確信が合っているかを確かめるために会いに来た。僕らそれぞれを——何をしてきて、これから何をするかまで——言いあててしまうんだ。僕が君を知ってるくらい、君が僕のことを知ってるのと同じくらい、彼は僕のことを知っているんだ。あまりにすごいから、とにかくびっくりしたよ。喋り方がいかつくてね。ローナン（ジョンとヨーコのフィルム『トゥー・ヴァージンズ』のプロデューサー、ローナン・オライリーのこと）と出会った時も似たような印象を受けたけど、こっちのほうがずっとすごい。彼をがっかりさせたんじゃないかと落ち込みながら、ここに来るまでフィルムを観続けちゃったよ。「お酒飲む？」と聞いて、僕は飲み、彼は「酒は飲まない」と言った。（クラインが喋る真似をしながら）違う言語を喋ってるのかと思ってね、彼女（ヨーコ）のほうを見たくらいだ。（再び真似をしながら）ビアフラについても、すごくいいアイディアを持っていた。

ジョージ　クラインはMGMを半分所有しているんだよね？

ジョン　僕のことを「実際的」だと言っていた。僕らのやったストーンズの『CIRCUS』、ああいうのも手配するんだ。ストーンズの金は使わない。それは本当だと聞いたことがある。ストーンズは昔の作品の印税を僕らよりもずっと多くもらってる。僕らがどんなにたくさん枚数を売っても、連中にはかなわない。ストーンズの番組からは、LPとか本とか、いろんなものを作るらしい。そういうのが流行っているからな。番組に出演したみんなのLPを作って、ビアフラに届ける食物を買う予定だ。ビアフラやインドにもお金をあげるつもりだ。クラインはアメリカでいちばん大きな貨物船を用意する。彼はMGM以外にも、巨大な化学会社を持っている。それらを売って、資金に充てるんだ。行きたい人が行けばいい。僕は行くつもりだ。ストーンズや番組（の関係者）も連れていく。グッド・ホープ船みたいな感じにして、ビアフラに行く。彼は、僕らみたいな有名人がやれば、子どもたちを助けられると言っている。クライン自身も孤児だったんだ。僕は、「細かいことはいいから、そういう計画をどんどん話してくれ」と言った。とにかく素晴らしい。映画とプレスリーだのなんだのについての君のアイディアも彼に教えたよ。彼はこう言った――「プレスリーはやらない。ディランもそんなスケールの大きいことはやらない」。

ジョージ　ディランはやるよ。僕らがやるなら、プレスリーも。

ジョン　まあ、まあ。とにかく、誰か行きたいやつはいるか？　〝ビートルズ〟として強制しているんじゃない。番組の企画として行ってもいいし、支援目的だけで行ってもいい。でも、両方できたら最高じゃないか。ドキュメンタリー映画も作れる。僕らが行って、ストーンズやらが見守る中でショーをやる。こんなにべらべら喋るつもりはなかったんだけど、とにかく夢中になっちゃってね。

「アレックスもああいう話し方をする」と、ここでジョンが自分で言っているのが興味深い。アップル・スタジオの設計の際にマジック・アレックスにはすっかり騙されたのに、アラン・クラインのことを信じ切っているジョン。こうなったら誰も止められない。

この日の演奏も順調に進んでいるとはいえ、すべてがうまくいっているわけではない。続けて取り組んだ「Dig A Pony」を演奏中、ポールが「別の曲をやるべきだ」と「Get Back」のベース・フレーズを弾いてジョンとちょっと口論になったからだ（その後に演奏された「Get Back」の後半部分がシングル・ヴァージョンに使われた）。

セッション中盤に演奏された「Don't Let Me Down」には、エンディングのビリーのエレキ・

ピアノ・ソロに合わせてジョンが裏声で歌う場面も出てくる。この日のふたつのベスト・テイクを編集したものがシングル・ヴァージョンとなった。ただし、シングル・ヴァージョンはジョンのヴォーカルが部分的にダブルトラックで、歌いまわしもこの日のセッションと異なる箇所が多い。ジョージのバック・ヴォーカルもカットされているので、（記録にはないが）ジョンとポールが二月から三月にかけて二人で歌い直した可能性が高い。

同じくこの日の会話に出てきた初期の未発表曲「One After 909」も、一月九日以来、久しぶりに演奏された。明らかに〝新曲〟が足りなかったからだろう。実際ポールは「リハーサルする新曲がない」と言っている。面白いのはジョンの発言だ。ストーンズに六三年に提供した「I Wanna Be Your Man」について、「本当は〈One After 909〉を提供するつもりでいたが、彼らが興味を示さなかった」と言っているのだ。ストーンズは、ボツ曲じゃなくて〝新曲〟を求めたのかもしれない。

「For You Blue」は気に入ったジョンとポールに対し、ジョージは二七日に続いて新曲「Old Brown Shoe」を披露した。コードが多すぎると文句を言うジョンに対し、リード・ギターは自分が弾くからビリー・プレストンにエレキ・ピアノをやってほしいとジョージが言うと、ジョンが意地でリード・ギターを弾き始める（しかも調子っぱずれ）。こうしたやりとりには、ジョンの強気で子どもっぽい性格が滲み出ていて面白い。

「Old Brown Shoe」のセッション中には、曲名に引っ掛けたわけではないと思うが、靴にまつわるジョージの話がまた出てくる。

ジョージ スリッポンみたいな黒い革靴を、サイズ8で、もう一足欲しいんだ。ここら辺にいい靴屋ある？ マル、誰かが言ってた、ボンド・ストリートにあるいい靴屋って名前何だっけ？
マル ボンド・ストリートなら、靴屋はたくさんあるよ。
ジョージ グルーヴィーな靴屋なんだよ。
マル バリーだ。
ジョージ そう、バリーだ。
マル ペイントの革靴がたくさん置いてある。
ジョージ ああ、ああいうのはもうたくさんだ。一八足くらい持ってる。普通の黒い革靴、スリッポンみたいなのが欲しいんだ。サイズ8で、五足くらい持ってきてくれないかな？ 一足選ぶから。
マイケル ケヴィン（・ハリントン）、靴を取ってきてあげて。
ジョージ 僕も一緒に行こうかな。靴屋に入ったことないから。

後半にはジョンが新曲「I Want You（She's So Heavy）」をまずビリーと二人で演奏し、続けてジョージが新曲「Something」も披露した。特にジョンはこの曲も気に入ったようで、未完成の歌詞について、ポールも交じえて三人でこんな会話を交わす。

ジョージ　ポール。
ポール　うん？
ジョージ「彼女のちょっとした仕草が……」の後、どうしたらいい？「魅力的な」のところ。何みたいに魅力的か、思いつかないんだ。
ジョン　頭に浮かんだのをつっこんどけよ。「カリフラワーみたいに……」とか。
ジョージ　半年ぐらいここでつっかえているんだよ。
ジョン　とりあえず歌いながら考えてみようぜ。

さらに「Get Back」「Two Of Us」「Teddy Boy」を演奏。ようやく手応えを得たのか、ポールは満足そうにこう話す。

ポール　これをLPにするか、このまま次々と演奏できるように、たくさん曲をやる？
リンゴ　半分は演奏用で……
ジョージ　半分はレコードにして、それからさらに数曲覚えて……
ジョン　今週の木曜日（三〇日）に半分やって、その後のリハーサルか何かは、撮影しない。それから、残り半分を同じ場所でやっちまおう。ただ、木曜日までに五、六曲覚えるのは難しい。「Don't Let Me Down」と「I've Got A Feeling」は思いどおりにできている。「The Long And Winding Road」みたいにしてもいいし。演奏するだけも楽しい。三、四曲繋げてもいいな……ライトでこのギターが焼かれちまう、まったく！

ジョージ　トラヴィス・ギターは六台しか生産されていないから、焼いたら大変だ。大きなアコースティック・ギターで、Fホールとカッタウェイがひとつあって、特注品だ。欲しければ、ニューヨークにレアなのがある。ニューヨークのマニーズに、ボロくてペイントされていて、美品ではないけど、少しソリッドで――非売品だけど、すごくグルーヴィーでファンタスティックなのがある。

ジョン　いい雰囲気だったし、昨日も良かった。最初の塊としては、ジョージの曲を入れたい。

ジョンの言葉に励まされたのか、「すでにまとまっている曲をやってみよう」というジョンの発言を受けて、ジョージは「これはシンプルな曲だよ」と言って「All Things Must Pass」を演奏し始める。ニュー・アルバムの収録曲に関して、この流れで話が進むなら、「All Things Must Pass」は間違いなく選ばれたはずだ。ジョージ自身も、新曲の中でこの曲と「For You Blue」を入れようと思っていたに違いない。

最後にもう一度ジョンが「I Want You (She's So Heavy)」を演奏した時に、アラン・クラインがスタジオに来たことをジョンが他のメンバーに告げた。おそらくジョン以外はこの日が初顔合わせだ。

1月29日（水）
アップル屋上ライヴのリハーサル日

主要曲「Dig A Pony」「I've Got A Feeling」「Don't Let Me Down」「Get Back」「One After 909」「She Came In Through The Bathroom Window」「Two Of Us」「Let It Be」「The Long And Winding Road」「For You Blue」「All Things Must Pass」「Let It Down」「Teddy Boy」

この日はまず、二月から〝別の予定〟があるために残り時間が次第に少なくなってきたリンゴとグリン・ジョンズが、ジョンと会話を交わす。リンゴは映画『MAGIC CHRISTIAN』の撮影、グリン・ジョンズはLAで始まるスティーヴ・ミラー・バンドの新作『BRAVE NEW WORLD（すばらしき新世界）』のレコーディングである。

ヨーコ　ケープがどうなのか知ってるでしょ。こういうものにまったく興味がないのよ。

ジョン　まあ様子を見よう。

ヨーコ　誰かに頼めないか、デレク（・テイラー）に聞いてみて。

ジョン　デレクの知り合いなんて、みんな僕らの知ってるやつばかりだ。慌てるな。世界でいちばんの販売網を持つEMIに持っていけばいい。本のことは心配いらない。そんなことを心配するのは、駆け出しの無名のやつらだけだ。特に今は心配しなくていい。ケープがだめなら、クラインがなんとかしてくれる。キックオフとなる商品だから、力を入れてくれるはずだ。

リンゴ　今夜は早く終わらせたい。同じ曲を何度も何度もやらされて。五、六曲だけしかないのに。

ジョン　グリンがもう数日ここにいられることになった。つまり、まだまだ続けるということだ（笑）。指が痛くてたまらないよ。

リンゴ　（映画の撮影は）三週間くらい。

ジョン　どこで？

リンゴ　トゥイッケナム。

ジョン　なら、ちょくちょく顔を出すよ。

リンゴ　君は木曜日（三〇日）に出発するんじゃないの？

グリン　いいや。君らが今週末も働きたいなら――働きたくないと思うけど、僕も残って作業を続けるよ。

ジョン　まあ、様子見だな。こんなセッションが長続きするとは思えない。半分やって、残りを後回しにしたとしても。向こうにはどれくらいいるんだ？

グリン　六週間か、五週間。

ジョン　とても一四曲やれるようには思えない。

グリン　僕も大変だ。

ジョン　曲はまだまだあるんだけどね。僕らの人間関係からいくと、いちばん大変なアルバム制作に、君は加わってしまったというわけだ。大変だよな。

グリン　うん。自分の仕事を置いていくのは忍びない。
ジョン　ああ、嫌だろうな。
グリン　自分のやったのを誰かがミックスするのは、耐えられない。他の人が手を付けたのを、ちゃんとやれるエンジニアなんていないと思う。
ジョン　僕らはいつもリミックスしてしまうんだ。リミックスの作業にはすべて立ち会って、他の人には触らせない。過去数年はそうしてきた。
リンゴ　アラン（・クライン）とはうまくいってる？
ジョン　一二時まで話し込んでるよ。ありとあらゆることを話した。
グリン　アランには会ったことあるの？
ジョン　この前会った。『CIRCUS』の時も会った。
グリン　本当におかしな人だよね。
ジョン　ファンタスティックなやつだ。『CIRCUS』の時は、挨拶しただけだった。
グリン　すごく変わった人。とても、とても頭がいいけど、詐欺師だ（笑）。
ジョン　ああ、僕らはみんな似たようなもんだろ。
グリン　彼は言葉で表わせないくらいのやり手だ。みんなに対するのと同じように君に話すのかわからないけど——たぶん違うな、君は別格だから。でも、いくら反論しても、どんなことでも、どんな人だって、納得させてしまうんだ。この黒いピアノを、五分後には緑だと思いこませることも、彼ならできる。

ジョン （クラインの真似をして）黒だと思うのか？　緑だ。
グリン それから、何か質問されて、こちらの答えが気に入らないと、答えの途中で話題を変えるんだよね、いつも。それがすごく嫌だ。

アラン・クラインに関するジョンとグリンのやりとりは、この後、会話は進まず、長い沈黙が続いた。グリンがまとめた『GET BACK』が最終的に却下されたのは、案外、この時の〝クライン観〟の違いが尾を引いていたのかもしれない。
数日前にアップル・ビルの屋上でライヴをやるという案が出た時には、本来ならばこの日が本番だった。二九日に決めたのはポールだったが、前日の段階で二九日の予報はあいにく曇りだったので、三〇日に延期することになったのだ。そこで、まずは「Singing The Blues」などを軽くやったが、明日の本番に向けて、ポールが不安な胸の内を明かす。

トニー みんな準備はできている。このままやって、気に入らなかったら、また別のをやればいいじゃないか。
ポール ああ、わかってる。でも、屋上はやりすぎだ。風が強すぎるし、雨が降ることもある。
リンゴ お日様も。
ポール お日様の場合もあるな。晴れだったら、晴れだ。たしかにそうだ。
マイケル どっちにしろ、雨だったら撮影中止。

ポール　外でやるにしても、まだすべての曲を覚える必要がある。アルバムに入る全部の曲だ。誰もまとめることができなかったら、長いことかかるだろう。これが終わった時点で、前回のアルバムのように、またクソみたいなのになるんじゃないかと心配している。
ジョン　あと一日、二日くれ。細部の仕上げをするから。
ポール　番組の素材としては、もう十分素晴らしいものができている。信じられないくらいに。屋上に行く必要も、どこかに行く必要もない。ただ歌えばいいんだ。今まで録ったドキュメンタリー映像と合わせれば、すごいものができる。
ジョン　明日ショーをやって、今日は六曲でもなんでも、仕上げればいい。
ポール　ああ。でも、明日は誰のためにやるんだ？　明日だって同じことじゃないか。ただ屋上に上るというだけで。
マーティン　ポール、聞いてくれ。このビジネスには、締め切りというものがあるんだぞ。もう締め切りは与えたのだから、すべて君次第だ。
ポール　だから、あなた（マーティン）じゃなくてジョンに相談している。この番組を終わらせる最も簡単な方法は、あと数日ここにいて、すべての曲をリハーサル、リハーサル、リハーサルすることだ。

この後ポールは、「アルバムを作る以外、目的がなくなっている」現状を変えるためにも、スタジオや劇場にカメラを入れ、演奏をフィルムに収めることに意味があると強調する。続いてのジョンとのやりとりは、映画『LET IT BE』の後半に出てくる。

ポール マイケルにこう言ったんだ――ある日突然、この場所を黒くしろと。朝やって来て部屋が黒くなってたら、「なんだこれ?」となる。ビートルズは時々こっそり驚かせてやる必要があるんだ。そうじゃないと、延々と同じことを繰り返してしまうから。ループから抜け出せなくなる。抜け出そうと思って話し合いを持っても、内輪のルールに阻まれてしまう――「何をしたいか?」と聞いたらジョージが「映画はだめだ」と言ったように。そんなの間違っている。すごくおかしい。彼が本当に言いたいのは『HELP!』や『A HARD DAY'S NIGHT』のような映画が嫌だってことで、それには同意する。でも、〝映画〟といったら今やってるのもフィルムであって、彼はこのフィルムは嫌がっていないわけだし。

ジョン そうだな。

ポール でも、テレビ番組も嫌だし、観客を入れるのも嫌だってんだろ? ハンブルクから帰ってきてレスター・ディ・モントフォート・ホールかコヴェントリーのダンスホールで演奏した時、最初の晩はみんな緊張して最悪だった。翌日の夜に演奏した時は、少しはマシになった。次はまあ、その次は……観客がいても緊張しなくなって、演奏に集中できるようになり、客がまるでそこに存在しないかのような気持ちになって。没頭してると、最前列で僕らのプレイを夢中で見てる男がいて――あの時の演奏を録音できていたら、最高のものになっただろう――実際に最高だったから。いったん緊張が解けると、あの頃の僕らは、マルが言っていたように「飛び跳ねて」いた。緊張が障害になってる今の状況を打破するには、アルバート・ホールで黒い袋に入るしかないようだ。それ以外にこのループから抜け出す方法はない。〝なんとかなるさ〟とは言えず、残された唯一の方法が、観客の前では二度と演奏しないということになってしまう。何らかのかたちで客前で演奏することを続けられたら……ジョージが「意味がない」と言うのもわかるよ。僕らの音楽はストラヴィンスキーと同じように、もう僕らのもので、わざわざ客に向かって「Joanna」を演奏する必要もないんだから。ストラヴィンスキーは曲を書くだけ――たまに指揮するくらい――でいいのだから。

ジョン　しかるべき理由があればやってもいい――ジョージがディランやプレスリーと大きなショーをやりたいように……

ポール　それだと、以前のやりすぎな僕らに戻ってしまう。

ジョン　そうだが、やってもいいとは思う。

ポール　ただ、そういうことをやるんなら、ビートルズのショーをやってからにしてくれってこと。

ジョン　まあな。

ポールの熱意がジョージに届かないのは、二人の思考（&志向）がまるで違うから――と言ってしまっては元も子もないが、ポールのやるせない思いが伝わるやりとりだ。ちなみに「Joanna」は、スコット・ウォーカー（スコット・エンゲル）が六八年四月に発表したセカンド・シングル曲のことだろう。六七年五月に解散したウォーカー・ブラザーズ（六八年一月に、武道館公演のためだけに一時的に〝再結成〟）を〝ビートルズ〟に、スコット・ウォーカーを〝四人〟になぞらえ、生演奏のありかたについて問いかけたものに違いない。

ビリーはこの日は「Let It Be」のセッションの途中から参加し、「The Long And Winding Road」の間奏にオルガンを加えて彩りを添えた。さらに二五日には不参加だった「For You Blue」にもエレキ・ピアノを加えているが、「Let It Be」まで演奏したところで、こんなやりとりが入る。

ポール　このテレビ番組は、本当は前回のアルバムのために作るはずだった。でも、いざやろうとなった時に、やっぱりやめて新しい曲を書こうということになった。ただ歌うだけでよかったのに。

ジョージ　録音されたもので、使えそうなのは何曲あるの？

ジョン　ひとつもない。

ジョージ　一曲も？「Get Back」は？

ジョン　あれは、ひとつはいいのがあるな。

マーティン　いいものはたくさんある。ただ、どれもドレス・リハーサル向けの仕上がりにしかなっていない。パフォーマンス用だったらそれで足りる。

グリン　昨日、いいところまでいったじゃない。あと1テイクぐらいで完成しそうなところまで。

ジョン　僕が疲れていたせいだ。「Don't Let Me Down」ともう一曲（「Dig A Pony」）は、すごく体力を使う。あれだけ歌うには肉体的な力が必要だから、疲れてしまうんだ。
マイケル　ドキュメンタリー用のいい素材はたくさん集まったけど、ストーリーがないのよね、まだ。

ところで、この日のセッション・リストを見ると、面白いことに気づく。前半に「Dig A Pony」「I've Got A Feeling」「Don't Let Me Down」「Get Back」「One After 909」の五曲を立て続けに、しかも1テイクずつ演奏しているのは、翌日に控えたアップル・ビル屋上での〝ライヴ〟に向けての最終リハーサルであり、続けて「She Came In Through The Bathroom Window」「Two Of Us」「Let It Be」「The Long And Winding Road」「For You Blue」を演奏しているのは、〝ライヴ〟向きではない曲を明後日（三一日）に収録するための最終確認用、と想像できるからだ。さらに続けてジョージの新曲「Something」「All Things Must Pass」「Let It Down」（すべて3〜4テイク）を演奏しているのも、少なくともどれか一曲はアルバムに収録しようと思っていたからだろう。「Something」をやった後にジョンが〝次のＬＰは六月か七月頃に発売予定〟と喋っているのも聴き逃せない。
もうひとつ興味をそそるのは、「She Came In Through The Bathroom Window」の存在だ。後に『ABBEY ROAD』に収録されることになる曲だが、おそらくポールは『GET BACK』に入れたかったに違いない。「Maxwell's Silver Hammer」も同様だが、何度も繰り返し練習させられることに他のメンバーは嫌気がさしたのだろう。ここでも3テイク演奏されているが、ポールが中盤の歌詞を〝And so I Helter, Helter Skelter〟とアドリブで歌っているのが面白い。同じく、この日の後半に演奏された「Teddy Boy」も『GET BACK』の候補曲だが、ジョンはギターもヴォーカルも音を外しまくりで、まったくやる気が見られない。

ジョージの新曲三曲の演奏が終わった後、今度はジョージが興味深い発言をする。

ジョージ　ジョン。

ジョン　なんだ?

ジョージ　これが終わったら何をしたいか、教えてあげる。

ポール　このテレビの後?

ジョージ　このショーの後。一〇年分の……一〇枚のアルバムを作れるくらいの、曲のストックがあるんだ。だから、アルバムを作りたい。

ジョン　自分一人のか?

ジョージ　そう。

ジョン　いいな。

ジョージ　なんで作りたいかというと、溜まった曲をさばきたいから。

ジョン　理由は何であれ、アルバムを作るのはいいことだ。

ジョージ　それから、自分の曲がまとまって入ると、どういう感じになるかみてみたい。

ジョン　ジョージがアルバムを出すのは、僕が自分のアルバムを出すのと同じことだな。

ジョージ　それぞれが別々にアルバムを作れたら、それにより、これ——つまりビートルズを、長続きさせることができる。
ジョン　どんな曲も吐き出したらいいさ。
ジョージ　僕の曲を全部他の人にあげることもできるし、いい曲に仕上げてくれる——でも、突然気づいたんだ。そんなの全部クソくらえって。たまには自分のために何かしようって。
ヨーコ　それは素晴らしい。素晴らしいアイディアね。
ジョン　ああ。
ジョージ　最長でも一週間もかからずに全部レコーディングして、リミックスしたりなんだのできるはずだ。シンプルな曲ばかりだからね。あまり手間をかけないほうがいいと思う。レズリー（のスピーカー）があれば、ギター一本だってなんとかなる。

ジョージ自身、この時点では、「Something」「All Things Must Pass」「Let It Down」はすべて〝ビートルズ〟の曲にならなくてもいい、と思っていたのかもしれない。だとすると、ジャッキー・ロマックスやジョー・コッカーに提供する予定や、ソロ・アルバムに収録する可能性もあった「Something」が『ABBEY ROAD』に入ったのは幸運だったと言ってしまってもいいだろう。

この日は、他にも、後半にもう一度登場する「Something」をジョンが歌っていたり、ジョージ・マーティンからもらったリストでポールがアルバム収録予定の一三曲を確認したり……という興味深い場面がある。しかもジョンは、再度演奏した「Dig It」に、主要の一六曲を、三回に分けて盛り込みながら早口でまくし立てているのだ。おそらくその曲目リストを見ながら歌ったに違いない。三回とも微妙に異なるが、登場するのは全一六曲である——。

①“Don’t Let Me Down, Get Back, I’ve Got A Feeling, Two Of Us, All I Want Is You, Teddy Boy, One After 909, All Things Must Pass, Dig It, Let It Be, The Long And Winding Road, For You Blue, Maxwell’s Silver Hammer and Through The Bathroom Window”

②“Don’t Let Me Down, Get Back, I’ve Got A Feeling, Two Of Us, All I Want Is You, Teddy Boy, One After 909, All Things Must Pass, Dig It, Let It Be, All... The Long...”

③“Don’t Let Me Down, Get Back, I’ve Got A Feeling, Two Of Us On Our Way Home, All I Want Is You, Teddy Boy, One After 909, All Things Must Pass, Can You Dig It?, Let It Be, The Long And Winding Road, For You Blue, Across The Universe, Maxwell’s Silver Hammer, I Me Mine, and Through The Bathroom Window”

二回目にちゃんと紹介しているのは“Let It Be”までだが、次の“The Long And Winding Road”を“ALL I Want Is You”か“All Things Must Pass”と読み間違えたのかもしれない。三回目には“Two Of Us”と“Dig It”の曲名を一部変更し、“For You Blue”の後に新たに三曲追加している。以下は推測だが、三回目に読み上げた「Don’t Let Me Down」から「For You Blue」までの一二曲はほぼ曲が出来上がっている（＝レコードに収録してもいい）とビートルズとジョージ・マーティンが思っている曲で、「Across The Universe」から「Through The Bathroom Window」までの四曲はまだ手直しを含めてリハーサルが必要だとこの時点で感じていた曲ではないかと思う。リストに記載されていたのはこの一六曲だろう。数日前に初めて披露された「Something」と「I Want You (She's So Heavy)」は、このリストにはなかったはずだ。

映画『LET IT BE』に登場する「Besame Mucho」もこの日に演奏された。あえて太い声で歌うポールの声量と歌のうまさは、六二年一月のデッカ・オーディションや六二年六月のEMIの初セッションとは雲泥の差だ。そして後半は、お気に入りのバディ・ホリーの曲をメドレーで演奏してリラックスし、最後は「Two Of Us」で締めた。合間に入るジョンとポールの会話も面白い。

ポール　それで、明日は屋上でショーをやるのか？　ジョンとリンゴは屋上でやりたがってる。
ジョン　屋上で緑の袋に入って。君が庭好きなのを知っているからな……
ポール　緑の袋(笑)。

当初の予定から一日延びて、最終リハーサルができたのは、やはり大きな収穫だったようだ。そして帰り際にポールが"Go back, Johnny!"と一声掛ける――。"Get back, JoJo"に引っかけてのものだろうか？　もちろん明日の〝本番〟に向けてのジョンへのメッセージだ。

1月30日（木）
ビートルズの〝ラスト・ライヴ〟

主要曲「Get Back」「Don't Let Me Down」「I've Got A Feeling」「One After 909」「Dig A Pony」

そもそも、屋上でライヴをやろうと提案したのは誰か。マイケル・リンゼイ＝ホッグとマル・エヴァンスは自分、ビリー・プレストンはジョン、グリン・ジョンズや他の関係者はリンゴ、という説が有力だ。それぞれの言い分をまとめてみる。

まずマイケルは土曜日（二五日）に昼食をとりながら提案し、昼食後にポール、リンゴ、マルほか数人で屋上を見てまわったという。ビリーは、みんなで考えている時にジョンが提案。マルは二六日の昼食後に浮かんだという。グリンは、メンバー全員でアップル・スタジオの三階で昼食をとっていた時に「屋上に行ったことはある？」とリンゴに聞かれ、マイケルと一緒に屋上まで連れていってもらったそうだ。

誰の説が正しいのか？　それを証明――とまではいかないまでも、ゲット・バック・セッションの〝オフィシャル・カメラマン〟となったイーサン・ラッセルが、アップル・ビル屋上で一月二五日に撮影した〝証拠写真〟がある。それを見ると、足場がまだ強化されていない屋上にいるのは、ポール、リンゴ、マル、マイケル、グリンの五人に加えて、マルの助手のケヴィン・ハリントトン、マイケルの助手のレス・パロットとポール・ボンドの計八人である。イーサン・ラッセルを加えると屋上には九人上がっていたわけだ。ということで、マイケル説が最も信憑性が高そうだ。ただし、言い出しっぺがマイケルかどうかはわからない。

では、伝説の一日を振り返ってみる——。

朝四時。まずエンジニアのデイヴ・ハリーズとキース・スローターはアビイ・ロード・スタジオの機材を屋上に車で運ぶ。なぜこんなに朝早いのかと言うと、屋上ライヴを極秘に進めるためだ。しかし運ぶ途中、運悪くキングス・ラングレーの警察署の前で警官に呼び止められてしまう。そんなに早い時間に大量の録音機材をロープで縛った車が通ったら、そりゃ止められるというものだ。EMIの車だと説明して難を逃れた二人はアップルに到着した。

待機していたアラン・パーソンズとともに機材の設置を始めたが、またひとつ問題が持ち上がった。屋上での演奏なので、風の音をマイクが拾ってしまうのだ。この日は実はそれほど寒くはなかったという話もあるが、下の通りが八～九度で、屋上は風速一一・五メートルの風が吹き抜け、体感温度は二～三度だったらしい。

朝一〇時以降の話だと思うが、グリン・ジョンズの指示でマークス・アンド・スペンサー（ロンドンの有名なスーパーマーケット）のリージェンツ・パーク店に女性用ストッキングを買いに行かされたのはアラン・パーソンズだった。「店員は僕が銀行強盗か女装でもするのかと思っただろう」とアランは振り返っているが、マイクをくるんで〝風除け〟にしようというわけだ。楽器と機材を屋上に設置するのはマルとケヴィンが行なった（ニール・アスピノールは扁桃炎切除手術で、この日の立ち合いができなくなった）。

カメラマンの数も増えた。アップル・ビルの屋上に数人、近隣の建物の屋上やアップル・ビルの前の通りなどにも何人か配置し、全部で一一人となった。前日までのスタジオ・セッション時は合計三人だったという。〝四倍増〟は、「アルバム用に数曲ライヴ・レコーディングし、映像に劇的なエンディングを加えたい」というマイケルの熱意の表われでもあった。

さらにマイケルは、正面玄関から入ってくる警官を撮影するために（と、ここではさらっと触れておく）、カメラ、音響機材、照明を受付ほかビルの中にも設置した。女性スタッフは、マイケルの指示で隠しマイクをスカートの上に付けたそうだ。二九日が曇りではなかったらヘリコプターからも撮る予定だったというが、ロンドン上空にヘリを飛ばすのは法令で禁止されていたため、三〇日も、その案は実現せずに終わった。

ライヴは昼食時の一二時半に始める予定で、ジョージ・マーティンはアップル・ビルの地下スタジオにいたが、作業はすべてグリン・ジョンズに託していた。だが、マイケルによると、時間が過ぎてもメンバーは屋上に上がってこなかったため、一二時二〇分に四人の元へ足を運んだという。

屋上でやることに何の意味があるのかと尋ねるジョージと、「それに屋上は寒いよ」と言うリンゴに対して、ポールは「ほら二人とも、きっと楽しいよ。何かしなくちゃ」と返す。だが、誰も動こうとしない。そして、まだ一言も発していない〝もう一人〟に三人の視線が注がれる。

その時ジョンが叫んだ――「クソッたれ、やってやろうじゃないか！」

〝リーダー〟ジョンの一声で四人は屋上に向かった。やろうと決めたのは、やる気満々のポールと度胸のいいジョンだったということになる。

こうして六九年一月三〇日午後一二時四〇分ごろ――〝On a show day〟のアナウンスに続き、ロンドンのサヴィル・ロウにあるアップル・ビル本社屋上から、昼食時でごった返す人々の頭上に、いきなり大音響が雹《ひょう》か霰《あられ》のように襲いかかってきた。不意を突かれるとはこのことだろう。しかもそれがまさかのビートルズの新曲なのだから、あの日あの時あの場所に偶然に居合わせた人々は幸運だったと言うしかない。

演奏されたのは、以下の九曲、計四二分間だった（＊はアドリブ演奏）。

Get Back* / Get Back / I Want You (She's So Heavy)* / Get Back / Don't Let Me Down / I've Got A Feeling / One After 909 / Danny Boy* / Dig A Pony* / Dig A Pony / God Save The Queen* / I've Got A Feeling~Rainy Day Women #12&35* / A Pretty Girl Is Like A Melody* / Get Back* / Don't Let Me Down / Get Back

具体的に流れを追ってみる――。

屋上に最初にやって来たのはポールだった。リンゴと妻モーリン、ビリー・プレストン、ジョージ、ジョンが続いた。「（ドラム・セットまで）どう行きゃいいんだ？」とリンゴが一言。

ポールが足場は大丈夫か、ちょっと飛び跳ねながら状態をみている。リンゴはさらに、楽器を設置したマルに向かって「この位置はどうかと思うぜ」と続ける。

そして、まずジョンが確認のために「Get Back」のギター・ソロを弾き、ポールとタイトル・フレーズを軽くハモる。三〇秒ほどの短い演奏だ（その後にポールが冒頭を軽く歌う）。映画『LET IT BE』を観ると、屋上の演奏も次々と順調に進んでいるかのように思えるが、実際は、スタジオでのセッションを屋上に移しただけ――〝だけ〟というのは語弊があるかもしれないが――なので、同じ曲を何回かやることもあった。

ジョージのカウントに続いて一曲目。やはり「Get Back」だ。ライヴでは、曲が終わるたびに大歓声を浴びることに慣れていたポールは、反応の薄い〝観客〟に対して一言――「テッド・デクスターがまた得点を入れたようだな」と呟く。『THE BEATLES ON THE ROOF』によると、クリケットのテストマッチでは、六〇年代に活躍したテッド・デクスターのようなスター選手が点を入れても観客は押し黙ったままだったという。ポールの自虐的なギャグだ。

ジョンが「I Want You (She's So Heavy)」をギターで弾き、ポールが“Don't let me down”と軽く歌った後、もう一度「Get Back」を演奏。少し間があり、三曲目はジョンが歌う「Don't Let Me Down」（二番の出だしの歌詞を思いっきり間違えている）。演奏終了後、すかさず「I've Got A Feeling」を披露した。ここでしばらく準備に時間をかけ、ビリー・プレストンと軽く音合わせをした後、五曲目の「One After 909」へ。

アップル・ビルの前の通りにはすでに人だかりができ、交通渋滞も起きている。近隣からの苦情の電話が、ビルからわずか一五〇メートルしか離れていないウェスト・エンド中央警察署にも頻繁にかかるようになってきた。最初は静観していた警察署も、動かざるを得なくなった。アップル・ビルに警官がやって来たのはこのあたりだろうか。ビルのドアマンのジミー・クラークは、警官の顔を見るなり「帰ってくれ」と言ってドアを閉めて鍵をかけたそうだ。

「One After 909」演奏後、屋上と地下のスタッフの間で、次の曲をどうするか、打ち合わせをしたという。おそらく順番までは正確には決めていなかったのだろう。〝ステージ〟にはヘフナーのラップ・スティール・ギターとビリー・プレストン用のもう一台のエレクトリック・ピアノも用意されていたが、ラップ・スティール・ギターは、(ジョージの気が変わって)「For You Blue」をやることになったら使用された可能性が高い。

グリンの呼びかけで次の曲に選ばれたのは「Dig A Pony」だったが、「Don't Let Me Down」で一度歌詞を間違えたジョンは、「しまった」と思ったに違いない。歌詞を覚えていないのだ。この時ジョンは、「歌詞を書いた紙を頼む」と言っている。そこで、地下までマルが取りにいき、その間に「Dig A Pony」のギター・フレーズなどを少し練習する(オールディーズをやったらどうかとこの時マイケルは提案したそうだ)。紙は届いたが、ジョンの位置からは文字が見えなかったため、マルの助手のケヴィンがジョンの前に跪《ひざまず》いて歌詞を見せることにした(この場面は、映画『LET IT BE』でも観られる)。

「手が悴《かじか》んで、コードを押さえられない」と「Dig A Pony」の演奏後に呟いたのはジョンだ。アップルの役員ケン・マンスフィールドは、ジョージの指先を温められるように、火の点いた煙草の先を指に近づけてあげたそうだ。リンゴは「Dig A Pony」の出だしで煙草を消す(捨てる)タイミングを逸して〝待った〟をかけている(カウントを取ったジョージがリンゴのほうを見て笑っている)。ジョンとリンゴが、吹きすさぶ強風を避けるため、(〝ステージの袖〟でビートルズを見守る)ヨーコとモーリンから女性用のコートをそれぞれ借りて演奏した——と言われているが、サイズからして、どうやら自前のコートだったようだ。

次の曲の合間にジョンが「ラララ……」と口ずさみ、ポールがベースをブンブンうならせて「God Save The Queen」を即興で披露した。一方、階下では、玄関をノックし続ける警官とジミー(ドアマン)との〝攻防〟が繰り広げられていたが、どうやらこのあたりでそれも時間切れ。二人の警官に対応したのは、受付係のデビー(デボラ)・ウェラムだった。デビーは時間稼ぎに「マルが降りてきて応対します」と伝え、ジミーはマルを呼びに行くのに時間をかけ、マルはマルで階段をゆっくり降りてきたという。

映画『LET IT BE』を観るとわかるが、ビルの中に警官を入れたのは「Dig A Pony」演奏中で、警官が屋上に上がってきたのは、「Dig A Pony」の演奏直後だった。それでもビートルズはまだ演奏をやめない。映画『LET IT BE』では「Dig A Pony」の演奏後は最後の「Get Back」となり、その間に演奏された二回目の「I've Got A Feeling」と「Don't Let Me Down」はカットされている。その二回目の「I've Got A Feeling」ではジョージはギター・フレーズを変え、ジョンとポールは歌詞を一部変えている。先に触れたように、ジョンがリハーサルで試したのと同じく、エンディングにボブ・ディランの「Rainy Day Women #12&35」の歌詞とメロディをさりげなく挿入しているのが興味深い（『LET IT BE...NAKED』では、この二回目の演奏も一部使用したヴァージョンとなった）。

マルは警官三人を屋上に連れてきた。終わる気配のない状況を見たウェスト・エンド中央警察署のレイ・シェイラーは、「あと一曲録音したら終わる」とマルに言われたので、「演奏が延びたら行動を起こすぞ。早く終わらせろ」と返したという。

二回目の「I've Got A Feeling」の後に、ジョンが「A Pretty Girl Is Like A Melody」を口ずさむ。続いてジョージがカウントを取りながらギターで「Get Back」のイントロを弾いたところですぐに中断し、二回目の「Don't Let Me Down」が演奏される。

以下は推測だが、本来はここで「Get Back」を演奏して〝レコーディング〟は終了となったのではないだろうか？　というのは、二回目の「Don't Let Me Down」が終わり、間を置かずに「Get Back」を演奏し始めたところ、ジョンとジョージのギター・アンプの電源を切るように警官がマルに命じたからだ。これは「演奏が延びたから行動を起こした」ということだろう。警官は、「Don't Let Me Down」が最後の曲だと思ったら違った。ビートルズ側は、おそらく一回目の「Don't Let Me Down」の歌詞を間違えたので急遽もう一度やることにしたが、ジョージは予定どおり「Get Back」のつもりでいた――という推測である。それでもジョンは、また「Don't Let Me Down」の冒頭の歌詞を間違えているが（笑）。

最後の「Get Back」をめぐる臨場感のあるやりとりは、映画『LET IT BE』でもたっぷり観られる。マルが電源を切り、ジョンとジョージに何やら訴えかけたが、電源が切られてギターの音が聞こえなくなった時に「(ギター・アンプに) 触るな!」とリンゴが叫ぶ。ジョージは構わず自分のアンプの電源を入れ、マルはしぶしぶジョンのアンプの電源を入れている——アラン・パーソンズは、「警官の姿を見てメンバーのやる気に拍車がかかった」と後に語っているが、こうした振る舞いもまたビートルズならではの味、である。

〝最後の曲〟だと理解し、屋上を後にする警官に、ポールが〝Get back〟と強めに歌い(そう聞こえる)、さらに追い討ちをかけるかのようにアドリブで歌う——「また屋上でライヴをやってるのか。良くないぞ。あんたのママが嫌がってたの知ってるんだから。警察に逮捕されちゃうぞ!」。

こうしてビートルズの〝ラスト・ライヴ〟は、「オーディションに受かるかな?」というジョンの有名な一言で終了した。演奏直後の警官に対する四人の態度が面白い。レイ・シェイラーによると、ジョンとジョージは話しかけず、ポールは謝り、リンゴは「おとなしくするよ、手錠をかけないでくれ」というような冗談を口にしたそうだ。

四人はすぐさまアップルの地下のスタジオに向かい、マイケル、ジョージ・マーティン、リンダとともにプレイバックを聴いた。

全員、演奏の出来の良さに満足し、ジョージ・マーティンも「想像していたよりよほどいい」と答えた。屋上での演奏を拒否していたジョージも、演奏後には「ロンドン中でやろう!」と満足げに言い、それを受けてジョージ・マーティンはさらにこう続けた——「スピーカーを据え付けたヘリコプターをロンドン上空に飛ばし、ビートルズを爆音で流そう!」と。「そりゃすごい」とジョン。ジョージも「ロック・バンドがロンドンや世界中の屋上で同じ曲を一斉に演奏するというのはどうかな」と返す。

いつ解散してもおかしくない状況でも、真冬のロンドンという劣悪な環境下でも、プロフェッショナルな演奏ができる。ルーフトップのライヴが〝伝説的〟と言われるのは、ビートルズも関係者もそうした手応えを感じ、それが映像を通してファンにも伝わるからだ。

この時ジョンは「「Don't Let Me Down」の歌詞を間違えたので、後でヴォーカルをかぶせて編集しよう」と言っている（実際にはマイケルは最初のテイクをそのまま映画『LET IT BE』に使った）。「屋上ではもうやらない」というジョージの発言にポールも同意した。ポールは「アコースティックな曲を昼食後にやろう」と積極的だったが、結局、午後のセッションは行なわれずに終わった。


一月二日から二九日まで、〝お披露目〟のためにリハーサルを積んできたとはいえ、まさかいきなりこんなに素晴らしい演奏ができるとは。特に「I've Got A Feeling」「One After 909」「Dig A Pony」は、それ以前のどの演奏と比べてみても、屋上のライヴがベストであるのは明らかだ。映画『LET IT BE』のクライマックスを観れば、その素晴らしさがより実感できるはずである。

「Get Back」が三回、「Don't Let Me Down」と「I've Got A Feeling」が二回演奏されているのは、屋上でのライヴがレコーディングの一環であることを示しているが、メンバー以外の誰かがいる人前でのライヴだったからこそ——〝人前〟といっても、関係者＋アップル・ビル周辺のわずかな〝観客〟だけだが——、演奏をここまで改善させることができたのだろう。アップル・スタジオでのセッション以後、ビリー・プレストンが加わって演奏のまとまりがよくなったのと同じように、だ。本番に強いとも言えるが、デビュー前からライヴで鍛え上げた職人技はダテじゃなかった。

ビートルズ・ストーリーはいつも劇的だ。思わぬ形でやってきたクライマックスについては、マイケル・リンゼイ＝ホッグの思惑どおりの展開となったわけだが、これには面白い逸話がある。ジャン＝リュック・ゴダールが六八年に撮影した未完のドキュメンタリー・フィルム『ONE AMERICAN MOVIE』（七二年にD・A・ペネベイカーが『1AM』として完成させた）に登場するジェファーソン・エアプレインの映像が、ルーフトップ・セッションの元ネタだという話だ。その映像はニューヨークのスカイラー・ホテルの屋上で「House At Pooneil Corners（プーネイル・コーナーの家）」を演奏する彼らの様子をとらえたもので、収録されたのは六八年一一月一九日だった。

合計八分ほどの映像を観てみると、たしかに隣のビルから窓越しに演奏を聴いている人や通行人の様子、最後に警官が屋上まで上がってくるところも含めて両者はそっくりだ。偶然の一致にしては時期も近いし、似すぎている。マイケルはこの映像のことをゴダールから耳にしていたが、ビートルズには伝えずに自分のアイディアとして〝再現〟した——という説が今のところ有力のようだ。だとすると、屋上でライヴをやろうという案を出したのは、やはりマイケル自身ということになる。とはいえ、〝屋上での演奏〟は、映画を含めて見せ場を作る常套手段として昔からあり、ジェファーソン・エアプレインを真似したものではないという説も有力だ。マイケル自身も「ジェファーソン・エアプレインの〝屋上ライヴ〟のことは知らなかった」と語っている。

一方、現場周辺にいた警察とアップル関係者の言い分はこうだ。ピカデリー・サーカス周辺で任務にあたっていた警官が、巡査部長から「あの騒音が聞こえるか？　やめさせろ」という電話を受けた。だが、周りのビルの屋上には人が集まり、お祭り騒ぎだったので、命令には従わず、そのまま放っておいたという。その後、周囲の会社から騒音への苦情が出始めたので動き出した。それでも最初は「一〇分だけ待つ」という警告の電話を入れただけで、しばらくしてからアップル・ビルに向かったそうだ。そして警官がビルに踏み込んだが、その時に、ビル内ではドラッグを慌てて始末するトイレの水の音が一斉にしたという笑える（笑えない？）話もある。デイヴ・ハリーズによると、「中に入れないなら全員逮捕するぞ」と警官に言われ、ジョージ・マーティンは不安そうにしていたそうだ。それでも「演奏をやめろ」と言われなかったのは、ビートルズが演奏しているのが彼らにもわかったからだという。

もう一点――警官の登場はヤラセなのかそうではないのか？　映画の最後を盛り上げるために、マイケルが警察に事前に知らせていたという説は根強い。〝屋上ライヴ〟と同じく、マイケルだけが誰にも言わずに行なった可能性もある。実際、警官が正面玄関から入ってきた場合に備え、カメラ、音響機材、照明をあらかじめ設置し、女性スタッフには隠しマイクを付けさせるなど、マイケルは用意周到に手配をしていた。それが最初から意図的だったのか、あるいは偶発的だったのか？　マイケルのみぞ知る、ということか。

1月31日（金）
ゲット・バック・セッション最終日

主要曲「Two Of Us」「The Long And Winding Road」「Let It Be」

ルーフトップ・セッションの翌日、屋上での演奏には不向きな三曲——「Two Of Us」「The Long And Winding Road」「Let It Be」を集中的に演奏した。先に触れたとおり、ポールは三〇日の昼食後にこれらの曲のレコーディングも一気に行ないたいと考えていて、その時にこんなコメントも残している——「アップルの地下スタジオでアコースティックな曲を演奏し、それをうまく撮影して、屋上にいるかのように見せるんだ」と。

この発言からも、セッション最終日は、前日に続きショー（映像）を意識した収録となったのは至極当然の流れだった。その結果、「Two Of Us」は、マイケルが以前に手掛けた「Paperback Writer」や「Revolution」のプロモーション・ヴィデオと同じようなスタジオ・ライヴ（仕立て）となった。3テイク演奏された中の2テイク目（テイク2）がアルバム『LET IT BE』と映画に使われたが、映画はジョンが口笛を吹く場面は、見栄えを重視したのか、最後のテイク（テイク12）に差し替えられている。

一方、「The Long And Winding Road」と「Let It Be」も、同じくマイケルが以前に手掛けた「Hey Jude」を彷彿とさせる、ポールの顔のアップが頻繁に映し出される演出となった（二曲とも映画『LET IT BE』に登場する）。

その意味でも、前日の屋上ライヴと並び、正式なスタジオ・ライヴを収録する重要な一日だが、ビリーが間奏で弾くオルガンが印象的な「The Long And Winding Road」は、なぜか映画『LET IT BE』だけにしか使用されずに終わった。また、延々と繰り返される「Let It Be」のセッションでは、"When I find myself in times of heartache, Brother Malcolm comes to me"と、九日と二五日に続いて"Mary"を"Malcolm"に変えて歌っているテイクもある。

ポールはなぜ〝人名〟を変えて歌ったのか？ これには面白い話がある。二〇一八年に『THE BEATLES』の五〇周年記念盤に収録された未発表音源として、「Let It Be」のデモ・テイクが収録された。これまでに公になっていなかった音源であり、マーク・ルイソンの『The Complete Beatles Recording Sessions』や『The Complete Beatles Chronicle』でも触れられていなかったものだ。六八年九月五日、エリック・クラプトンを迎えての「While My Guitar Gently Weeps」のセッション時のこと（クラプトンは六日に1テイクだけ参加したと言われていたので、これも新事実）。「Let It Be」は、合間に即興で演奏され、ポールがピアノを弾きながら歌い、ジョージは掛け合いヴォーカルをファルセット風に歌い、クラプトン（ギター）とリンゴ（ドラムス）も加わっている。曲はまだほとんどできていない状態で、メロディもまったく異なる。ポールがタイトル・フレーズを繰り返し歌う程度だが、その歌詞が、"When I find myself in times of trouble, Brother Malcolm comes to me, whispering（whisper）words of wisdom, let it be"となっているのだ。

しばらくして、ビートルズ研究家の野咲良氏からの情報で、"Malcolm"が誰のことかわかった。七五年五月二一日にアメリカのＡＢＣテレビで放送されたビートルズの特別番組『A Salute To

The Beatles: Once Upon A Time』(『David Frost Salutes To The Beatles』のタイトルでも知られる)にはビートルズ以外に、ジョージ・マーティン、デレク・テイラー、ピーター・ブラウンなど、関係者のコメントも多数登場した。その中で「Let It Be」ができた背景について話をする人物がいた。ビートルズのロード・マネージャーとして四人に長年慕われていたマル・エヴァンス(本名マルコム・エヴァンス)である。

その番組でマルはこんなふうに語っている——「(インドで)ポールが瞑想をしている時に僕が出てきて、"Let it be, let it be"と言ったんだって。それがきっかけで曲ができたんだ。ある晩、セッションが終わってポールと一緒に家に戻ったら、夜中の三時にポールはこう言ったんだ。『曲ができたよ、ぱぱっと。"Brother Malcolm"っていう曲なんだ」と。でも、みんなに誤解されるから"Brother Malcolm"は変えたほうがいいんじゃない? って伝えたんだよ」。

ポールが、〝瞑想の中に出てきたマル・エヴァンス〟に着想を得て「Let It Be」を書いたことと、歌詞を最終的に〝ロード・マネージャー〟から〝母親〟に変えたことが、これでわかる。マルは、六七年以前にもビートルズの演奏や映画や曲作りに貢献しているし、ゲット・バック・セッションでの献身的な姿勢は、すでにあちこちで触れてきたとおりだ。マルは七六年一月五日に警官に空気銃を本物のライフルだと間違えられ、射殺されるという悲劇的な死を遂げた。ちょうどその時期にマルは、回顧録『Living The Beatles' Legend』の執筆作業に取り掛かっていて、翌週の一二日に出版社に原稿が届けられることになっていたという。ビートルズの曲作りやドラッグの調達にも関わっていただけに、マルの死の真相についてはまだまだ謎が多い。

歌詞については他にも、「Let It Be」の最後のテイクのみ“There will be an answer”を“There will be no sorrow”に変えたり（映画『LET IT BE』で観られる）、「The Long And Winding Road」でも“anyway you never know”を“anyway you always know”に一部変えたり、最終日でもまだ、どれが最もしっくりくるか、ポールは粘り続けている。……と書いたものの、「Let It Be」に関しては、この期に及んでも歌詞は未完成で、この日の8、9テイク目となる最後の2テイク――9テイク目は“Take 28”の声が入らなかったため、便宜的にテイク27Aと27Bと表記された――で納得のいく演奏となった（テイク27Aはシングルやアルバム『LET IT BE』に、テイク27Bは映画『LET IT BE』で使用）。

一方、気軽なセッションでは、ジョンが歌うコーナー、レイ&グローヴァーの「Black Dog」が興味深い。六四年に発表されたこのカントリー・ブルースの歌詞を盛り込みながら、「Crippled Inside」（七一年の『IMAGINE』に収録）をすでに披露しているからだ。

ともあれ、一ヵ月に及ぶゲット・バック・セッションはこうして幕を閉じた。

Chapter 2

Carry That Weight

一九六九年一月のほぼ一ヵ月かけて行なわれた〝ゲット・バック・セッション〟。一四〇時間分のテープはその後、どのような経緯でビートルズの〝ラスト・アルバム〟として発売されることになったのか。

この章では、ゲット・バック・セッション以後の動きを、アルバム『GET BACK』『ABBEY ROAD』『LET IT BE』への流れを中心に、時系列で追ってみる。

まず、残されたテープの編集をジョンとポールから一任されたのは、セッションの舵取りをしたグリン・ジョンズだった。もちろんニュー・アルバム『GET BACK』の制作のためだが、編集といっても、取っ散らかったまま放置された〝重荷〟に落とし前をつける役割だった。グリン・ジョンズは、この時期にローリング・ストーンズ、レッド・ツェッペリン、スティーヴ・ミラー・バンドなども手掛け、七〇年代以降にもザ・フー、イーグルス、エリック・クラプトンなど、名だたるロック・バンドの名作を生み出したエンジニア／プロデューサーとして知られている（息子のイーサン・ラッセルもプロデューサーで、ポールの『NEW』に関わった）。ウイングスの『RED

ROSE SPEEDWAY』（一九七三年）も当初は彼がプロデュースを手掛けていたが、メンバーの作業が遅々として進まないのに懲りて途中で降板した、という逸話がある。自伝『Sound Man: A Life Recording Hits with the Rolling Stones, the Who, Led Zeppelin, the Eagles, Eric Clapton, the Faces(サウンド・マン――大物プロデューサーが明かしたロック名盤の誕生秘話)』には、『GET BACK』の発売中止の経緯を含め、ビートルズに限っただけでも興味深い話がふんだんに出てくる。

セッションの厖大なテープは、アルバム『GET BACK』として実際にどんな流れで仕上げられていったのか？『GET BACK』をめぐるグリン・ジョンズの〝ロング・アンド・ワインディング・ロード〟の始まりである。

まず彼は、六九年二月五日にエンジニアのアラン・パーソンズとともにルーフトップ・コンサートの編集版を制作するためにアップル・スタジオで作業をし、「I've Got A Feeling」（2ヴァージョン）、「Don't Let Me Down」、「Get Back」（2ヴァージョン）、「One After 909」「Dig A Pony」のステレオ・ミックスを作る。その後、ジョンとポールに「自由裁量でいいから形にして」と催促され、三月四日に作業の準備を始めた（作業開始日に関しては諸説あり）。ジョンとポールは自分たちでなんとかしようという気がまったくなかったということだ。

グリン・ジョンズがゲット・バック・セッションの〝アルバム化〟の作業に取り掛かるまでの間に、ひとつ興味深い事実がある。二月二二日に、トライデント・スタジオで「I Want You（She's So Heavy)」がレコーディングされたというセッション記録があるのだ。しかもプロデューサーはジョージ・マーティンで、エンジニアは、スティーヴ・ミラー・バンドのアメリカでのレコーディングを終えて戻ってきたグリン・ジョンズだった。「I Want You (She's So Heavy)」は、そもそも何のためのセッションだったのか? これまでは、最終的に『ABBEY ROAD』に収録されることになった最初のレコーディング曲——という認識だった。ところが、『ABBEY ROAD』の五〇周年記念盤の発売後、野咲良氏がこんな考察をした——この「I Want You (She's So Heavy)」のセッションは、ゲット・バック・セッションの続きだったのではないか? と。ゲット・バック・セッションは一月末に終了したのではなく、リンゴが出演した映画『MAGIC CHRISTIAN』の撮影で一時中断した、というとらえ方だ。

それを聞いて、「鋭い!」と思った。というのは、『LET IT BE』のイギリスの初回盤LPの豪華ボックスに付けられた写真集には、六九年二月のアップル・スタジオでの四人揃い(もちろんヨーコも)のセッション写真(撮影はイーサン・ラッセル)が掲載されているからだ。ポールがあごひげを剃っている(もみあげだけ長い)ので六九年一月のセッションではないのは明らかだが、しかしながらその二月のアップル・スタジオでのセッションは、記録に残っていないのだ。トライデント・スタジオでのセッションは二月二二日だが、アップル・スタジオでのセッションは二月の何日だったのか? これも野咲氏とのやりとりによるものだが、リンゴの映画撮影は月曜から金曜だとマーク・ルイソン著の『The Complete Beatles Chronicle』に書かれており、写真にヘザーが写っているので学校が休みの日で、ジョージが二月七日から一五日まで扁桃腺の手術で入院していたことを併せて考えると、二月一六日の日曜日だったのではないか、と。

また、この時期のジョンの持ち歌からしても、「I Want You (She's So Heavy)」を演奏している場面だと思える。いや、そうだとしか思えない。となると、ジョンが一月二八日に初披露した「I Want You（She's So Heavy）」（一月三〇日にアップル・ビル屋上でも少し披露）も、『GET BACK』に収録される可能性はゼロではなかったということになる。ただし、「I Want You（She's So Heavy）」がその後『GET BACK』の候補曲になったことは一度もないので、仕上がりが十分ではなかったか、五月頃には別のニュー・アルバム用の候補曲になっていたかのどちらかだろう。

ジョンとポールからの依頼を受けたグリン・ジョンズは、三月一〇日からの四日間、オリンピック・スタジオで『GET BACK』の制作に着手し、一〇日、一一日、一三日（一〇日と一三日という説もある）に二種類のアセテート盤を制作した。アルバムとして仕上がったらどんな感じに聞こえるか？　それをジョンとポールが知るための試作品である。内容は以下のとおり（カッコ内は収録日）――。

『GET BACK』（Glyn Jones Early Mix / Acetate 1）（1969.3.10, 3.11 / stereo mixing）
1. Get Back（69.1.23）/ 2. Teddy Boy（1.24）/ 3. Two Of Us（1.24）/ 4. Dig A Pony（1.22）/ 5. I've Got A Feeling (1.22) / 6. The Long And Winding Road (1.26) / 7. Let It Be (1.26) / 8. Rocker/Save The Last Dance For Me/Don't Let Me Down（1.22）/ 9. Don't Let Me Down（1.22）/ 10. For You Blue（1.25）/ 11. Get Back（1.27）/ 12. The Walk（1.27）

『GET BACK』（Glyn Jones Early Mix / Acetate 2）（1969.3.13 / stereo mixing）

1. I've Got A Feeling（69.1.27）/ 2. Dig It（version 1）（1.24）/ 3. Dig It（version 2）（1.26）/ 4. Maggie Mae（1.24）/ 5. Shake Rattle And Roll（1.26）/ 6. Kansas City/Miss Ann/Lawdy Miss Clawdy（1.26）/ 7. Blue Suede Shoes（1.26）/ 8. You Really Got A Hold On Me（1.26）

このアセテート盤のミックス作業のリストは、マーク・ルイソンの『The Complete Beatles Recording Sessions』（一九八八年）に掲載されていたものだが、ルイソンは『The Complete Beatles Chronicle』（一九九二年）でこの情報を削除した。その理由として、EMIが九一年に公開した資料に、グリン・ジョンズがオリンピック・スタジオで行なったミックス作業の日付が記載されていて、そこには四月三日、四日、七日、五月二日、七日、九日、一五日、二八日と書かれていたことを挙げている。ただし、野咲氏の見解では、アビイ・ロード・スタジオのエンジニアだったジョン・バレットが書き残していたノートには、三月一一日付けで複数のステレオ・ミックスのテープの記録があり、三月にグリンがミックス作業を行なっていた可能性もあるとのことだ。

ちなみにジョン・バレットは、八〇年に癌のため現場を離れて治療に専念し、アビイ・ロード・スタジオの総支配人だったケン・タウンゼントの計らいでスタジオの倉庫にあるビートルズの全マスター・テープを聴き、その詳細を記録としてまとめた人物としてマニアの間では名高い。八四年に亡くなるまで作業に専念し、ビートルズの未発表音源集『SESSIONS』（一九八四年に発売予定だったがオクラ入り）や、彼の業績を引き継いだマーク・ルイソンの『The Complete Beatles Recording Sessions』など、その後の〝レコーディング研究〟に多大な功績を残した。

アセテート盤に関しては、こんな話もある。グリン・ジョンズが一月のセッション中に作ったラフ・ミックス音源をボストンのラジオ局がどこからか入手し、九月二二日に放送したのだ。ジョンが、九月一三日にトロントでのロックンロール・リヴァイヴァル・ショー出演時にトロントのジャーナリストに渡したとか、発売前のプロモーション用音源がDJに渡ったなど、音源漏れにはいくつかの説がある。そして、その"Acetate 1"のラフ・ミックスを元にしたビートルズの記念すべき（?）初の海賊盤『KUM BACK』も、七〇年一月に発売されている。

一方、ビートルズとは距離ができてしまっていたジョージ・マーティンもゲット・バック・セッション関連の仕事に加わり、三月二六日にバランス・エンジニアのジェフ・ジャレットとともにアビイ・ロード・スタジオで「Get Back」のモノ・ミックスを四種類作っている。これはビートルズの〝六九年の最初のシングル〟のための作業で、その際にメンバーに聴かせるためのアセテート盤も制作された。

続いて四月四日と七日、今度はグリン・ジョンズが再度オリンピック・スタジオに出向き、「Get Back」と「Don't Let Me Down」のミキシングを行なった（前述の資料によると、四月三日も作業をしたようだ）。七日はポールも同席した土壇場での作業となったが、これは未使用に終わり、三月二六日のミックスでいくことになった。

そして四月一一日、ゲット・バック・セッションからの最初の〝成果〟として、その二曲を収めたシングルが発売された。レコードの盤面には"with Billy Preston"と初めてメンバー以外の演奏者の名前がクレジットされたものの、六七年のシングル「Hello, Goodbye」以後は盤面に記載されていた〝Producer George Martin〟の名前は今回はなかった。ジョン・バレットによると、たとえば三月の「I've Got A Feeling」のアセテート盤用のミックスはマーティンとグリンの作業が混在しているという。このシングルについても、公にはジョージ・マーティンの仕事とされているが、実際はグリンとの共同作業と言えるものだった。ゲット・バック・セッション以降のジョージ・マーティンの存在感が薄いのは、六八年の『THE BEATLES』の制作半ばで〝現場放棄〟したマーティンに対するポールの〝仕返し〟だったのではないかと思う（そして『ABBEY ROAD』制作時にポールは頭を下げることになる）。

The Beatles「Get Back / Don't Let Me Down」（1969）

まずはゲット・バック・セッションから二曲が形になったが、シングル「Get Back」発売直後に、ジョンとポールはさらなる動きをみせる。その後のビートルズの活動や、ジョンとポールの〝距離感〟を知る上でも重要な、ビートルズというよりもプラスティック・オノ・バンドとして発表したほうがふさわしいと思われる「The Ballad Of John And Yoko（ジョンとヨーコのバラード）」と「You Know My Name（Look Up The Number）」のレコーディングへの流れだ。

前者は六九年四月一四日の一日だけで仕上げられ、後者は六七年のオクラ入りのインスト曲に四月三〇日にヴォーカルのみ追加録音されている。ともにセッションに臨んだのはジョンとポールの二人だけだが、おそらくこの時期にポールは、ビートルズとしてのバンド活動継続への願いが、ヨーコとの人生を選んだジョンにはもはや届かないということを悟ったのだろう。しかしジョンのいないビートルズはありえない。ポールは、ジョンの機嫌を損なわないようにと要望を受け入れたのだ。そうでなければ、三月にヨーコと結婚式を挙げたジョンがそれをテーマに書き、おまけにキリストを揶揄した曲をポールが一緒にやろうと言うはずはない。レコーディング中、ジョンの“christ!”の一声を聴いた瞬間、ポールの脳裏にはジョンの〝キリスト発言〟（KKKも？）が浮かんだのではないか？　一方ジョン自身も、久しぶりにジョージ・マーティンとジェフ・エメリック立ち会いのもと、ヨーコとの想い出の曲をポールと二人でレコーディングした（レコーディングできた）「The Ballad Of John And Yoko」を、〝ビートルズとしてのラスト・ナンバー〟あるいは〝ソロへの門出〟とみなしていたのかもしれない。

The Beatles「The Ballad Of John And Yoko / Old Brown Shoe」（1969）

『ABBEY ROAD』の五〇周年記念盤には「The Ballad Of John And Yoko」を二人でセッションしているテイク7の演奏が収録されたが、曲の冒頭に、テイク4の演奏前（またはテイク3の演奏後）のジョンとポールのやりとりが、編集で追加されている。それを聴くと、アコースティック・ギターを弾く直前のジョンが、ドラム台に座っているポールに向かって「もうちょっと速めにな（または〝ちょっと速かったな〟）、リンゴ！」と声を掛け、ポールが笑いながら「オーケー、ジョージ」と返す場面が出てくる。〝二人の距離〟が以前より遠ざかっていたとしても、通じ合える感性は失われていない——〝Two Of Us〟な関係（ジョン&ポール編）を強く感じさせる微笑ましい場面だ。

「You Know My Name (Look Up The Number)」にしても、この時期にわざわざ『MAGICAL MYSTERY TOUR』のセッションの合間に収録されたインスト曲を引っ張り出してはこないだろう。その後ジョンは、「You Know My Name(Look Up The Number)」をプラスティック・オノ・バンドの「Cold Turkey」（これもジョンはビートルズで出そうとしていた）に続くサード・シングルとして六九年一一月に編集し、『THE BEATLES』のアウトテイク「What's The New Mary Jane」（のちに『ANTHOLOGY 3』に収録）に手を加え、ともに六九年一二月五日に発売するつもりでいた（「Cold Turkey」についてはのちに改めて触れる）。

「The Ballad Of John And Yoko」は、ジョージ作の「Old Brown Shoe」とともに「Get Back」に続くシングルとして五月三〇日に発売された（ここでもジョージ・マーティンのクレジットはなし）。ビートルズは二月以降、断続的に新曲の録音も続けていたが、まだ『GET BACK』に代わるニュー・アルバムを制作するという目的でセッションを行なっていたわけではない。

ここで再度、野咲良氏の考察を紹介する。詳細は『大人のロック！編　プレイリストで聴くビートルズ』をご覧いただければと思うが、ゲット・バック・セッションは二月まではなく、四月まで続いていた、という見立てだ。

二月の「I Want You (She's So Heavy)」のセッション後はそれぞれが独自の活動（ジョンとヨーコの

結婚やポールとリンダの結婚も）で忙しかったため、四月中旬から五月上旬にかけて「Something」「Oh! Darling」「Octopus's Garden」「You Never Give Me Your Money」がレコーディングされたが、それらの曲について野咲氏は、『GET BACK』の収録予定曲が足りなかったからレコーディングされたものだととらえている。最初の三曲は、一月のゲット・バック・セッションでは完成に至らなかった曲だ。

この時期（三月から四月にかけて）ジョンは、『GET BACK』は一二曲ぐらい完成していて、あと四曲ほど仕上げて夏に出す予定だと語り、ポールと曲のモンタージュに取り組んでいて、それがLPの片面を占めるかもしれないとも語っている、と野咲氏は指摘。そして五月六日に「You Never Give Me Your Money」が録音されたことで、片面に組曲を入れた新たなアルバム構想の実現性が高まり、四月のセッション曲は『GET BACK』ではなく、別のアルバム（『ABBEY ROAD』）に使われることになったととらえている。なるほど！　見事な推論と言うしかない。

この時期ビートルズは、『THE BEATLES』のレコーディングに貢献したクリス・トーマスをエンジニアとして起用し、アビイ・ロード・スタジオで四月三〇日に「You Know My Name (Look Up The Number)」のヴォーカル録りをしたが、その流れで見てみると、この曲も『GET BACK』とは別のアルバム用だったとみてもいいかもしれない。「You Know My Name (Look Up The Number)」や「I Want You (She's So Heavy)」は、そう思えば組曲仕立てと思えなくもないが、それはまた別の話か。同じく四月三〇日に（本来の意図を汲まずに）「Let It Be」にジョージのギターをダビングしているので、そちらは『GET BACK』用だろう。「Let It Be」と「You Know My Name

(Look Up The Number)」は翌七〇年にシングルとして発売されることになるが、四月三〇日にこの二曲に手を加えたのは、アルバム『GET BACK』と同時にシングルとして発売するための作業だった可能性もあるとも野咲氏はとらえている。さらに言えば、ジョンがすぐに出したがった「The Ballad Of John And Yoko」とジョージ作の「Old Brown Shoe」は、ともにビートルズの四人が揃わない中での〝緊急レコーディング〟曲となったことを思うと、当初からシングルとして発売する予定だったのだろう。

グリン・ジョンズの自伝によると、五月一日にもジョンとポールから電話があったため、三日かけて『GET BACK』の編集作業を進め、メンバー四人に実際に聴いてもらう場を作ったという(五月二日、七日、九日の三日間だろう)。その時に彼は、印税は要らないからアルバムに制作者のクレジットを載せてほしいと伝えたそうだ。ジョンを除く三人は即座に同意したが、ジョンは、「印税は要らない」という意味がわからないと答えたという。ジョンは八〇年のインタビューで、グリン・ジョンズがクレジットを要求してきたから激怒したと語っていたが、ジョンは、彼の思いとは逆に、〝名〟を取り〝実〟を取らなかった愚か者と彼をみなしたのかもしれない。とはいえ、彼の名前が『GET BACK』にクレジットされたとしても、アルバムは未発表に終わったわけだけれども……。

さらに五月七日、グリン・ジョンズがオリンピック・スタジオで、再度『GET BACK』の作業にアシスタント・エンジニアのスティーヴ・ヴォーンと従事した時には、メンバーとジョージ・マーティンも同席した。九日にも作業は続行され、ミックスされた曲の音源がメンバーの前でプレイバックされたが、オリンピック・スタジオにアラン・クラインがやってきて空気は一変した。前日にポール以外の三人のメンバーがアランとの契約を結んだ事実を楯に、契約についてアランはポールに対して強気に出たことでポールは激怒。その日の夜のスティーヴ・ミラーとのセッションでは、怒りの矛先を「My Dark Hour」というあまりに象徴的なタイトルの曲に向け、スティーヴ・ミラーと二人で夜を徹してレコーディングしたそうだ。グリンの自伝には、連絡の不手際でスティーヴ・ミラー・バンドのメンバーがその日にスタジオに顔を見せなかったので、ポールが急場しのぎに二人でレコーディングしたと記載されている。イギリスの音楽ジャーナリスト、ポール・デュ・ノイヤーがポールとの対話をまとめた『Conversations with McCartney（告白）』（二〇一五年）には、口論で他の三人が帰ってしまってスタジオが空いたので、スタジオにいたスティーヴから声をかけられて二人でやったというポールの発言がある。ポールはベースとドラム（エレキ・ギターも？）を担当し、さらにアラン・クラインに向けてと思われるような激しいバック・ヴォーカルも加えて、スティーヴと二人で曲を仕上げた。

ちなみに、「My Dark Hour」が入ったスティーヴ・ミラー・バンドの三枚目のアルバム『BRAVE NEW WORLD（すばらしき新世界）』はアメリカで六九年六月一六日（イギリスは一〇月一〇日）に発売され、「My Dark Hour」は最初のシングルとしても発売された。アルバムとアメリカ&日本盤シング

The Steve Miller Band「My Dark Hour / Song For Our Ancestors」(1969)

ルには“With special thanks to Paul Ramon”というクレジットが入っているが、“Paul Ramon”は、ビートルズがデビュー前の一九六〇年五月に、ジョニー・ジェントルのバック・バンドとしてスコットランド・ツアーに同行した時にポールが名乗った〝芸名〟だった。ポール&リンダ・マッカートニー名義で発売された七一年の『RAM』に入っている「Ram On」は、この“Ramon”から派生した曲名だとポールは『RAM』のアーカイヴ・コレクション発売時に明かしている。ニューヨークのパンク・バンド、ラモーンズ（Ramones）のバンド名の由来が“Paul Ramon”からというのも、ファンには知られている話だ。メンバーのダグラス・コルヴィン（ディー・ディー・ラモーン）がポールの大ファンで、彼の要望で決まったらしい。

新たなマネージャー、アラン・クラインの登場――。それがメンバー間に大きな亀裂を生み、ビートルズ解散の最も大きな要因になったという声は多方面から聞かれる。オノ・ヨーコの存在以上に、だ。たとえば、映画『LET IT BE』が陰鬱な印象なのはアラン・クラインのせいだとグリン・ジョンズも回想している。これも五月のことだが、ローリング・ストーンズをマネージメントしていたアラン・クラインを新たなマネージャーに任命したジョン、ジョージ、リンゴの決定に猛反対したポールは、義父リー・イーストマン（妻リンダの父）をマネージャーに推し、四人の間には修復不可能な溝ができてしまった。ビートルズを取り巻くこの状況下でポールの身内にマネージメントされる他の三人の気持ちを思うと、反対したい気になるのも無理はない。五月九日に激怒した時のやりとりについてのポールの言い分はこうだ。

「〃クラインの契約書にサインしろ〃と迫られた。彼の取り分は二〇パーセントだというので、僕は〃一五パーセントで十分だ〃と言って猛反対した。で、口論になってみんなは僕を残して出ていってしまったんだ」（ポール）

「クラインがアップルに入ると、アップルの状況は一変した。まずポールの居場所がなくなった」（ニール・アスピノール）

バンド崩壊への道を緩やかに、しかし確実に進むビートルズ。そんな状況の中、五月一三日（ポールが激怒した四日後）には、マンチェスター・スクエアにあるＥＭＩハウス（本社）で『GET BACK』のジャケット写真の撮影が行なわれた。カメラマン（アンガス・マクビーン）も場所も構図も、すべてデビュー・アルバム『PLEASE PLEASE ME』と同じにするというアイディアは、ビートルズならではの〃身のこなしの柔らかさ〃の反映でもあった。〃原点回帰〃の意図を明確にし、

The Beatles『GET BACK』（unreleased）（1969）

The Beatles『PLEASE PLEASE ME』（1963）

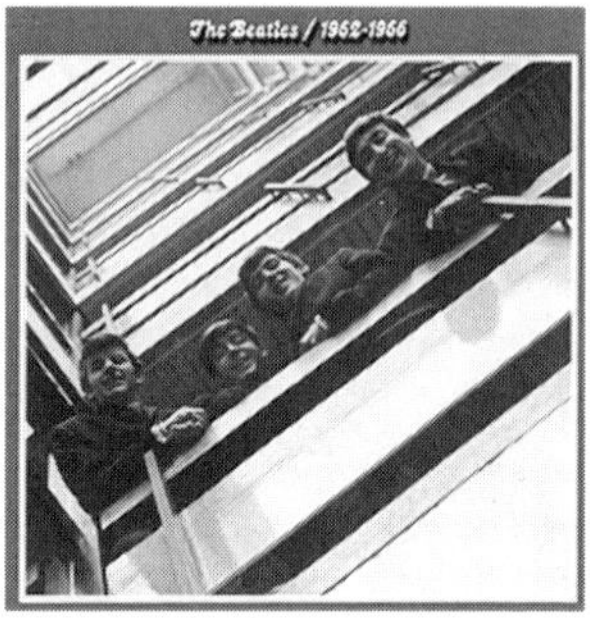

The Beatles『THE BEATLES 1962-1966』（1973）

The Beatles『THE BEATLES 1967-1970』（1973）

両者に共通する一発録りのアルバムであることをジャケットに込めた素晴らしい発想だった。しかしポールはこの撮影時に、解散が近いことを初めて実感したという（『GET BACK』のジャケット案は、解散後の七三年に出たベスト盤『THE BEATLES 1962-1966』『THE BEATLES 1967-1970』に転用された）。

そして五月二八日、アルバム『GET BACK』は、ここでいったん完成した。グリン・ジョンズ版『GET BACK』（ヴァージョン1）の内容は以下のとおり（カッコ内は収録日）――。

『GET BACK』（Glyn Jones Mix / Version 1）（1969.5.7, 5.9, 5.28 / stereo mixing）

【Side A】

1. One After 909（69.1.30）/ 2. Rocker/Save The Last Dance For Me/Don't Let Me Down（1.22）/ 3. Don't

Let Me Down（1.22）/ 4. Dig A Pony（1.22）/ 5. I've Got A Feeling（1.22）/ 6. Get Back（1.27, 1.28）

【Side B】

1. For You Blue（1.25）/ 2. Teddy Boy（1.24）/ 3. Two Of Us/Maggie Mae（1.24）/ 4. Dig It（1.24, 1.26）/ 5. Let It Be（1.31, 4.30）/ 6. The Long And Winding Road（1.26）/ 7. Get Back（Reprise）（1.28）

グリン・ジョンズは、「Dig A Pony」「I've Got A Feeling」「Two Of Us」の三曲に関して、〝正式なレコーディング〟を意図して演奏された一月三〇日の屋上ライヴと三一日のスタジオ・ライヴからは選んでいない。ミスも含めて生々しい音を収めようという〝ゲット・バックの精神〟に忠実だったということだ。ジョン、ポール、リンゴの三人は海外にいたため、完成直後に聴いたのはジョージだけだったらしい。しかし、散漫な演奏に四人は満足できず、『GET BACK』はそのまま棚上げとなった。グリン・ジョンズの〝ロング・アンド・ワインディング・ロード〟のパート1はここで終了となる。

もうひとつ『GET BACK』を語る上で欠かせないのが、新たに制作された『ABBEY ROAD』の存在だ。ジョンのいないビートルズはありえないけれど、バンド崩壊が現実のものとなりつつある状況の中、最後はきっちりと締めくくりたい。『GET BACK』が未完成のまま放置されてはいたものの、ポールは、結果的に〝最後のスタジオ作〟となったアルバムのプロデュースをジョージ・マーティンに託す。

『ABBEY ROAD』の本格的なレコーディングは五月に開始されたが、それ以前にレコーディングが始まっていたのは、先述したように、ゲット・バック・セッションで演奏済みの「Oh! Darling」「Octopus's Garden」「I Want You (She's So Heavy)」の三曲だった。四月一八日から五月二日にかけてのセッションを加えた四曲のプロデュースをクリス・トーマス（四月二六日のみビートルズとの共同名義）が務めたが、五月五日以降のセッションはすべてジョージ・マーティンが仕切っている。ということは、ポールはジョージ・マーティンに、『GET BACK』に代わる新作のプロデュースを四月か五月には依頼していたはずだ。

ポールのそんな思いなどどこ吹く風とばかりに、ジョンはグループ活動を休止していた六月一日に、ヨーコとの平和運動の実践でもある二度目の〝ベッド・イン〟をモントリオールで行ない、その場で「Give Peace A Chance（平和を我等に）」をレコーディングした。この曲は、プラスティック・オノ・バンドのデビュー・シングルとして、『ABBEY ROAD』制作中の七月四日に発売された。ジョンがヨーコとの音楽活動を優先しつつあったのは、誰の目にも明らかだった。

七月から本格的に始まった『ABBEY ROAD』のセッションは精力的に続き、ジェフ・エメリックもエンジニアに復帰した。ただしジェフはEMIを退社していたので、チーフ・エンジニアは表向きはフィル・マクドナルドで、ジェフが本格的に作業に加わったのは七月二一日以降となった。こうして約二ヵ月かけてアルバムは完成した。たとえ四人がバラバラになってしまって

Plastic Ono Band「Give Peace A Chance / Remember Love」(1969)

いても『ABBEY ROAD』が奇跡的に〝ビートルズの音〟をきっちり伝えているということ。しかも、この期に及んでなお革新的な音作りを目指し、バンドとしてさらに進化し続けているということに、心底驚かされる。とはいえ、これも五〇周年記念盤に収録された初登場のセッション音源を聴くとよくわかるが、曲のアレンジやサウンドをじっくり練り上げる時間がなかったため、まずポールとジョージとリンゴが一所懸命作業をし、気まぐれなジョンがセッションにやってきてそこに加わる――そんな印象もある。だが、ジョンが加わると、一気にすべて持っていってしまうような、誰もジョンには敵わないような雰囲気が生まれるのだ。ゲット・バック・セッションの良し悪しも、ジョンの〝やる気〟に左右されることが多かった。

そうした気まぐれなジョンの気持ちをも自分に向けさせようと思ったからだろうか、六九年に入ってからのポールの曲には、ジョンに向けたような歌詞が多い。ビートルズを〝ゲット・バック〟させるには、ジョンを〝ゲット・バック〟させなければならない。まるでそんな思いを込めてポールがジョンに「昔いたところに戻ってこい」と呼びかけたかのように耳に届く「Get Back」から、『ABBEY ROAD』の最後で「かつて家へと続く道があった」と歌われる「Golden Slumbers」、さらに「重荷を延々と背負い続けるんだ」と歌う「Carry That Weight」への意識の変化――。それは、〝ビートルズ〟を存続させたいと願う思いと、ジョンを諦めざるを得ない思いが入り混じったポールの揺れる心の内が歌い込まれたものだったのかもしれない。

このあたりから、映画公開の話も徐々に現実味を帯びてくる。『ABBEY ROAD』制作途中の七月二〇日、ビートルズの四人は、後に『LET IT BE』として完成する新作映画を初めて鑑賞したという（ニール・アームストロングが月面着陸したという報道があった日だったと、マイケル・リンゼイ＝ホッグが覚えていたそうだ）。最終版より三〇分ほど長いラッシュプリントだったが、翌日、ジョンとヨーコが登場する部分を中心にカットする必要があると、マイケルの元に、アップルの経営責任者ピーター・ブラウンから電話が入ったという。マイケルは面白いシーンだと思っていたそうだが、ピーターは「今朝電話が三回鳴ってね。それでジョンとヨーコのシーンをカットせざるを得なくなった」と答えたそうだ。これ、〝三回〟というのが面白い。誰からの電話だったか想像ができるからだ。マーク・ルイソンの『The Complete Beatles Chronicle』によると、この時に四人が観たのは二一〇分の長尺版で、その後、「ポール、ジョージ、リンゴ」の意見により、ジョンとヨーコの場面がかなりカットされ、公開されたのと同じ八八分の長さに再編集されたという。オノ・ヨーコが撮影したとされるこの七月二〇日の試写の時の写真が二〇一〇年代前半にインターネットで公開されたが、それを見ると、リンゴ以外は妻を伴い、ポール&リンダ、リンゴ、ジョンの順にいちばん後ろの席に並び、ジョージはその二列前に両親とパティと一緒に座って鑑賞しているのがわかる。

ところで、日本では当時、ビートルズのニュー・アルバムについての情報はどのように伝わっていたのだろうか。名古屋の岩堀敬氏から頻繁にお借りしている『ミュージック・ライフ』の六九年八月号――四人が『LET IT BE』を初めて鑑賞した七月二〇日発売――に、輸入盤専門店

「日本楽器　渋谷店」のこんな広告が掲載されている。

びーとるず
ニュー・アルバム『げっと・ばっく』輸入盤
※7月19日に発売になったビートルズの最新アルバムがもう入荷しております。今後のアルバムは今までのものと違って
※木箱入り　※96ページのカラー刷りの本付
と言う発売になっており、米国発売$10．99で、国内発売価格はエアーメイル¥5，000

バンド名とアルバム名がひらがな表記というのは、当時の流行だろうか？　それはさておき、この時点で『GET BACK』が「木箱入り」で「九六ページのカラー刷りの本付」と告知されているのが興味深い。特に、先に触れたイギリスの初回盤LPの豪華ボックスに付けられた写真集の構想がすでにあったことが、だ（写真集のタイトルが『GET BACK』になっているのは、この時点ですでに出来上がっていたからだろう）。この広告から、『GET BACK』は当初七月一九日発売予定だったということもわかるが、「もう入荷しております」という勇み足が妙味、である。そうしたら、翌九月号（八月二〇日発売）に「日本楽器　渋谷店」からのお詫び広告が掲載された。

BEATLES NEW ALBUM 変更！

お詫び

※七月一九日発売が延期になっております。最新アルバムのゲット・バックは一四曲を収めたＬＰですでに完成されたが、アップルの新聞担当者ティラー氏の発表によれば、このアルバムの為のＰＲ用テレビ・フィルムを製作中との事で、アルバム発売は一二月になる予定。このＰＲ用フィルムは、ステージのビートルズを写したもので、フィルムが完成するのは九月末頃になるそうです。

予約のお客様へ

※先にもう御予約をいただいている方へは、予約取消しをさせて頂きます。ご予約金は現金書留にて返送させて頂きます。

お知らせ

※ゲット・バックが一二月に延期になったので変りに新しいアルバム、主としてロックン・ロール中心のＬＰを九月末に発売の予定とのことです。

お詫び告知の最後に書かれた「お知らせ」が興味深い。「ロックン・ロール」中心の「新しいアルバム」とは何か？　九月号には「新しいアルバム」に関する記事も掲載されていて、このお詫び広告もその記事内にある。「本誌特別レポート　ビートルズはゲット・バックしている！二枚のアルバムと映画とアップル建直し」と題された記事から、該当箇所を引用してみる――。

■二枚のＬＰとフィルムについて

かねてから待たれている「ゲット・バック／ドント・レット・ミー・ダウン」（タイトルは変更されるかもしれない）というＬＰは一応は九月にリリースされる予定だが、なぜ発売がこうも遅れているかといえばビートルズは、このアルバムを制作中にそれをフィルムに収め、アルバムの発売と同時にテレビで放映したい計画があるからだ。ところが、テレビの方の時間の調整がなかなかつかず、どうやら九月頃には時間がとれそうだという見通しがついたため九月迄発売を延期したという次第だ。しかし、これも予定であり決定ではないので、業をにやしたビートルズは（われわれもだが……）、テレビ・ショウつきのＬＰの発売は今年の暮まで見合わせて、先にロック・クラシック・ナンバーを五、六曲含むロックンロールのアルバムを発売させたい意向で、こちらの方が優先される可能性が大である。

とすると、われわれは、今年中に二枚ものビートルズのアルバムを手にすることができるのか諸君よ貯金を怠たるな！

ところで、かのフィルムのことだが、ビートルズのレコーディング・セッションのすみからすみまで撮影された大ビートルズ映画大会とも呼ぶべきもので、彼等は十数時間におよぶフィルムを三時間まで編集したが、これは映画館用のフィルムとして保存され、このうちの二時間分をテレビ用に編集し、なおかつ、フィルムの名場面を写真集にして出版する予定であるという。

LP、フィルムとともにタイトルは現在のところ、『ゲット・バック・ドント・レット・ミー・ダウン・アンド・9アザー・タイトルズ』というもので、一三曲収められているということだ。お気に入りのビリー・プレストンが間奏に入っている他は、ビートルズ以外は参加していず、オーケストラも今回は使っていない。スタジオの雑音や話し声も入れリラックスした雰囲気が伝わってくる。

ここに曲目をご紹介しておこう。

A面①ワン・アフター909（レノン＝マッカートニー作。一九五九年に作られ、古いノートから発見されて、初めてここにレコーディングされたナンバー）②ラスト・ダンスは私に（ドリフターズでおなじみのナンバー）③ディグ・ア・ポニー（ジョンのソロ）④アイブ・ゴット・ア・フィーリング（ジョンとポールのデュオ）⑤ゲット・バック⑥ドント・レット・ミー・ダウン（LP用に再レコーディングされたもの）

B面①フォー・ユー・ブルー（ジョージのオリジナル）②テディ・ボーイ（ポールのソロ）③トゥ・オブ・アス・オン・アワ・ウエイ・ホーム（ジョンとポール）④マギー・メイ⑤ディグ・イット⑥レット・イット・ビー⑦ザ・ロング・アンド・ウインディング・ロード、ゲット・バック

このLPには珍しくリンゴのものが入っていないが、もう一枚のLPの方に〝オクトパス・ガーデン〟と〝アイ・シュッド・ライク・トゥ・リブ・アップ・ア・ツリー〟の二曲が収められる予定である。

このロックン・ロールのLPについては、タイトルは未発表だが、録音は既に完了していて、いつでも発売される準備ができているそうだ。

現在わかっているナンバーは〝シェイク・ラトル・アンド・ロール〟〝ブルー・スエード・シューズ〟〝ラブ・ミー・ドゥ〟（新しくレコーディングし直したもの）〝ポーリーザン・パン〟〝マックスウェルズ・シルバー・ハンマー〟〝ノット・ギルティ〟〝ホワッツ・ザ・ニュー・メリー・ジェーン〟である。

〈レポート／アンディ・グレイ〉

記事に出てくる『GET BACK』は、曲名が一部抜けてはいるものの、グリン・ジョンズが五月二八日に完成させた『GET BACK』と同内容だ。そして、九月に延期予定だった『GET BACK』は、「日本楽器　渋谷店」からのお詫び広告にもあったように、「テレビ・ショウつきのＬＰ」として「今年の暮れ」に——「写真集付きのＬＰ」として「一二月」に、という意味だろう——さらに延期されて出る予定、と。この一文は星加ルミ子編集長が書いたものかもしれないが、「業をにやしたビートルズは（われわれもだが……）」に、『GET BACK』に振り回されるファンのやきもきした心情が滲み出ている。

別のニュー・アルバムについて、「ロック・クラシック・ナンバーを五、六曲含むロックン・ロールのアルバム」と書かれているのも興味深い。しかも、「こちらの方が優先される可能性が大」とある。だが、曲目を見てみると、『ABBEY ROAD』とは似て非なるものとなっている。いわば、六八年から六九年にかけて制作された『THE BEATLES』と『GET BACK』と『ABBEY ROAD』の三枚のアルバムを、アウトテイクも含めてごちゃ混ぜにしたかのような内容である。『ミュージック・ライフ』の記事はイギリスの音楽誌や新聞記事、ファンクラブの会報などを元にしており、当時は日本に届く情報は数ヵ月遅れていた。そのため、情報があれこれ錯綜していたわけだが、これはこれで当時の状況が窺えて面白い。

「録音は既に完了」と『ミュージック・ライフ』に書かれていた『ABBEY ROAD』は、実際にはまだ作業中だった。完成間近の八月八日には、アルバムのジャケット撮影が行なわれた。そもそも『ABBEY ROAD』のジャケットはなぜ生まれたのか？　世界で最も有名なレコード・ジャケットについて、「ポール死亡説」もまじえて紹介してみる。

タイトルについては、ビートルズのレコーディング・エンジニアのジェフ・エメリックが吸っていたタバコ「エヴェレスト」はどうかという案がまず出た。実際に「現地」に行こうという話にもなったが、あまりに遠すぎるし、撮影時間もない。そこで、スタジオの外にちょっと出て写真を撮り、通りの名前をタイトルにすればいいとリンゴ（ポール説も）が提案し、ポールが横断歩道を渡るスケッチを描いた。こうしてタイトルとジャケット案が決まり、レコーディングの合間を縫って実際に撮影することになった。カメラマンには、ヨーコと親交のあったスコットランド生まれのイアン・マクミランが、ジョンの口添えで選ばれた。

そして六九年八月八日（金）。集合時間は午前一〇時だったが、守ったのはリンゴだけだったらしい。撮影は、一一時三五分からのわずか一〇分。その間、たまたま居合わせた警官が交通を遮断する中、四人は合計三往復し、それを道路中央に立てた脚立に上ったイアンが、スウェーデン製のハッセルブラードのカメラで計六枚撮影した。

その六枚の写真を見ると、ジャケットに使われたのは五番目にスタジオを背にして歩く写真だったことがわかる。すぐに目につくのは、その写真だけ、奇跡的に四人の頭から足までが、全体の構図も含めて見事にバランスよくカメラに収まっていることだ。リンダもサブ・カメラマンとして立ち会い、渡っている四人をさらに道路の近くから撮った。この日のレコーディングは二時半からだったので、撮影後、ポールはジョンを連れて自宅に戻り、ジョージはマル・エヴァンスと一緒にリージェンツ・パーク内にあるロンドン動物園へ向かい、リンゴは買い物に出掛けたそうだ。

The Beatles『ABBEY ROAD』(1969)

裏ジャケットの写真は、イアンが前もってロケを行ない、横断歩道とは反対側に一キロほど向かったアレクサンドラ・ロードとの交差点の南西角にあったタイル製の旧式道路標識を撮影したものだ。青い服の女性がたまたま横切った写真をジョンが面白がったため、それが採用されたという。ちなみに、アレクサンドラ・ロードはすでになく、撮影場所は現在は団地になっている。また、当時あちこちで見られたタイル製の標識は、現在はスチール製の標識となり、裏ジャケットの撮影場所からさらに北上したプライオリー・ロードとの交差点に一ヵ所だけタイル製の標識が残っている。撮影後に"ABBEY ROAD"の標識に"BEATLES"の文字が合成され、こうしてアルバムのアートワークは無事に仕上がった。表ジャケットの横断歩道の写真に関しても、イアンが数日前にロケを行なっていたことを、『ABBEY ROAD』の五〇周年記念盤の発売時に、マーク・ルイソンが公表した。

ジャケットに関しては、もうひとつ大きな話題がある。撮影に際し、ポールは三カット目からサンダルを脱いで裸足になり、タバコを手に持って歩いたが、アルバム発売後、それが「ポール死亡説」にさらに拍車をかける一大事となったのだ。流れを整理してみる。

まず六九年夏ごろからアメリカ中西部の若い音楽ファンの間で「ポールは死んでいる」という噂が流れ始め、九月一七日にアイオワ州ドレイク大学の学生新聞『ノーザン・スター』に、「Revolution 9」(一九六八年)を逆回転すると「オレをハイにしてくれ、死者よ("turn me on, dead man")」と聞こえるのが証拠だという記事が掲載された。さらに九月二二日にはイリノイ大学の学生新聞にも、「Strawberry Fields Forever」(一九六七年)の最後に「私はポールを埋葬した("I buried Paul")」という声が聞こえるという記事が掲載された。

そして九月二六日(アメリカは一〇月一日)のアルバム発売後は、ジャケットに手掛かりがあるという騒動にまで発展した。いわく、ポールの裸足は死者を意味し、他の三人は葬列に参加している(ジョンは牧師、リンゴは葬儀屋、ジョージは墓掘り職人夫……)とか、左利きのポールが右手でタバコを持っているとか、停車しているフォルクス・ワーゲンのナンバー・プレートの"28 IF"は、

「生きていたら二八歳」という意味がある……など、これでもかという〝後付け〟情報が世界中を駆けめぐった。ちなみに『SGT. PEPPER』のジャケット・ネタに続き、これも「28IFさん」の情報で、〝28 IF〟の〝IF〟は、実際には〝IF〟(アラビア数字とアルファベットの組み合わせ)だと知った。

ポールの〝死亡理由〟は、六六年一一月九日、レコーディング中に口論でスタジオを飛び出したポールが怒りにまかせて猛スピードを出し、自動車事故で亡くなった、というもの。偶然にも(?)その日はジョンがヨーコと出会った日で、ビートルズは活動を休止している時だった。亡くなったポールの代役は、ポールのそっくりさんコンテストで優勝した一九四三年一一月一五日生まれの「ウィリアム・シアーズ・キャンベル」(「Sgt. Pepper」の歌詞に出てくるビリー・シアーズの本名という設定)。イギリスのファンクラブの会報誌の六七年二月号に、早速この噂を否定する記事が出たので、「ポール死亡説」はファンの間では早くから認識されていたようだ。

Werbley Finster「So Long, Paul / Here Comes Werbley」(1969)

六九年一〇月二一日に、広報担当のデレク・テイラーが「噂が出回ってから二年近くになるが、ポールは健在だ」と「死亡説」を否定するコメントを発表した。その間、ワーブリー・フィンスター(ホセ・フェリシアーノの変名)の「So Long, Paul(さよなら、ポール)」やミステリー・ツアーの「The Ballad Of Paul」などの〝追悼曲〟まで発売されたが、一一月の『ライフ』誌にポール本人のインタビューが掲載されて、〝生存〟が確認された。

ビートルズ解散後も、ジョンが『IMAGINE』（一九七一年）収録の「How Do You Sleep?（眠れるかい？）」で「死亡説」を蒸し返し、二〇一五年にはリンゴが「ポールは実際に六六年に亡くなっていて、その後のポールは〝ビリー・シアーズ〟という名前の替え玉だった」と語ったという話がインターネットを通じて世界に広く伝わった（後者はいわゆるフェイクニュースだった）。

　ポール自身も九三年に再びイアン・マクミランに撮影を依頼し、ライヴ・アルバム『PAUL IS LIVE』のジャケットを『ABBEY ROAD』のパロディ仕立てにした。その際、ナンバー・プレートの文字を〝51 IS〟（生きているから五一歳）にするという洒落っ気をみせた。そのライヴ・アルバムについて、公式サイトの「教えてポール！」というコーナーで、二〇一九年にポールはこんなふうに語っている――「タイトルは〝ポール・イズ・デッド〟をもじったら面白いと思ったんだ。〝何でも楽しくやろう〟が僕のモットーだからね。裸足だったのはあまりに暑かったから。でも、一部の人たちは、昔のマフィアでは裸足は……というように深読みしたんだ。噂話はすべて知っていたよ。〝君は死んでいるのか？〟と聞かれたので、〝いや、今、電話で話しているじゃないか〟と返した。そうしたら〝でも君が本物かどうかはわからないし〟とね。〝自分が自分であることをどうやって証明すればいいんだ？〟とちょっと混乱したよ。しばらくして、〝そっくりさんは、かなりまともな曲を書いているじゃないか。本人以外に誰が

Paul McCartney『PAUL IS LIVE』
(1993)

彼に曲作りを教えたんだろう？〟と思うようになった。みんなドラッグのやりすぎさ！　やりすぎて、答えを求めて間違った場所を探しているんだ！」

ジャケット撮影が終わり、八月二〇日には『ABBEY ROAD』のミックスと曲順決定のためにスタジオに集まり（これがスタジオに出揃った最後の日）、アルバムも完成間近となった。二二日にはジョンの自宅で四人揃っての最後のフォト・セッションが行なわれた。あとはニュー・アルバムの発売を待つばかり……という状況の中、腸の疾患で検査入院中だったリンゴを除くジョン、ポール、ジョージの三人がアップル・ビル内で興味深い打ち合わせをしたという刺激的な情報が、二〇一九年九月一一日にイギリス『ガーディアン』紙のウェブサイトに掲載された。その会合はマーク・ルイソンが入手したテープに残されており、入院中のリンゴに三人のやりとりを聞かせるために録音していたことがわかるジョンの発言も入っているという。ということは、リンゴが入院した九月八日の翌九日に行なわれたものだろう。

たしかに、これまでの〝事実（史実）〟を覆すような衝撃的な内容だ。それによると、ジョンは積極的に発言し、提案も具体的だということがわかる――『ABBEY ROAD』の次のアルバムでは、それぞれがシングルの候補曲を持ち寄り、クリスマスの時期にシングルを出し、アルバムにはジョン、ポール、ジョージが四曲ずつで、望むならリンゴの曲も二曲収録する。これまでの〝レノン＝マッカートニー〟という共作名義はやめて、それぞれ単独のクレジットにすべき――と。

また、ポールは「（『ABBEY ROAD』）以前のジョージの曲はそれほどいいとは思っていなかった」

と（懲りずに？）ジョージに告げ、ジョージは「趣味の問題だろ。時間が経って、僕の曲をみんな気に入ってくれるようになったんだ」と返している。さらにジョンはポールに対して、誰も興味がなかった「Maxwell's Silver Hammer」は、お気に入りのメリー・ホプキンにでもあげればよかったと痛烈な発言をしているが、対してポールは「気に入ったから自分でやったんだ」と答えている。

会話の内容を見てみると、建設的なのかどうかはちょっと図りかねるけれども、〝衝撃的〟なのは、『ABBEY ROAD』が最後を意識したアルバムではなく、まだまだバンド存続の可能性を感じさせる会合になっている、と思わせることだ。この時はジョンもそう思っていたのだろう。バンド存続のカギを握るのはやはりジョンだ。この後ジョンは、九月一三日にトロントで開かれたロックンロール・リヴァイヴァル・ショーに、ヨーコ、エリック・クラプトン、クラウス・フォアマン、アラン・ホワイトと出演し、ビートルズでもカヴァーした「Money」と「Dizzy Miss Lizzie」のほかに、「Give Peace A Chance」や新曲「Cold Turkey」などを披露した（この模様は、六九年一二月一二日に『LIVE PEACE IN TORONTO 1969』として発売された）。

ところがこの後、ジョンに心境の変化が起こる。トロントでのロックンロール・リヴァイヴァル・ショーから一週間後の九月二〇日、ジョンはビートルズ脱退をポール、リンゴ、アラン・クラインの前で告げたのだ（ジョージは病気療養中の母のもとに行っていて不在だった）。

「ビートルズの今後についてポールが話すことすべてに〝ノー、ノー、ノー〟と言った。ポールが〝どういう意味だい？〟と聞くので、こう告げたんだ――〝お前はアホだ。もうグループは

終わりってことだ。俺は抜けるよ〟って」（ジョン）
ビートルズとキャピトル・レコードとの再契約の場での出来事だった。ジョンがリンダに宛てた七一年の手紙（二〇一六年にオークションにかけられて公となった）の中でジョンは、ビートルズ脱退を黙っていたのは、ポールとアラン・クラインが一日かけて説得してきたのでそれに従ったということを明かしている。当時、この事実はいっさい公表されなかったが、ジョンなくしてビートルズの存続はない。ポールはそのことを誰よりも知っていたのだろう。ジョンの言葉にショックを受けたポールは、スコットランドの農場に引きこもってしまった。
「つらい時期だった。このままじゃ死んでしまうと思ったね。それで、〝君らはクラインとやっていけばいい。僕はアップル・レーベルから抜けたい〟と伝えた。でもジョージは一方的にこう言い放ったんだ。〝お前はこのクソレーベルに残るんだ。ハレ・クリシュナ〟とね」（ポール）
ジョンの心変わりは、ロックンロール・リヴァイヴァル・ショーに出演し、プラスティック・オノ・バンド（だけ）でやっていく手応えを得たからではないかと思う（行きの機内でメンバーに伝えたという説もある）。あるいは、九月上旬の会合時は躁状態だったのかもしれない。
そして『ABBEY ROAD』は九月二六日に発売され、ビートルズの最高傑作としていまだに世界中で高い評価を受け続けるアルバムとなったわけだが、発売前に、バンド存続（解散）をめぐってここまでゴタゴタが続いていたとは、誰が想像し得ただろうか。それでも〝ビートルズ〟は公にはまだ活動しているわけで、『ABBEY ROAD』発売日にリンゴ、翌日に（〝脱退宣言〟後の）ジョンが、それぞれラジオ・ルクセンブルク用に喋っている。アメリカで一〇月六日に（ビートルズとしては初めてアルバム発売後に）シングル・カットされる「Something」について、二人ともアルバムのベスト・ソングだと語っているのが興味深い（シングル・カットはアラン・クラインのアイディアだったらしい）。ここでもジョンは「Maxwell's Silver Hammer」について、ジョージとリンゴがさんざん酷使された〝みんなで歌えるマッカートニー・ソング〟の典型だと揶揄している。次のアルバム『GET BACK』がクリスマスに出るとリンゴが喋っているのも聴き逃せない。

The Beatles「Something / Come Together」(1969)

ジョンがトロントでのショーで披露した新曲「Cold Turkey」について、九月上旬の会合を踏まえてとらえると面白いことに気づく。この曲は、『ABBEY ROAD』発売前後の九月二五日と二八日に、リンゴ、エリック・クラプトン、クラウス・フォアマンとともにレコーディングされ、プラスティック・オノ・バンドの二枚目のシングルとして一〇月二四日に発売されたものだ。七〇年代以降、「Cold Turkey」については、こういうエピソード付きで語られることが多かった——麻薬の禁断症状を歌い込んだ歌詞を他のメンバーが受け入れなかったため、ビートルズの曲にはならなかった、と。

以前から不思議に思っていたことがある。『ABBEY ROAD』制作終了後の九月一三日のライヴでジョンが〝新曲〟として披露した曲について、ビートルズの他の三人と本当にそんなやりとりをしたのか？　『ABBEY ROAD』の後にまだビートルズの新曲が生まれる余地があったのか？

　九月九日頃の会合は、それが事実だったという可能性を示唆したものになる、ということだ。会合の中身に持続性があったとしたら、ではあるけれど、『ABBEY ROAD』の次のアルバムのシングル候補曲としてジョンが書いたのが「Cold Turkey」であり、『ABBEY ROAD』発売前にジョンがその曲を他のメンバーに聴かせた、ということにもなるはずだ。「Cold Turkey」を他のメンバーに拒絶されたジョンが、一一月二六日に〝ビートルズ〟の「What's The New Mary Jane」と「You Know My Name (Look Up The Number)」の編集作業をジェフ・エメリックと行ない、プラスティック・オノ・バンドの次のシングルとして出そうとしたのは、案外こうした経緯を踏まえてのものだったのかもしれない。このシングルは一二月五日に発売告知されたものの、（〝ビートルズのレコーディング曲〟だという理由で）一二月一日に発売延期となり、六分八秒から四分一九秒へ

Plastic Ono Band「Cold Turkey / Don't Worry Kyoko (Mummy's Only Looking For A Hand In The Snow)」(1969)

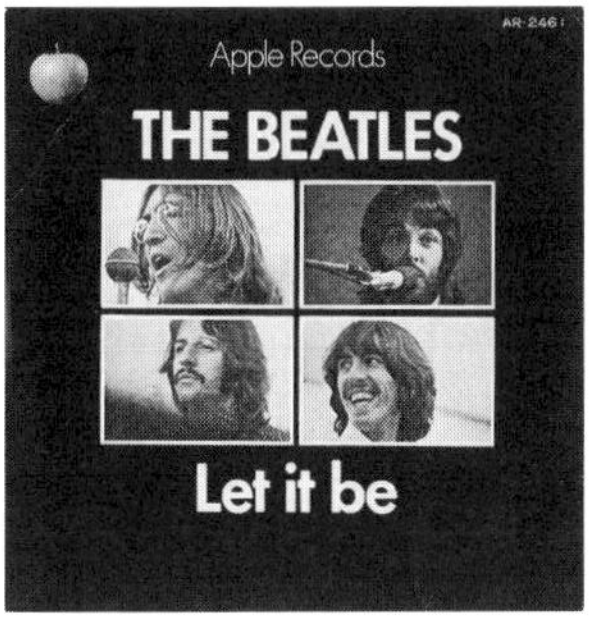

The Beatles「Let It Be / You Know My Name (Look Up The Number)」(1970)

と編集された「You Know My Name (Look Up The Number)」は、そのままシングル「Let It Be」のB面収録曲として七〇年三月六日に発売された。

ところで、六八年の『ROCK AND ROLL CIRCUS』や六九年のトロントでのショーでジョンのバックをつとめたエリック・クラプトンに関して、興味深い話がもうひとつある。本書だけでなく、書籍『ビートルズは何を歌っているのか？』などでもご一緒した翻訳家の朝日順子氏からの情報だ。七一年にジョンがクラプトンに宛てた長文の手紙が、二〇一二年にオークションに出された。手紙には、ニューヨークのセント・レジス・ホテルに滞在中とあるので、九月中旬から下旬の間に書いたものだろう。そこでジョンは、クラプトンやクラウス・フォアマン、ジム・ケルトナー、ニッキー・ホプキンスなどと一緒に大きな船の上で演奏しながら世界中を旅する構想を熱く書き記し、クラプトンへの参加を呼びかけている。中でも興味深いのはこの一文だ。

「アメリカから太平洋を経てオーストラリア、ニュージーランド、日本、タヒチ、トンガなどの美しい島々にずっと行ってみたかった。海上版『イージー・ライダー』なんてどうだい？　EMIか映画会社に出資してもらって、大きな船に三〇人（クルーを含めて）、8トラックのレコーディング機材（たぶん僕の）を載せて、撮影機材も――途中でリハーサルして――録音してもいい。好きな場所で演奏して、たとえばLAからタヒチまで撮影する。タヒチで降りてフィルムを現像して、一週間か、好きなだけ滞在して――フィルムを回収（もちろん）。さまざまな寄港先で撮影し、船上で編集してもいい」

これを読むと、ジョンがゲット・バック・セッションの時に出たアイディアを、ここで実現させようと思い描いていたのは明らかだ。ジョージがやった七一年八月の『バングラデシュ・コンサート』についても触れているので、同じように著名なミュージシャンとともに大々的なチャリティ・ライヴを〝ジョン&ヨーコ〟流にやりたかったに違いない。七一年一二月一五日にジョンはこの構想を公にし、プラスティック・オノ・バンドを母体にした〝ザ・ジョン&ヨーコ・モービル・ポリティカル・プラスティック・オノ・バンド・ファン・ショー〟を結成すると発表した。「さまざまな寄港先」では地元のバンド——たとえばデトロイトではMC5、ロンドンではピンク・フェアリーズとの共演も考えていたようだ。実現していたら大きな話題になったはずだが、ジョンとヨーコのライヴが、結局のところ地元（ニューヨーク）のバンド、エレファンツ・メモリーとジム・ケルトナーだけのバックアップで終わったのが残念でならない。

さて、『GET BACK』はその後どうなったか。マイケルによると、『ABBEY ROAD』発売前後の九月にも映画の試写が行なわれたが、その最終版にメンバー全員が立ち会ったかどうかは覚えていないそうだ。グリン・ジョンズの自伝には、一〇月三日に関係者一同の映画試写があり（マーク・ルイソンによるとジョンとヨーコは不在で他の三人は参加したとのこと）、それを観たアラン・クラインは、部外者が映っているシーンが多すぎると言ったという。グリンによると、そのほとんどは自分が映っているシーンだったらしい。

そして、映画が再編集された後、『GET BACK』に新たな曲を加えてほしいという要請をジョンとポールから受けたグリンは、六八年の未発表曲「Across The Universe」を引っ張り出し、オリンピック・スタジオでジョンのヴォーカルを再収録することになった。その曲が浮上したのは、映画に出てくるからなのか、それとも世界野生動物基金のチャリティ・アルバム『NO ONE'S GONNA CHANGE OUR WORLD』用の収録が決まり、一〇月二日にジョージ・マーティンがステレオ・ミックスを行なったからなのかは、定かではない。グリンによると、これがジョンとの最後の仕事になったそうだ。レコーディングの初っ端、声の録音レベルの調整とジョンの肩慣らしのために通して一度やった後、今の感じでとジョンに伝えたところ、ジョンは〝同じように歌えるわけがない、なんで最初から録っておかなかったんだ〞と激怒し、もう一度仕方なく歌ったものの、そのままスタジオを出ていってしまったという（このヴォーカルは未使用）。

一方、この時期にリンゴは初のソロ・アルバム『SENTIMENTAL JOURNEY』のレコーディングを開始し、ジョージもデラニー&ボニーのツアーに参加、さらにクリスマス前にロンドンに戻ったポールも、心の傷を癒すかのように、初のソロ・アルバム『McCARTNEY』の制作に没入した。

ビートルズ解散が決定的となった一二月中旬、棚上げされたままのアルバム『GET BACK』は、曲目変更を前提に、すでに完成していた映画に見合う形にするという条件のもと、グリン・ジョンズが再度編集作業に携わった（作業は一二月一五日と二一日に行なわれた）。一二月にアラン・クラインが映画の権利をユナイテッド・アーティスツに売り払ったが、それはブライアン・エプスタインがユナイテッド・アーティスツと六三年に交わしたビートルズの三本の映画制作（『A HARD

DAY'S NIGHT』『HELP!』ともう一本）の契約条件を満たすためのものでもあった。

この時期に、『ミュージック・ライフ』で『GET BACK』はどのように報じられたか。七〇年一月号（一二月二〇日発売）には、「一二月に延期」と告知されていたアルバムについての最新情報が掲載された。「LP通信販売」の一ページ広告に、でかでかとこう書かれている――。

特報!! お待たせしました
ザ・ビートルズ最新アルバム
GET BACK 予約受付中

曲目
ワン・アフタ・909
ドント・レット・ミー・ダウン
ビッグ・ア・ポニー
アイブ・ゴッタ・フィーリング
ゲット・バック
フォー・ユー・ブルー
テリーボーイ

トゥー・オブ・アス
ディッグ・イット
ザ・ロング・アンド・ワインディング・ロード
〈AP-9009〉1月21日発売

曲名を見ると、ここでもまだ、グリン・ジョンズが五月二八日にいったん完成させた『GET BACK』（ヴァージョン1）に準じたものであることがわかる。曲名の間違いはご愛敬として、この広告にないのは「Rocker/Save The Last Dance For Me/Don't Let Me Down」「Maggie Mae」「Dig It」「Let It Be」「Get Back（Reprise）」で、九月号の告知よりも曲数が減っている。定価は二二〇〇円とあるので、写真集付きではないものを通販で売る予定だったのだろう。だが、さらに発売は延期となる。

六九年の後半にソロ活動へと軸足を移したビートルズが、七〇年代にも〝現役グループ〟として活動を続けることになるとは、彼らも思わなかったに違いない。七〇年一月三日、デンマークで休暇中の――というよりもすでにビートルズを脱退していたジョンを除くポール、ジョージ、リンゴの三人は、こうして久しぶりにスタジオで顔を合わせた。一度は完成しながら棚上げになっていたアルバム『GET BACK』を、同名のドキュメンタリー映画の公開に合わせて完成させる必要に迫られたからだ。

まず三日には、ジョージ・マーティンのプロデュースで「I Me Mine」をレコーディングした。『ANTHOLOGY 3』に収録されたオリジナル・ヴァージョンでは、演奏前にジョージがデイヴ・ディー・グループ（正式なグループ名はデイヴ・ディー、ドジー、ビーキー、ミック&ティッチで、デイヴ・ディーは六九年九月に脱退）のメンバーになぞらえて、仰々しくこう宣言している——「みなさん、すでに目にされているとおり、デイヴ・ディーはもう私たちと一緒にはいません。でもミッキーとティッチと私は、二の次になっていた秀作の作業を今後も続ける所存であります」。

翌四日にはグリン・ジョンズも加わり、「Let It Be」のレコーディング、オーヴァーダビング、ミックス作業が行なわれた。まずポール、ジョージ、リンダ、メリー・ホプキンのハーモニー・ヴォーカルと、ジョージ・マーティンのアレンジによるブラスを加えたベスト・テイクを作り、そこにジョージのギター・ソロ、リンゴのドラム、ポールのマラカスとベース（ジョンの演奏を差し替え）と、マーティンがアレンジしたチェロをエンディングに加えるという念の入れようだった。この日がアビイ・ロード・スタジオでのビートルズ最後のセッションとなった。さらに一月五日にオリンピック・スタジオでグリンが「Across The Universe」と最新録音曲「I Me Mine」のミックス作業を行ない、八日にはジョージが「For You Blue」に新たなヴォーカルとギターを加えた。グリンは「Teddy Boy」を外したが、映画に使われなかったことと、ポールから『McCARTNEY』用に再録音するという話を聞かされていたことが理由だろう。この日になってようやくグリンは、制作中のアルバムが『LET IT BE』になると伝えられたという。

グリン・ジョンズ版『GET BACK』（ヴァージョン2）の内容は以下のとおり（カッコ内は収録日）

――。

『GET BACK』（Glyn Jones Mix / Version 2）（1970.1.5, 1.8 / stereo mixing）

【Side A】

1. One After 909（69.1.30）/ 2. Rocker / Save The Last Dance For Me / Don't Let Me Down（69.1.22）/ 3. Don't Let Me Down（69.1.22）/ 4. Dig A Pony（69.1.22）/ 5. I've Got A Feeling（69.1.22）/ 6. Get Back（69.1.27, 1.28）/ 7. Let It Be（69.1.31, 4.30, 70.1.4）

【Side B】

1. For You Blue（69.1.25, 70.1.8）/ 2. Two Of Us/Maggie Mae（69.1.24）/ 3. Dig It（69.1.26）/ 4. The Long And Winding Road（69.1.26）/ 5. I Me Mine（70.1.3）/ 6. Across The Universe（68.2.4, 2.8）/ 7. Get Back（Reprise）（69.1.28）

グリン・ジョンズは、一月四日に追加録音された「Let It Be」のジョージのギター・ソロは使用せず、また、八日に追加録音された「For You Blue」のジョージの新たなヴォーカルとギターも前半しか使用しないまま、その日に「Let It Be」と「For You Blue」をステレオ用にリミックスした。こうしてグリンは、〝ゲット・バックの精神〟に変わらず忠実に、より完璧な内容に仕上げた。だが、それでもなおメンバーの了解が得られず、『GET BACK』は、またしても（そして永遠に）オクラ入りとなった。

ここでついにフィル・スペクターの出番となる。フィルの登場には、伏線があった。音楽活動の拠点をプラスティック・オノ・バンドへと移したジョンは、一月二七日の朝に「Instant Karma! (We All Shine On)」を書き上げ、すぐにレコーディングして発売したいと考えた。直感で動くジョンらしいエピソードだが、その日の夜にジョージなどに声をかけてメンバーをスタジオに集め、ジョージの勧めでフィル・スペクターがプロデューサーに起用されたのだ。シンプルで力強いこの曲を、ジョンはわずか一日で完成させる。発売は、レコーディングから一〇日後の二月六日。まさに〝インスタント〟な曲だった。

ピーター・ブラウンによると、フィル・スペクターを連れてきたのはアラン・クラインだったという。当時、ピークを過ぎていたとはいえ、伝説のプロデューサーとして知られていたフィル・スペクターの作業を目の当たりにしたジョンは、『GET BACK』の再プロデュースをフィルに依頼したのだ。フィルの手際の良さを評価したということだ。

三月六日にジョージ・マーティンのプロデュースによるシングル「Let It Be」が発売され、映画の公開も間近に迫ったその半月後にフィルは、アビイ・ロード・スタジオの第四ルームで、グリン・ジョンズが残した『GET BACK』の二番目のヴァージョンに手を付ける。三月

Lennon Ono With The Plastic Ono Band「Instant Karma! (We All Shine On) / Who Has Seen The Wind?」(1970)

二三日のことだ。皮肉にもその日は、隣の部屋（第三スタジオ）でポールが『McCARTNEY』を完成させた日でもあった。フィルは、「The Long And Winding Road」などにオーケストラやコーラス、エコー処理などを加え、会話も追加して編集し直し、アルバムを一〇日間で仕上げた（四月二日に制作終了）。

フィルがミキシング作業をした曲と主な変更点は、以下のとおり——

三月二三日＝「I've Got A Feeling」（六九年一月二八日と一月三〇日録音の2ヴァージョン）、「Dig A Pony」（最初と最後に入る"All I want is you"のヴォーカルを削除）、「One After 909」と、新たに追加された二曲——「I Me Mine」（オリジナルの一分三四秒を二分二五秒に変更）、「Across The Universe」

三月二五日＝「Two Of Us」（六九年一月三一日の録音テイクを使用）、「For You Blue」（七〇年一月八日のジョージのヴォーカル版を使用）、「Teddy Boy」（六九年一月二五日録音のテイクを元に演奏時間の異なる2ヴァージョン。未使用）

三月二六日＝「Let It Be」（七〇年一月四日録音のギター・ソロを使用。ドラムのハイハットにエコー処理。三分五〇秒のシングル・ヴァージョンを四分三秒に変更）、「Get Back」（最初と最後に会話を追加）、「Maggie Mae」、「The Long And Winding Road」（七〇年四月一日のオーヴァーダビング・セッション用）

三月二七日＝「Dig It」（四九秒だけ使用。最後に会話を追加）、「Two Of Us」（冒頭に会話を追加）

三月三〇日＝「For You Blue」（冒頭に会話を追加。七〇年一月八日録音のリード・ヴォーカルと間奏のアドリブ・ヴォーカル、ギターを使用）

四月一日＝「Across The Universe」「The Long And Winding Road」「I Me Mine」（三曲にオーケストラ

とコーラス、リンゴのドラムなどを追加）

四月二日＝「The Long And Winding Road」「I Me Mine」「Across The Universe」（三曲のステレオ・ミキシングと編集作業）

『GET BACK』から『LET IT BE』への見事な早変わり――フィルの才気煥発な作業ぶりが目に浮かぶようだ。フィルは、映画の会話なども自由に使うことができたため、三月二七日には、使えそうな演奏や会話の断片を抜き出す作業をもっぱら進めている。その日には、もともと『GET BACK』の「For You Blue」の冒頭に入っていた“Quiet please!”というジョンの一声や、屋上で即興演奏された「God Save The Queen」の一節などもアルバム収録用に準備されていたという。映画『LET IT BE』に出てくる、〝屋上ライヴ〟を耳にした人々の反応などをテープループにして「For You Blue」の間奏に入れ込むという作業も三月三〇日に行なわれたが、その案は却下され、会話（“Quiet, please”）だけが、曲の出だしにかなり小さめに加えられた。

四月一日のセッションは、ヴァイオリン一八名、ヴィオラ四名、チェロ四名、ハープ一名、トランペット三名、トロンボーン三名、ギタリスト二名、シンガー一四名、それにドラマー一名による、総勢五〇名という大所帯となった。ギタリスト二名がジョンとジョージではないのは明らかだが（誰だろう？）、ドラマーはリンゴだ。ビートルズの最後のセッションに参加したのはリンゴだった、ということになる。

ピーター・ブラウンとともにエンジニアを務めたリチャード・ラッシュによると、この日のオーケストラのセッションについてフィルは、「ポールが聴いたらどう思うだろうな」と言っていたそうだ。エンジニアのブライアン・ギブソンは、さらに衝撃的な話をしている——「The Long And Winding Road」にオーケストラとコーラスをダビングしようとしたら、空いているトラックがなかったので、フィルはポールの二通りのヴォーカルの片方を消去し、そこにダビングすることにした、と。

オーケストラのスコアを書いたのは、フィルに依頼されたリチャード・ヒューソンだった（P.292にインタビュー掲載）。ヒューソンは、アップルからデビューしたメリー・ホプキンの「Those Were The Days（悲しき天使）」（一九六八年）やジェイムス・テイラーのデビュー・アルバム『JAMES TAYLOR』（一九六八年）を手掛けるなど、ビートルズのメンバーとは面識があった。「The Long And Winding Road」と「I Me Mine」はヒューソンがアレンジと指揮も担当し、「Across The Universe」はブライアン・ロジャースが手掛けた。ただし、「The Long And Winding Road」と「Across The Universe」のヴォーカル・ハーモニーとコーラスのスコアはジョン・バーラムが書いている。

こうして『GET BACK』は長旅を終え、『ABBEY ROAD』に続くもうひとつのラスト・アルバム『LET IT BE』として完成した。収録曲は以下のとおり（カッコ内は収録日）——。

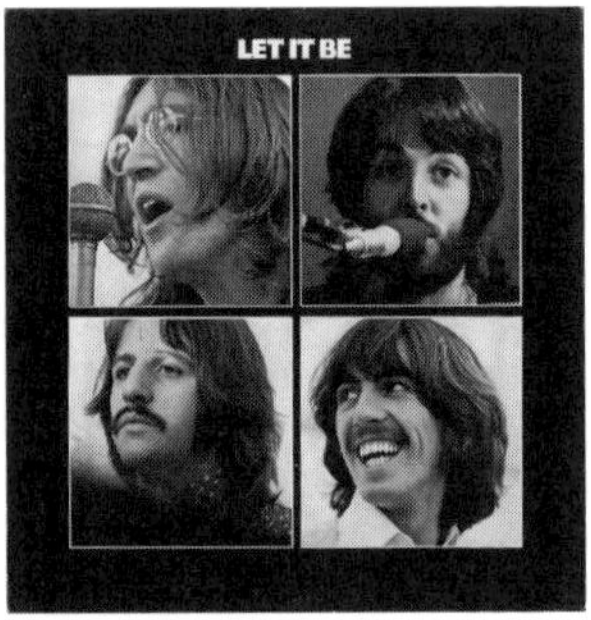

The Beatles『LET IT BE』（1970）

『LET IT BE』（Phil Spector Remix）（1970.3.23, 3.25, 3.26, 3.27, 3.30, 4. 2 / stereo mixing）

【Side A】

1. Two Of Us（69.1.21, 1.31）/ 2. Dig A Pony（69.1.30）/ 3. Across The Universe（68.2.4, 2.8, 70.4.1）/ 4. I Me Mine（70.1.3, 4.1）/ 5. Dig It（69.1.24, 1.26）/ 6. Let It Be（69.1.31, 4.30, 70.1.4）/ 7. Maggie Mae（1.24）

【Side B】

1. I've Got A Feeling（1.30）/ 2. One After 909（1.30）/ 3. The Long And Winding Road（69.1.26, 70.4.1）/ 4. For You Blue（69.1.8, 1.25, 70.1.8）/ 5. Get Back（69.1.27, 1.30）

フィル・スペクターに〝おいしいとこ取り〟をされたグリン・ジョンズは、フィルの仕事に批判的だった。「『LET IT BE』はゴミの寄せ集めだ。うんざりするほど甘ったるく、通して聴いたことすらない」と。

そしてここで決定的なことが起こる。アップルは『LET IT BE』の発売を優先するために、『McCARTNEY』の発売延期をポールに通達したのだ。伝達役はリンゴだった。

「リンゴが会いに来たけど、〝出ていけ！〟と言ったんだ。僕らは愛や平和を語っていたけど、実際は平和的な気分からはほど遠い状態だった」（ポール）

結局『McCARTNEY』は、当初の予定どおり四月一七日に

Paul McCartney『McCARTNEY』（1970）

発売された。見本盤には、プレス用として、ポールみずからまとめた質疑応答形式の資料が付いていた。そこにはこう書かれていた――「ビートルズの活動休止の原因は、個人的、ビジネス上、および音楽的な意見の相違によるもの」「レノン＝マッカートニーの共作活動が復活することはない」

こうして四月一〇日にポール脱退のニュースが世界中を駆けめぐり、ビートルズ解散は公になった。『LET IT BE』が発売されたのは五月八日。〝ビートルズ解散〟のニュースが報じられてから一ヵ月が過ぎようとしていた。

そして、リンゴの『SENTIMENTAL JOURNEY』（三月二七日発売）、ポールの『McCARTNEY』（四月一七日発売）、ジョージの『ALL THINGS MUST PASS』（一一月三〇日発売）、ジョンの『JOHN LENNON/PLASTIC ONO BAND（ジョンの魂）』（一二月一一日発売）と、四人のソロ・アルバムが出揃った一二月三一日、ポールは他の三人のメンバーとアップルに対し、ビートルズの解散とアップルでの共同経営の解消を求める訴えをロンドン高等裁判所に起こした。ビートルズ脱退の理由として、〝アラン・クラインが『McCARTNEY』の発売を延期させようとしたこと〟〝「The Long And Winding Road」に許可なく手を加えたこと〟などが挙げられた。

七一年三月一二日に裁判所はポールの訴えを認め、他の三人も上告を断念したため、ビートルズの解散が法的に決定した。『JOHN LENNON / PLASTIC ONO BAND』に収録された「God」で〝ビートルズを信じない〟〝夢は終わった〟と歌ったジョンは、八〇年のインタビューでビートルズの解散についてこう語った。

「ポール、ジョージ、リンゴは学校の旧友なんだ。ただ僕は同窓会の幹事になるようなタイプじゃない。すべて終わったことさ」（一九八〇年九月）

アルバム『GET BACK』をドキュメンタリー仕立てにするというビートルズ側の要望に沿って、忠実に作業を進めたグリン・ジョンズ。ビートルズの〝ありのまま〟を見せるのがいいと、ジョンは作品としての質の低さを容認し、『GET BACK』の公表を望んでいたとも言われているが、グリン・ジョンズの手腕は公に認められることはなかった。ジョンの心変わりは、「Instant Karma! (We All Shine On)」のレコーディングが決め手となったのは間違いない。とはいえ、フィルがいなかったら、「Across The Universe」は名曲として認知されずに、そのまま埋もれていたかもしれない。

いずれにしても、グリン・ジョンズ版のアルバム『GET BACK』がなければ、独自の色を加えつつ手際よくまとめたフィル・スペクター版のアルバム『LET IT BE』はこの世に存在しなかった。調理をしないまま生の素材をぶっきらぼうに並べた『GET BACK』と、砂糖をまぶして味を整えて食べやすくした『LET IT BE』――。好みは人それぞれだが、それから三十数年後に、まさかもう一枚、新たな作品が加わることになるとは夢にも思わなかった。

〝もっとヴァイオリンが必要だ！〟と、五分ごとにフィル・スペクターから電話がかかってきたよ

――アップル・レコード関連の仕事を始めたきっかけを教えてください。

「一緒にジャズ・バンドでベースを弾いていたピーター・アッシャーが、当時アップルでミュージック・アシスタントか何かをやっていてね。彼はポールが見つけてきた「Those Were The Days（悲しき天使）」（一九六八年）という曲をメリー・ホプキンのためにアレンジしなければならなかった。なぜかジョージ・マーティンを使いたがらなくてね。それで、〝誰かポップ・ミュージックをアレンジできる人を知らないか〟と聞かれたピーターは、〝アレンジをやっている人は知らないが、オーケストレーションを学んだ人は知っている〟と答えた。それでピーターが声をかけてくれたんだ。

でも僕はポップ・ミュージックのことは何ひとつ知らなかった。当時、ジャズに熱狂していたからね。「Those Were The Days」を聴いても〝この手の音楽はよくわからないな。僕はジャズ・ミュージシャンだから〟なんて思ったよ。それで、クラシック音楽のようなオーケストレーションを作ったんだ。実際、そういうアレンジになっていて、ポップ・ソングには聞こえないだろ？

クラシック・ミュージックに近いと思う。だから、きっかけは、ピーターとの友情から生まれたんだ。たまたま友達だったということでね。ラッキーだったよ」

——アレンジについて、ポールから何か指示はありましたか。

「彼の家に行き、いろいろと話し合った。でも、ポールが誰なのか全然知らなかったんだ。僕が興味があったのは、マイルス・デイヴィスやチャーリー・パーカーといったジャズ・アーティストで、ポップ・ミュージックはまったく聴いていなかったから。だから〝ポールって誰なんだ？　この人たちは誰なんだ？〟という感じでさ。〝ポップ・ミュージックのことはよく知らないけれど、オーケストレーションのことは五年勉強しているから知っている〟と言ったら、彼はそれでもいいと言った後、〝君に使ってもらいたいと思っているのは、チェンバロンなんだ〟とね。チェンバロンは、木槌で叩いて〝ディンディンディン〟といった音が出るハンガリーの変

Mary Hopkin「Those Were The Days / Turn Turn Turn」(1968)

Mary Hopkin「Goodbye / Sparrow」(1969)

わった楽器なんだけど、それを使ってくれとだけ指示を受けた。それ以外は普通のオーケストラを起用してまとめたんだ」

――メリー・ホプキンの「Goodbye」（一九六九年）についてはいかがですか？

「最初に手掛けた「Those Were The Days」が一位になって、ものすごい人気を得た。面白いことに、最初の妻と結婚した日に一位になったんだ（笑）。ステキな結婚祝いだったね。次のシングルの「Goodbye」もポールからの依頼だった。同じようにどういうアレンジにするかを話し合ったけど、その頃になってもまだポップ・ミュージックのことはよくわかっていなかった。「Those Were The Days」が一位になったことだって、結婚式の披露宴で誰かに〝君の手掛けたあの曲が一位になったぞ〟と言われるまでは知らなかったくらいさ。それでも、〝そうなんだ〟と思っただけだった。ポップ・ミュージック界で一位になることがどれだけ凄いことなのか、まるでわかっていなかったんだ」

――ジェイムス・テイラーのデビュー・アルバム（『JAMES TAYLOR』）に関しては？

「彼は作曲家としても、シンガーとしても、ギタリストとしても素晴らしかった。でも、当時健康を害していて、精神的にも問題を抱えていた。当時の彼はちょっと変わっていたね。自分がどこにいるのかさえもわかっていなかったんだ（笑）。これもアップルからの依頼だった。彼はアップルに所属していたからね。とても楽しかった。というのも、当時、ジョージ・マーティンのアレンジ以外で有名な弦楽四重奏団をポップ・ミュージックで使ったのは僕たちが初めてだったからね。この時も、ポップ・ミュージックにクラシックの要素を取り入れたんだ」

——「Carolina In My Mind（思い出のキャロライナ）」（一九六八年）には、ポールがベースをオーヴァーダビングしていますね。

「そのとおり。僕はそのレコーディングには立ち会っていないけどね。どうしてだったかは忘れてしまったな」

——ジェイムス・テイラーは「ジョージがロンドンのトライデント・スタジオに立ち寄り、バッキング・ヴォーカルで参加した」と言っていましたが。

「ああ、覚えているよ。当時は形式ばったところがなくて、アップルはトライデント・スタジオからそんなに離れたところにはなかったから、よく彼らはスタジオに顔を出していたんだ。『THE BEATLES』のプレイバックをトライデント・スタジオでやったんだ。ビートルズのメンバー全員がいて、僕もピーター・アッシャーもメリー・ホプキンもいて、発売前に一緒になってあのアルバムを聴いたんだ。そういうふうに打ち解けた感じで、いろんな人が出入りしていたよ」

——もう一組、アップルから六九年にアルバムを発表するはずだったモーティマーのセッションについてはいかがですか？

「モーティマー？　聞いたことがないな」

——「Dolly」という曲にあなたが自作のパートを加えたという噂があるのですが。

「実際、僕が手掛けた曲はたくさんあって、すべてを覚えているとは言えないんだ。同時期にいろんなプロジェクトをやっていたからね。メリー・ホプキンの曲が成功した後、アレンジの仕事がたくさん入ってくるようになったんだけど、モーティマーというのはまったく覚えていないな」

――いちばん聞きたかった質問です。ビートルズの「The Long And Winding Road」と「I Me Mine」のオーケストラ・アレンジと指揮を手掛けた経緯は、どんなものだったのでしょうか？

「これもアップルからの依頼で、ピーター・アッシャーは関わっていない。知っているかもしれないけど、当時、ビートルズのメンバー内で意見の相違があったんだ。ジョンがプロデューサーにフィル・スペクターを起用したけど、ポールもジョージ・マーティンもそれが気に入らなかった。アップルが僕に電話してきて、新しいプロデューサーのフィルが、ポールがピアノだけで歌っている曲にオーケストラのアレンジを必要としていると言ってきた。ポールの声とピアノだけの曲だった。僕は〝わかりました。やりましょう〟と答えた。仕事としてやることにしたんだ。フィルからも電話をもらい、〝オーケストラが必要だ〟と言われたので〝どんなオーケストラが必要ですか？〟と聞いたら、〝ヴァイオリンやハープや合唱隊がたくさん入っているものだ〟とね。彼は派手な〝ウォール・オブ・サウンド〟が好きだから。夜の七時にその電話をもらったんだけど、〝翌朝の一〇時にレコーディングを始めたい〟と言われた。でも、大がかりなオーケストラのスコアを書く時間はなかったから、一晩中寝ずに頑張ったんだ。その間、五分ごとにフィルから電話がかかってきた。〝もっとヴァイオリンが必要だ！〟とか言われて……最終的にはＥＭＩ（アビイ・ロード）のスタジオに入りきらないほどのミュージシャンが集まったよ。何人かは立っていなければならなかった（笑）。彼はどんどんそうやって楽器を増やしていったんだ」

――フィル・スペクターとの仕事はどうでしたか。かなり特徴のある人ですよね？

「彼は変わり者だね。スタジオでは一言も発しなかった。変な感じだったよ。スタジオに入って二度、三度と指揮をしたけど、彼はコントロール・ルーム内の照明を全部消して暗い中で座っているだけ。赤い照明がついたので、僕はもう一度、実際のレコーディングに入った。彼はそれでも何も言わなかった。だから、彼は気に入っていないんだろうと思ったんだ。それで、もう一度演奏したよ。それが終わったら、彼は〝ありがとう〟と一言。それだけだった。それ以外、何も言わなかった。その後、レコードが発売され、聴いてみたらレコーディングしたままの演奏が使われていたから、彼は気に入っていたということになる。ただ、何も言いたくなかったんだろうな。彼の周りをギャングのような人たちが取り囲んでいたよ」

――怖かったんじゃないですか？

「少しね。彼らはギャングが被るようなフェルト帽を被っていたんだ（笑）」

――七〇年四月一日にリンゴがドラムで参加した「Across The Universe」のオーヴァーダビング・セッションでは、アレンジと指揮はブライアン・ロジャースが担当したんですよね？

「そうだね。彼は彼のパートを指揮して、僕は自分でアレンジしたスコアを指揮した。彼は午後にやって、僕は午前中にやったんだ」

――「The Long And Winding Road」と「Across The Universe」の高音部のコーラスとヴォーカル・ハーモニーのスコアは、ジョン・バーラムが書いたそうですね。

「誰だい？　その名前は聞いたことがないな」

――彼がヴォーカル・ハーモニーを担当したという資料を目にしたことがあるのですが。

「「The Long And Winding Road」に関しては、すべて僕がスコアを担当しているから、それは違うな。僕がアレンジしたものは、すべて自分でスコアを書いているんだ。「The Long And Winding Road」のアレンジでは四〇ポンドをもらったよ」

――えっ、それだけですか⁉

「そう、それだけだ。メリー・ホプキンの時は二五ポンドだった」

――その後、あなたがアレンジした「The Long And Winding Road」を聴いてポールが激怒したという話を聞いた時、どんなふうに思いましたか？

「気分を害したよ。彼は僕と話をしてくれなくなったんだ。それまで仲良くしていたのに。その後一年間は一言も口を聞いてくれなくなった。ジョージ・マーティンもそうだった。二人とも僕に腹を立てていたんだ。でも、僕のせいじゃない。僕はただフィル・スペクターに頼まれたことをやっただけなんだ。でも、世界中で一位になった時には彼らも悪く思ってはいなかっただろうね。その後、ウイングスでポールとは一緒に仕事をしているから、その時には彼は僕のことを許してくれていたんだろうと思う」

――ポールとはその後、七一年に『RAM』のオーケストラ版『THRILLINGTON』のアレンジと指揮を担当していますね。

「ポールからの依頼だった。ポールは『RAM』のオーケストラ版を作りたがっていて、「The Long And Winding Road」の一年後だったかな、よくは覚えていないけど、『RAM』をジャズっぽい感じのオーケストラにアレンジしてほしいと言われた。〝ポップよりもジャズっぽいアプローチで〟とのことだった。それでロンドンで最高のジャズ・ミュージシャンを集めてレコーディングしたんだ。ハービー・フラワーズも参加したよ。ルー・リードの「Walk On The Wild Side（ワイルド・サイドを歩け）」の有名なベース・ラインは彼が弾いているんだ。そういう人を集めてレコーディングしたものだから、かなりジャズっぽくなっている」

――それが「The Long And Winding Road」以降、ポールと初めて仕事をした作品でしたか？

「そうだったと思う」

――『THRILLINGTON』について何か面白い話はありますか？

「すべて実験的にやった作品で、それまで誰もポップ・レコードをビッグ・バンド・ジャズ・サウンドにしようなんて試みた人はいなかった。それで、普段ポップ・レコードでは弾かないようなジャズ・ミュージシャンを集めたんだ。みんな〝何だ、これは⁉〟なんて言ってたよ。彼らも僕みたいなジャズ・ミュージシャンで、ポップは珍しいものだったんだ。でも、最後にはみんなノリノリになって、楽しんでいたよ。実際、アルバムを聴いてもらったら、彼らが楽しんでレコーディングしている様子が伝わってくると思う。『THRILLINGTON』でも変わった楽器を使用しているんだ。僕の初めての仕事は、まだ学生だった頃に手掛けた映画『MELODY（小さな恋のメロ

Percy“Thrills”Thrillington
『THRILLINGTON』（1977）

ディ)』(一九七一年公開)で、日本ではとても人気のある映画だった。その映画音楽のスコアでは、子どもの吹くフルートのようなリコーダーを使ったんだ。それでまたリコーダーを使おうと思いついて、同じミュージシャンを起用した。彼らは有名なクラシック・プレーヤーで、二、三曲で吹いてもらった。とても美しいサウンドになっているよ」

――『THRILLINGTON』に参加しているマイク・サムズ・シンガーズに関してはどうですか?

「マイク・サムズは残念ながらもうこの世にはいないんだが、マイク・サムズ・シンガーズは有名なシンガーの集まりで、ラジオ番組で何度も歌ったりしていて、それぞれが素晴らしいセッション・シンガーだった。マイク・サムズは、とても大きな男で、手もすごく大きかった。彼が指揮を取っている時は、彼の手は僕の頭くらいに大きかったよ(笑)。本当に素晴らしいコーラス・マスターだったね」

――でも『THRILLINGTON』は、レコーディングしてから六年間発売されませんでしたね。

「そう、六年間も発売されなかったんだ。どうしてかは僕にもわからない。これもまた、ただ仕事として引き受けただけだったから。でも、最終的には発売されたけれどね。はっきり言うと、発売されていたことを知らなかったんだ(笑)。それほど成功したアルバムではなく、あまり売れなかった。新聞に「架空の人物でこのバンドの指揮者である〝パーシー・スリリントン〟は、実は上流社会出身で……」みたいな広告を載せたりしていたが、人の目を引くようなことはなかった。ちゃんとマーケティングされなかったんだと思う。でも、カルト的なアルバムになっているね」

――ウイングスの「My Love」（一九七三年）を手掛けたきっかけについても教えてください。

「この曲も、ジャズ・ミュージシャンを起用したんだ。イントロを聴くと、ピート・キングのアルト・サックスのクールなジャズ・サウンドが聴けるだろ。全体もジャズっぽく仕上げられていて、最高のジャズ・ミュージシャンを起用しているんだ。当時、他のアレンジャーはたいていい普通のセッション・ミュージシャンを使っていたが、僕自身がジャズ・ミュージシャンだったものだから、友達のジャズ・ミュージシャンをよく起用していたんだ。それで素晴らしいサウンドになっているのさ」

――この曲でもポールは自由にやらせてくれたのですか？

「ああ、彼はそういった点でやりやすい人だ。特に何も指示することなく、僕に任せてくれたよ。どんなサウンドやアレンジを彼が欲しているのかといったことは前もって話し合ったけど、彼がオーヴァーダブは絶対にやらないと決めていたので、ギター・ソロも含めてすべてライヴ・レコーディングした。ＥＭＩの第二スタジオで二五テイクほど録ったと思う。何度も何度も納得できるまで続けたんだ。最後にはミュージシャンがうんざりしていたと思うよ（笑）」

――ジョージ・マーティンのオーケストラ・アレンジについては、どんなふうに思っていますか？

「彼のアレンジは好きだよ。最も好きなのは、メリー・ホプキンのファースト・アルバム（『POST CARD』）に収録されている「The Game」だね。本当にシンプルで素晴らしいアレンジになっているし、ジョージ・マーティンが書いたシンプルで素晴らしい曲でもある。彼が曲を書けるなんて知らなかったよ（笑）。彼のアレンジで最も好きな曲なんだ」

――「She's Leaving Home」のマイク・リーンダーのアレンジについてはいかがですか？

「当時にしてみたら、とても革新的なアレンジだったと思う」

――ストリングス・アレンジャーとしてのあなたの信条は？

「僕と同世代のストリングス・アレンジャーであるデル・ニューマンは、よく〝雨が降るように祈ろう〟と言っていた。デルが発見したことで、僕もそれが正しいと思うけど、雨が降った後、空気が湿っていると、つまり湿度が高いと、ストリングスのサウンドが断然良いものになるんだ。僕から若いストリングス・アレンジャーへのアドバイスは、〝雨が降るように祈りなさい〟ということだね（笑）」

――『LET IT BE...NAKED』は聴きましたか？

「聴いたよ」

――どう思われましたか？

「前のヴァージョンのほうがいいね（笑）。それは、僕が手掛けたからということかもしれないけど（笑）、あれがみんなの覚えているヴァージョンだからね。僕はあのオリジナルが好きなんだ」

（二〇〇四年一一月収録＝取材・文／藤本国彦　通訳／新堀真理子）

※『ストレンジ・デイズ』二〇〇五年二月号と『ＣＤジャーナル』二〇一〇年一二月号掲載のインタビュー記事を、未掲載分も含めて再構成

リチャード・ヒューソン Richard Hewson
一九四八年イギリス生まれのアレンジャー／ミュージシャン。アップル関連作品のほかにビートルズの「The Long And Winding Road」、ウイングスの「Dear Friend」「My Love」、ジグソーの「Sky High」、映画『MELODY（小さな恋のメロディ）』のサウンドトラックなどのアレンジを手掛けた。七五年からは自身のソロ・ユニット、ラー・バンドでも活動した。

モーティマーはニューヨークの三人組で、ポールが提供した「On Our Way Home」（「Two Of Us」の仮タイトル）を、アップルからのデビュー・シングルとして六九年六月に発売する予定だったが、実現せずに終わった。六九年にトライデント・スタジオでレコーディングされたデビュー・アルバム『ON OUR WAY HOME』も同時期に予定されていたが、アップルのゴタゴタ（アラン・クラインの〝粛清〟）に巻き込まれてオクラ入りとなった。その後、二〇一七年になってようやくCDとLPで、アーカイヴもので知られるRPMレーベルから発売された。プロデュースはピーター・アッシャーで、リチャード・ヒューソンは全曲のアレンジを手掛け、ピアノでも参加している。「Dolly」も四曲目に収録されているが、作曲者にヒューソンのクレジットはない。

Mortimer『ON OUR WAY HOME』（2017）

Chapter 3

The Long And Winding Road

歴史に〝たら・れば〟はないというけれど、『GET BACK』があのままビートルズの最後のアルバムとして発売されていたら、ビートルズの歴史はどうなっていただろうか。

『PLEASE PLEASE ME』をもじった『GET BACK』のジャケット写真の撮影の時、ポールは〝振り出し〟に戻ったと感じたそうだ。ビートルズとしてはもうこれ以上新たに進むべき道はないし、やるべきことは十分にやった、ということだろう。それならファンも諦めがついたかもしれない。だが、諦めがつかなかった人物が一人いる。ポール本人だ。『LET IT BE』をなんとか当初のイメージどおり、『GET BACK』のような内容に〝ゲット・バック〟できないだろうか？ ポールはどうしても許せなかった。いや、いまでも許していないかもしれない。「The Long And Winding Road」に大袈裟なオーケストラと女性コーラスを加え、装飾のいっさいないシンプルなサウンド作りを台無しにしたフィル・スペクターのことを。

こんなエピソードがある。二〇〇〇年以降の話だが、ポールは、グラミー賞の受賞式の会場にフィル・スペクターが現れるという情報を耳にするやいなや、その場を即座に立ち去ったそうだ。またポールは、「The Long And Winding Road」の大仰なアレンジを嫌っていたのに、七六年のウイングスのライヴや、八四年の映画『GIVE MY RIGARDS TO BROAD STREET（ヤァ！　ブロード・ストリート）』でその曲を再演した際には、〝シンプル〟とは程遠い派手なアレンジで披露している。これって、アレンジが嫌いなのではなくて、フィル・スペクターが嫌いなんじゃないの？

……と、ポールの〝スペクター拒絶説〟を書いた直後にいきなり前言を翻すようで恐縮だが、ポールがいまだに許していないのは、実はフィル・スペクターではない。ポール・デュ・ノイヤーの『Conversation with McCartney』で、ポールはこんなことを言っている。

「アラン・クラインは、『LET IT BE』の出来が良くないと考え、ストリングスが必要だと判断した。それでフィル・スペクターを呼んできて――憐れなフィル、本当は彼のせいじゃないのに――ゴテゴテと飾らせたんだ」と。ポールが訴えたかったのは、ビートルズを乗っ取ろうとした（ポール曰く）〝ペテン師〟のアラン・クラインだった。

The Beatles「The Long And Winding Road / For You Blue」（1970）

解散間際、ポールが他のメンバーを訴えざるを得なかったのは、そうしなければ「ビートルズを奪い取りに来た泥棒」（『Conversation with McCartney』より）を追い払うことができなかったからで、もしあのままにしていたらアップルはなかっただろうし、『ANTHOLOGY』や『1』も出ることはなかっただろう、とまで言っている。

「ひと儲けしようと近寄ってくる連中や、ひどく攻撃的な記事を書くマスコミに振り回されて、撮影は実に大変だった」。映画『EIGHT DAYS A WEEK』には、ビートルズの主演映画『A HARD DAY'S NIGHT』と『HELP!』の監督を務めたリチャード・レスターが語るそんな場面が出てくる。アイドルの宿命と言ってしまえばそれまでだが、金のなる木に群がる詐欺師がいかに多かったか、想像に難くない。

　ポールは「Yesterday」（最も多くカヴァーされた曲としてギネスブックに登録されている）を演奏すると、いまだに〝第三者〟にお金を払わなければならない。ポールが一人で作った曲なのに、だ。〝契約〟とは、まあそういうものかもしれない。まして素人経営のアップルだ。解散間際のごたごたも加わって、〝経営のプロ〟のつけ入るスキはあまりにも多かったのだろう。

　フィルとアランの件についてポールが言いたいのはこういうことだ――〝自分で作った「The Long And Winding Road」のイメージを、知らぬ間に勝手に、なぜアランはフィルを使って変更したのか？〟自分たちで作ったアップルが思いどおりにならず、契約に縛られた〝一般企業〟になってしまったことへの苛立ちが、「The Long And Winding Road」の件で顕在化した、というふうにも見て取れる。とはいえ、その曲のオーケストラ・アレンジを担当した（担当させられた）リチャード・ヒューソンとそのあと一緒に仕事をしたポールは、しかしフィルとはいっさい関わりを持とうとしなかった。ジョンとジョージが、ビートルズ解散後、フィルとともにそれぞれ

The Beatles『ANTHOLOGY 3』(1996)

『ALL THINGS MUST PASS』(一九七〇年)や『IMAGINE』(一九七一年)をはじめとした数々の名盤を生み出したにもかかわらず、だ。

そしてアラン・クラインが去り、アップルが残った。そしてアップルが残り、諦めきれなかったポールの思い(執念? 怨念?)がこもった『LET IT BE...NAKED』が生まれたというわけだ。こうして〝ゲット・バック・セッション〟の未発表音源が九〇年代以降も(公に)楽しめるようになったわけだから、ビートルズを守り抜こうとしたポールに感謝しなければならないかもしれない。

二〇〇三年に発売された『LET IT BE...NAKED』の前には、未発表音源を集めた『ANTHOLOGY 3』が九六年に発売され、そこにもゲット・バック・セッション関連音源がいくつか収められた。該当するのは、以下の13トラックである(カッコ内は収録日)。

『ANTHOLOGY 3』(1996.10.28)

【Disc 2】

1. I've Got A Feeling (69.1.22) / 2. She Came In Through The Bathroom Window (1.21) / 3. Dig A Pony (1.22) / 4. Two Of Us (1.24) / 5. For You Blue (1.25) / 6. Teddy Boy (1.24, 1.28) / 7. Medley: Rip It Up/Shake, Rattle And Roll/Blue Suede Shoes (1.26) / 8. The Long And Winding Road (1.26) / 9. Oh! Darling (1.27) / 11. Mailman, Bring Me No More Blues (1.29) / 12. Get Back (1.30) / 21. Let

It Be（1.25, 1.31）/ 22. I Me Mine（70.1.3）

「I Me Mine」以外はすべて、グリン・ジョンズがミックスした音源が使われ、「I've Got A Feeling」と「The Long And Winding Road」は未発表アルバム『GET BACK』の音源がそのまま流用された。「Dig A Pony」も『GET BACK』収録ヴァージョンと同じ日（一月二二日）の演奏だが、こちらはビリー・プレストンが加わる前のテイクである。ちょっと細かい話になるけれど、「Let It Be」は曲の前後に一月三一日の会話（未発表アルバム『GET BACK』に収録）が追加され、「Teddy Boy」は一月二四日と二八日の演奏を混ぜ合わせた新たな編集版となった。

こうしたアーカイヴ音源の発掘・公表は、いわばアップルがビートルズを二一世紀になっても〝現役グループ〟として見せていくためのひとつの〝方策〟だと思う。アップル社はビートルズで稼がなければ成り立たないからだ。『LET IT BE...NAKED』が二〇〇三年に発売されたのも、もちろんそうした流れがあった上での話だろう。

『LET IT BE...NAKED』は、二〇〇二年にポールがマイケル・リンゼイ＝ホッグと同じ飛行機に偶然乗り合わせたことから始まったプロジェクトだったという。マイケルは映画『LET IT BE』公開後も、サイモン＆ガーファンクルの『THE CONCERT IN CENTRAL PARK』（一九八二年）やポール・サイモンの『GRACELAND: THE AFRICAN CONCERT』（一九八七年）、ロジャー・ダルトリーの『A CELEBRATION: THE MUSIC OF PETE TOWNSHEND AND THE WHO』（一九九四年）などの音楽関連作品の監督を務めている。他にも、ローリング・ストーンズの「She's A Rainbow」（一九六七年）から「Hang Fire」（一九八二年）までのほぼすべて（計二三本）のプロモーション・フィルムにも関わっているし、ウイングスの「Helen Wheels」（一九七三年）、「Mull Of Kintyre」（一九七七年）、「With A Little Luck」「London Town」（ともに一九七八年）も彼の作品だ。

ドキュメンタリーに強い監督という印象のあるマイケルには、見逃せない作品がもう一本ある。アメリカのケーブル・テレビ局が制作したテレビ映画『TWO OF US（ザ・ビートルズ1976ダコタ・ハウスにて）』（二〇〇〇年）だ。邦題から想像できるビートルズ・ファンもいるかもしれないけれど、ウイングスのマディソン・スクエア・ガーデンでの公演チケットを、〝主夫〟生活を送っているジョンに渡しにポールがダコタ・ハウスを訪れるという話だ。さすがは、解散間際のビートルズを肌身で知る数少ない一人。その時の二人の会話を膨らませ、マニアが喜ぶ作品に仕上げたかったのかもしれない。原題はもちろん『GET BACK』、いや『LET IT BE』の収録曲から取られたものだが、マイケルは〝TWO〟はポールとリンダじゃなく、ポールとジョンと解釈したのだろう。二〇〇二年のポールとマイケルとの〝TWO OF US〟（?）な邂逅は、ポールにとってても願ってもないタイミングだったはずだ。

『TWO OF US』（2000）

こうして思いがけず二一世紀に蘇った『LET IT BE』の新装版『LET IT BE...NAKED』の収録曲は、以下のとおり

（カッコ内は収録日）――。

『LET IT BE...NAKED』（Allan Rouse, Guy Massey, Paul Hicks Remix）（2003.11.17）

【Side A】

1. Get Back（69.1.27）/ 2. Dig A Pony（1,30）/ 3. For You Blue（69.1.25, 70.1.8）/ 4. The Long And Winding Road（69.1.31）/ 5. Two Of Us（1.31）/ 6. I've Got A Feeling（1.30）

【Side B】

1. One After 909 (1.30) / 2. Don't Let Me Down (1.30) / 3. I Me Mine (70.1.3) / 4. Across The Universe (68.2.4, 2.8) / 5. Let It Be（69.1.31）

リミックス作業はアビイ・ロード・スタジオのエンジニア、ポール・ヒックスとガイ・マッシーが行ない、全体をアラン・ラウズが監修した。

〝一発録り〟を基本とした音作りに戻し、各曲のイントロやエンディングに付け加えられていたMCを取っ払い、オーヴァーダビングも極力排すなど、フィル・スペクター色を一掃。ポールの思い描いていた『LET IT BE』に〝ゲット・バック〟した内容となった。曲順も大幅に入れ替わり、「Let It Be」のイントロダクション風に使われていた「Dig It」とリヴァプールの伝承歌「Maggie Mae」がカットされ、「Don't Let Me Down」を新たに収録。ジョン、ポール、ジョージの楽曲がバランスよく並んだ構成となっている。

『LET IT BE』とは細かい違いも多い。「I've Got A Feeling」と「Don't Let Me Down」はルーフトップ・セッションの二テイクを合わせた新編集版で、「I Me Mine」は『ANTHOLOGY 3』と同じくオーヴァーダビングなしのヴァージョン、そして「Let It Be」も、アルバム&シングル収録ヴァージョン（前半）と、ゲット・バック・セッションの最終日に収録された映画ヴァージョン（後半）の二テイクを合わせた新編集版である。もちろん「The Long And Winding Road」も同様に、余分な音のない、セッション最終日に収録された映画ヴァージョンに入れ替えられた。

また、BBCラジオ音源の研究で名高いケヴィン・ハウレットがゲット・バック・セッションの断片を二二分にまとめたボーナス・ディスク（7インチ・シングルまたはCDシングル）〈Fly On The Wall〉も付けられた。合間に入るほぼ会話だけのトラックを除くと、収録されたのは、以下の二二トラックである（カッコ内は収録日）。

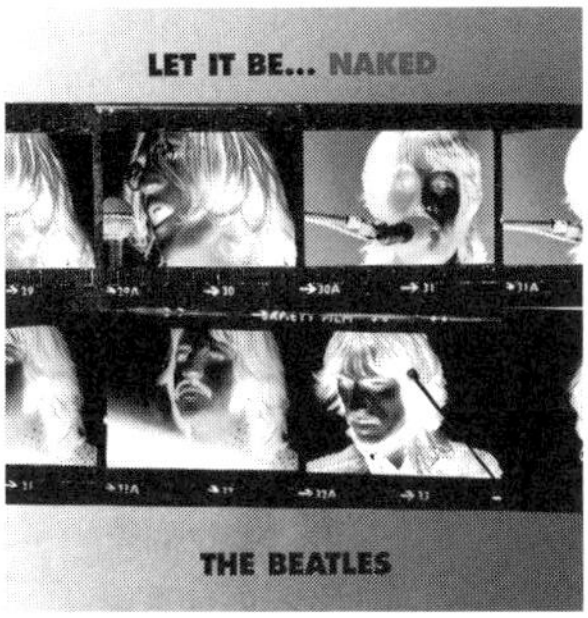

The Beatles『LET IT BE...NAKED』（2003）

〈Fly On The Wall〉（Additional Disc）

【Side A】

1. Sun King（69.1.2）/ 2. Don't Let Me Down（1.2）/ 3. One After 909（1.3）/ 4. Because I Know You Love Me So（1.3）/ 5. Don't Pass Me By（1.3）/ 6. Taking A Trip To Carolina（1.3）/ 7. John's Piano Piece（1.8）/ 8. Child Of Nature（1.2）/ 9. Back In The USSR（1.3）/ 10. Every Little Thing（1.3）/ 11.

Don't Let Me Down（1.6）/ 12. All Things Must Pass（1.3）

【Side B】

1. Conversation（John's Jam）（69.1.6）/ 2. She Came In Through The Bathroom Window（1.7）/ 3. Conversation（Paul's Bass Jam）（1.7）/ 4. Paul's Piano Piece（1.3）/ 5. Get Back（1.10）/ 6. Two Of Us（1.24）/ 7. Maggie Mae（1.24）/ 8. Fancy My Chances With You（1.24）/ 9. Can You Dig It?（1.24）/ 10. Get Back（1.24）

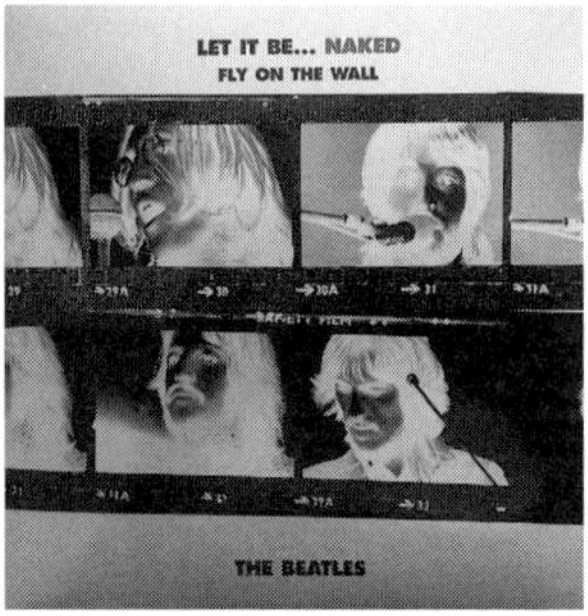

The Beatles〈Fly On The Wall〉（Additional Disc）（2003）

ここで、『LET IT BE...NAKED』の日本での発売状況について、個人的な話も少し絡めて紹介してみる。

七〇年に出た『LET IT BE』は〝後追い〟になったものの、『LET IT BE...NAKED』の時は、CDジャーナル編集部にいたので、どんな内容になるのか、情報が解禁になった時から楽しみにしていた。レコード会社からの情報はメールではなくまだFAXで届いていたが、ビートルズ関連では『ANTHOLOGY』シリーズに続く〝目玉商品〟だったため、東芝EMIも当たり前のように宣伝にかなり力を入れていた。

そのFAXを見てみると、〝情報解禁〟は二〇〇三年九月一八日で、「世界同時発売日：一一月一七日（月）」とある、その後、発売日は〝日本先行〟で一一月一一日（火）、さらに最終的には

TOSHIBA EMI

FAX NETWORK

2003/9/18

本日！情報解禁！！
ザ・ビートルズ
新作アルバム世界同時発売決定！！

11月度新譜注文書案内の追加でご案内しております
ザ・ビートルズの新作アルバムの詳細が決定致しました。

2003年末超最大級の話題盤！！！

世界同時発売日：11月17日（月）

※商品入荷日につきましては決まり次第連絡致します。

タイトル『Let It Be ...Naked』
（レット・イット・ビー・ネイキッド）

仕様：2枚組み　品番：TOCP-67300　予定価格：¥3,000（税込）
※コピーコントロールCDです

ザ・ビートルズの14枚目の『最新作』！！
- ザ・ビートルズ最大のアルバム「レット・イット・ビー」の幻のオリジナル・ヴァージョン。
- 1969年1月、ビートルズが『ゲット・バック』のタイトルでレコーディングを始めたアルバムが原型のまま30年以上の時を越え遂に登場！！（※現行の「レット・イット・ビー」はフィル・スペクターが手を加えて完成させたもの）
- 【収録曲＆曲順】
  1970年にリリースされた『レット・イット・ビー』とは異なる全11曲。
  「ドント・レット・ミー・ダウン」を新たに収録。
  ①ゲット・バック②ディグ・ア・ポニー③フォー・ユー・ブルー④ザ・ロング・アンド・ワインディング・ロード⑤トゥ・オブ・アス⑥アイヴ・ガッタ・フィーリング⑦ワン・アフター・909⑧ドント・レット・ミー・ダウン⑨アイ・ミー・マイン ⑩アクロス・ザ・ユニバース ⑪レット・イット・ビー
- ディスク2（※ボーナスディスク）
  アルバム＆映画『レット・イット・ビー』制作時のテープからの貴重な音源が収録。20分ほどのこのディスクから、1969年1月のザ・ビートルズのリハーサルやスタジオでの様子を垣間見ることができます。
- CDブックレット
  CDに封入されるブックレットには、レコーディング・セッションの歴史的な写真、そして1970年のアルバムリリース当時のオリジナル・ブックレットに掲載されていたバンドの会話が挿入されます。

本日をもって公式告知解禁となります。
店頭での告知＆予約取りを宜しくお願い致します。

2003.9.18

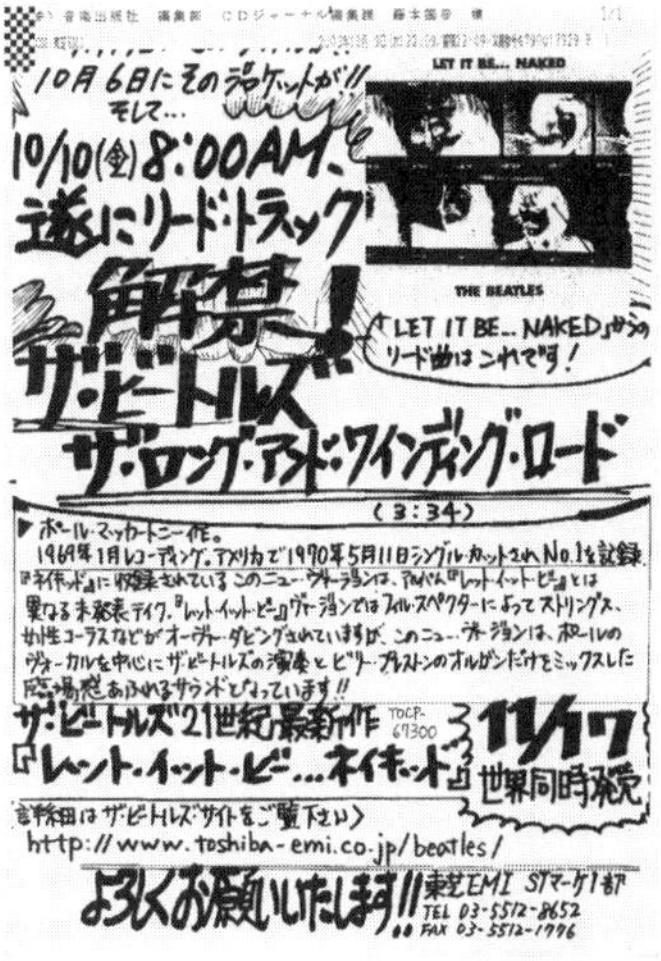

2003.10.9

TOSHIBA EMI

FAX NETWORK

重要なお知らせ

ザ・ビートルズ
「レット・イット・ビー…ネイキッド」
入荷日＆価格決定！

11月17日世界同時発売、予定価格¥3,000（税込）でご案内しておりましたザ・ビートルズの新作アルバム「レット・イット・ビー…ネイキッド」（TOCP-67300～01）の詳細が確定致しました。

ザ・ビートルズ史上初の日本先行発売決定！

日本先行発売日
11月11日（火）
［店頭入荷日は11月10日（月）になります］
決定価格
¥2,800（税込）　¥2,667（税抜）
品番：TOCP-67300～1　POS:4988006815469

※初回数の変更のある場合は、10月23日（木）中に弊社担当SPまでご連絡をお願いします。
※DISC1、2共にコピーコントロールCDになります。

店頭での告知＆予約取りを宜しくお願い致します。

2003.10.21

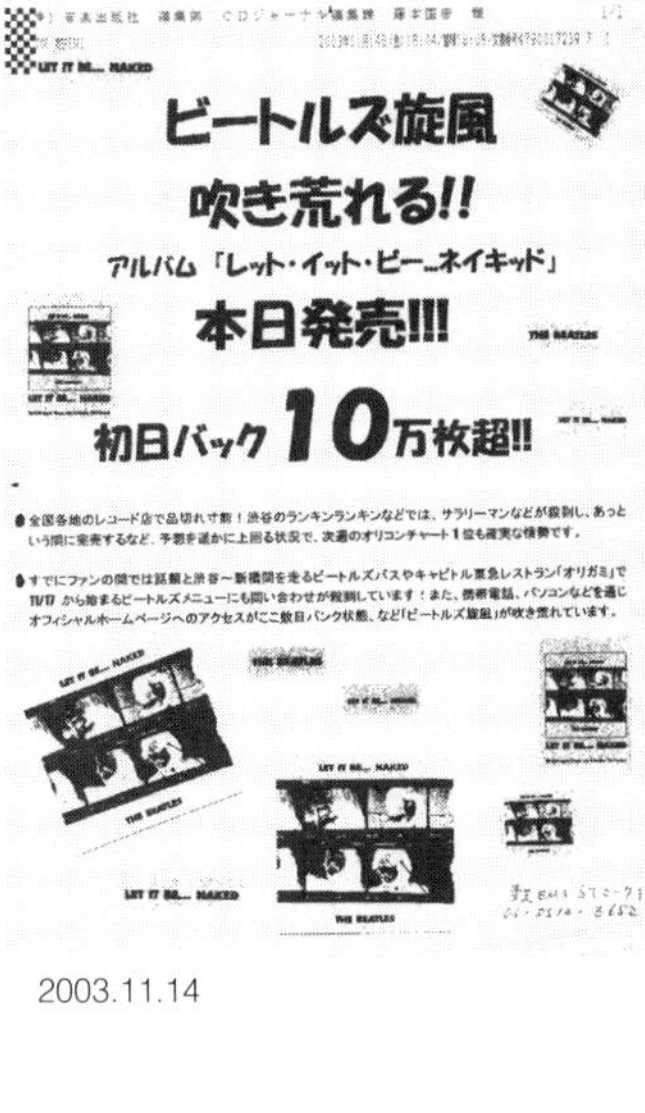

2003.11.14

一一月一四日（金）となった。その間の一〇月六日には試聴会の案内が届き、ジャケットも公開され、一〇月一〇日にはリード・トラック「The Long And Winding Road」が解禁となった。
特集記事を作るために東芝EMIでの試聴会（一〇月一五日と一六日）にまず足を運び、さらにカーネーションの直枝政広さんとマネージャーの壇慎一郎さんとともに、記事用に細かく試聴する時間ももらった（ちなみに私の「ビートルズやくざ」という異名は、その時に壇さんが付けた）。
こうして、「ザ・ビートルズ『レット・イット・ビー…ネイキッド』大解剖！」と題した特集記事が、二〇〇三年一二月号（一一月二〇日発売）に掲載された。CDジャーナルでの大々的なビートルズ特集は『ANTHOLOGY』以来のことだった。その特集記事にはメンバーや関係者のインタビュー記事も掲載した。以下、転載する——。

ビートルズ&リミキサー最新インタビュー
ポールとリンゴは『ネイキッド』をこう聴いた！

ポール・マッカートニー　なぜこのニュー・ヴァージョンをリリースするかって？　たまたまマイケル・リンゼイ＝ホッグに会った時、彼は最近よく映画『レット・イット・ビー』はいつDVDになるのか尋ねられると僕に言ったんだ。そうか、それはいいアイディアだと思い、さっそくアップルのニール（・アスピノール）に伝えた。そしていろいろ考えているうちに、そう言えば映画の中の音楽は、装飾されていないありのままの、僕が思い描いていた音だったことに気がついたんだ。フィル・スペクターのオーヴァーダブなしのね。あれ（オーヴァーダブありのヴァージョン）はあれでいい。大嫌いというわけではないが、好きでもなかった。ああいう形で発表されたけど、当時は何もオーヴァーダブされていないオリジナル・ミックスを聴きながらこう思っていたよ。〝ワォ！　こりゃスゴいや。ほとんど生のままだ！〟ってね。本当に好きだった。これがバンドだ、これが僕たちだ。装飾も技巧もない本当の僕らの姿だ、と。だから密かにこのテープを愛し続けてきた僕としては、もしＤＶＤにするのなら、サントラもオリジナルのものにしたいと思ったのさ。ニールは駆け回って、いつものようにすべての仕事をこなしてくれ、結果は素晴らしいものになった。このアルバムで僕が好きなところはピュアなところさ。当時のスタジオの熱気が伝わってくる。そしてこのリミックス・ヴァージョンは現代テクノロジーのおかげで、今までにないほど良いサウンドに仕上がっているね。

リンゴ・スター　アビイ・ロードでこれを聴いた時、信じられないほど素晴らしいと思ったよ。格段の向上さ。聴いていると、いつのまにか僕らがビートルズだった時代に引き戻される。僕の印象としては、曲はいまだに力を失っていないし、バンドはすごいし、なんてメロディがきれいなんだろうと思ったよ。

ポール　奴らと一緒にきれいになった部屋の中にいる気分。ニュー・ミックスではジョンの向かいのあそこに僕はいる。本当に今そこにいるみたいさ。

リンゴ　ストリングスが入っていない「ザ・ロング・アンド・ワインディング・ロード」には感動したね。フィルのストリングスがおかしいとは思わないけど、これはこれでまったく違う印象だ。それにしても、このヴァージョンを初めて聴いて感動した時から、もう三〇年以上も経っているんだね。「レット・イット・ビー」も負けず劣らず素晴らしい曲だ。なぜこのアルバムのタイトルが〝レット・イット・ビー〟になったかわかるというものさ。

ヨーコ・オノ　リンゴの演奏は素晴らしいわ。今でもリンゴを真似しているドラマーはたくさんいるけど、どういうつもりなのかしら？　リンゴにはなれっこないのに。リンゴのドラミングで他のメンバーはノッてきた。その時〝レット・イット・ビー〟は大丈夫と確信したわ。このレコードは過去の姿と、未来の可能性を示唆しているの。ビートルズは素晴らしいバンドだった。彼らはいかなる助けも必要としなかった。このヴァージョンが特にそれを証明していると思うわ。「アクロス・ザ・ユニバース」はジョンが書いた曲の中でも最も美しい曲のひとつで、彼もとても満足していたわ。今回の選曲の中でも特に光っていると思う。

ポール　音楽の素晴らしさ、それがこのアルバムの本質だった。このレコードを生の姿まで引き剥がしてリリースするというアイディアが、僕は気に入ったんだ。だってこれはバンドなんだもの。当時僕らがどのように歌い、演奏していたかが鮮明に見てとれる。小粋なロックンロール・バンド、それが僕たちビートルズだった。そんなことがこの〝レット・イット・ビー〟のテープでは証明されているし、そこが重要なのさ。

リンゴ　四人でいると、何か不思議なテレパシーのようなものを感じた。スタジオでは時に言いがたいようなことも起こったけど、僕らは四人であると同時に四人の中のひとりだった。みんなの心臓がそろって鼓動を刻んでいた。

ニール・アスピノール　これをリリースしたのは、このバンドのレコードが素晴らしいサウンドだったからさ。四人のビートルズとビリー・プレストンがスタジオと屋上でやったことそのものなんだ。映画のほうは数時間に及ぶアウトテイクがまだ作業中なので、今回アルバムに合わせてはリリースされなかったんだ。

（構成・文＝藤本国彦）

この記事は、一〇月二四日に東芝ＥＭＩから届いた『LET IT BE: BAND'S CUT』というタイトルの資料を元に、『LET IT BE...NAKED』に関わる話を中心に再構成したものだった。字数の関係で雑誌には掲載できなかったが、その資料には、当時を回想した興味深い発言も数多い。

ジョージ・マーティン　（ゲット・バック・セッションを）始める前にジョンがこう言った。「このアルバムにはくだらない手出しはやめてほしいんだ。ヴォーカルのオーヴァーダブも編集も必要ない。すべて昔みたいなライヴ演奏でやるのさ。ありのままの、いいかい、絶対にウソのないものにするんだ」とね。

ジョン　仕上がったテープはまるで海賊盤みたいな音だった。グリン・ジョンズにリミックスを任せたが、もうどうでもよかった。

ポール　口論になるとお互いに譲らなかったけど、仲睦まじい時だってたくさんあった。ありあまるほどの感情とあふれる愛情が僕らの間には通っていたんだ。でもあの時ばかりは、なぜか張り詰めた雰囲気になってしまった。でも、それが僕らの音楽に悪影響ばかりを及ぼしたとは思わない。芸術的にはとてもいいことだった。幸せな時だと必ずしも得られない〝キレ〟が作品に加わるんだから。

ジョージ　一九六八年の後半の数ヵ月間、僕はジャッキー・ロマックスのアルバムをプロデュースしたり、ボブ・ディランやザ・バンドの連中と一緒にウッドストックで楽しくやったりしていた。だから僕としては、冬に、それもうまくいっていない仲間たちに会いにトゥイッケナムに戻ってくるなんて、不健康かつ不幸きわまりないことだった。でも、その時はなぜかとても楽観的に考えていたように思う。「オーケー、新年だし、気持ちも新たにレコーディングだ！」なんて思ったわけさ。最初の二、三日は良かった。でもすぐに前回スタジオに入った時と同じ雰囲気になってきて、また苦痛になり始めたんだ。ある日、ポールと僕がちょっとした口論になったら、それをしっかりフィルムに撮ってるのさ。「いったい何の意味があるんだい？　こんな状況じゃ不愉快になるだけだ。僕は出ていく」。みんなも同じだった。リンゴもある時、出ていった。ジョンも出ていきたがっていた。すごく骨の折れる、ストレスのたまる日々だったよ。僕は思った。「もうやってられない。ここを出ていこう」と。そしてギターを持って家に帰ったんだ。

リンゴ　何かにつけて僕らの間では感情的な対立があった。でも、音楽を聴いてみると、そんなくだらないことは微塵も感じられないくらい素晴らしいんだ。いったんカウントが始まると、僕らは兄弟やミュージシャンに戻るのさ。アップル・スタジオはとても快適で、まるで我が家に帰ったような気持ちだったよ。やることが特にない時は、居心地をさらに良くしようと暖炉を焚いて、その周りに座っていたんだ。でもプレイバックの時にテープを聴いてたら、〝パチッ、パチッ〟っていう音が入ってる。「この音はいったい何だ?」とみんなで慌てたけど、暖炉の薪が割れている音だとすぐに気づいたんだ。だからレコーディングの最中は火は消すことにしたよ。

続いて、リミックスを手掛けたアビイ・ロード・スタジオのエンジニアのコメントも、同じく転載する——。

『レット・イット・ビー』とはここが違う!

——この企画はいつ始まったのでしょうか?

アラン・ラウズ（以下アラン） アップルにいた時、ニール・アスピノールから電話があったんだ。一年半くらい前かな。

ポール・ヒックス（以下ポール） 去年（二〇〇二年）の八月に、大まかなミキシングをやったんだ。

アラン まず一枚のニュー・アルバムを作るんだっていうつもりでいた。そこでポールとガイ（・マッシー）はあらゆるテイク、あらゆるヴァージョンをしらみつぶしに聴き直し、僕らの手中にはベストのものがあることを再確認した。一時間半のテープでだいたい三〇巻くらいかな。実に何日がかりの作業だよ。

ポール あらゆる意味で歴史的なことをやっているわけだから、そりゃ入念にやらなきゃいけないよね。いつもなら作業の過程で音を〝改良〟しにかかるところだけど、あんまり脱線することは許されない。とはいえ、サウンドを可能なかぎり生のままで素晴らしいものにするためであれば、何をするにも完璧な自由が許されていたんだ。素材を聴き通していると、すごくいろんな要素が聴き取れる――ビリー・プレストンの見事なプレイとかね。でも、同時にジョンとジョージのギターが聴き取れる。僕らはそういうひとつの〝音の場〟を再現しようとしたんだ。与えられた素材で、他のアルバムと並び称されるような、真に強力なビートルズのアルバムを一枚作り上げよう、と。

ガイ・マッシー（以下ガイ）　かつてのリスナーたちが聴きたかっただろうと思われるような、そういう何かを作ろうってことだね。

アラン　この新しい『レット・イット・ビー』はリミックスなしには成立し得ないものなんだ。何しろ余計なものを取り除くということが今回の仕事のすべてだったわけで。で、サウンドを〝今まさにある〟ようなものにしようというのが何よりもまずあった。一九六九年や七〇年あたりに立ち戻ろうとか、そういうんじゃない。二〇〇三年だったらどうかな、というふうに作り上げていったんだ。だからこれは〝リミックスによるリマスター〟――『レット・イット・ビー』の新しいヴァージョンなんだよ。白いカンバスを持ってきて、もう一度最初からやる、という作業なくしては辿りつけなかった。だからこそ、グリン・ジョンズのミキシングも、フィル・スペクターの仕事もあえて参考にはしなかったんだ。

ポール　フィルは前のアルバム（『レット・イット・ビー』）で実際のヴァージョンにかなり手を加え

てるわけだけど、それを取り除いて丸裸にした時に残るのは、手付かずに近い、ある種リハーサルみたいなテイクなんだ。これは〝素〟の演奏という意味で、ずっと力強いものを孕んでる。僕らはこういうものに辿りつきたかった。編集行為なんてしたくなかったんだよ。

――一曲のうち、フィル・スペクターのとは別のテイクはどのくらい使われているのですか？

ポール　まず「ゲット・バック」は基本的には同じテイクだ。前のアルバムではライヴっぽく聞こえるようにしてあったけど、本質的にはスタジオ録音の曲なんだよ。その感じを保ち、そして本来の姿に忠実であるために、おしまいの部分や、前のアルバムにあった繰り返しなんかは入れてない。ひたすらパンチの効いたエキサイティングな曲になっている。「アイヴ・ガッタ・フィーリング」は二回にわたる屋上ライヴからのミックス――完全な新編集版ってことだ。ふたつの演奏テープからそれぞれ屋上の部分を選りすぐって作った。「ディグ・ア・ポニー」も屋上ライヴからのテイクだよ、前のアルバムと同じに。

ガイ　このテイクのヴォーカルにはかなりノイズが混じってるんだ。フィルも我々と同じ編集作業をしてるね。そうするだけの意味があるってことだ。

ポール　「フォー・ユー・ブルー」は、テイク自体は本当にいい録音になっている。ひたすらクリアで歯切れがいい。そこをうまく引き出して、「ゲット・バック」のように、可能なかぎりパンチの効いたサウンドにしようとつとめたんだ。この曲にはちょっとヘンな、打楽器めいた小さな音のピアノが出てくるだろ？　あの打楽器っぽいのは、ポールがピアノに紙をかませてミュートして弾いているせいなんだよ。誰でもわかるくらい違ってるのは「ザ・ロング・アンド・ワインディング・ロード」かな。通して聴いてて、これが映画の中で最後の日に演った時の音だってことがわかった。一月三一日、レコーディング最終日のテイクなんだ。そこには真にいい意味での感傷が漂っていて、めったにないほどの熱さがこもってると思う。ドラムとポールのヴォーカルだけでも素晴らしい。息もぴったりだ。まさに頭ひとつ出た感じの、全然別のものに仕上がってるよ。

アラン 歌詞が違う部分があるっていう大問題があってね。いや、ホントに些細な、微妙な違いなんだけど……。

ポール "you'll never know"じゃなく"you'll always know"になってる、っていう。

アラン 歌詞が変わってることに気づいて、これを使うべきかどうかすごく迷ったよ。明らかに誰でも気づくような部分だし。今回辿りついた結論はこうだ——これはセッションの中でもほとんど最後のほうのもので、それだけにこちらのほうがあるべき姿に近いだろう、と。それで解決したんだ。ポールが違う歌詞で歌ったというなら、それはたぶんポールが心から望んでやったことなんだ、って僕らは解釈したんだよね。でもフィルやグリンはもっと早い段階のテイクを使ったわけで、当然それが前のアルバムの歌詞カードに載ったというわけだ。

ポール 「トゥ・オブ・アス」も同じテイクを使ってて、大して手は加えちゃいない。しごく率直なリミックスさ。「アイヴ・ガッタ・フィーリング」は面白くてね。まるで違う仕上がりになっているんだ。屋上ライヴのふたつのテイクから最もエキサイティングな部分ばかりを選り抜くべく、相当に手をかけたよ。テイクのひとつではギターにディストーションがかかってて、すごくかっこいいんだ。こういうエキサイトしてる感じが好きなんだよ。ポールがシャウトしてるところなんか、アルバムでもホント最良の部分なんじゃないかな。次の「ワン・アフター・909」も屋上ライヴで録られた曲で、使ってるテイクも前のと同じなんだけど、ここでいちばん変わってるのはドラムの音がはっきりしたことかな。編集はなし、まったくの〝ネイキッド〟だよ。「ドント・レット・ミー・ダウン」も屋上ライヴだね。

ガイ　どっちのテイクだったか、ジョンが歌詞を間違えてたな。

ポール　「アイ・ミー・マイン」も基本的には同じテイクだね。

アラン　そもそも音を重ねてあるテイクなんだってことを踏まえておくべきだと思う。「オーヴァーダブとかはなしにするんじゃなかったのか、ここにはすごくたくさんの音が重なってるぜ」って言う人もいそうだから……。大元のにはヴォーカルが入ってないんだ。

ポール　もともとドラムとギターだけだった。ヴォーカルだってガイド・ヴォーカルだけで、それもオーヴァーダブで入ってるわけだし。

ガイ　オリジナルのテイクの時に弾いてたのは二人だけだったはずなんだよね。ギターとドラムだけだったと思う。

アラン　あらゆる選択肢の中で残された道はただひとつ、重ねてある音をいくつかは残すってことだったんだ。そうしなきゃ、ただ生々しい素材が鳴ってるだけで無意味なものになってしまっただろう。「アクロス・ザ・ユニバース」のリミックスを手掛けたのはガイだけど、そこで彼はちょっとした問題にぶつかった。トラックはふたつしかなく、それが全部だった。トラック1にギターとジョンの歌声があって、他にはタンブーラだけだったんだよ。ガイはこのタンブーラにいろいろな仕掛けを施して、楽曲構造全体を通じてタンブーラのサウンドの全体像を変えつつ作り上げていったんだ。そのヴァージョンを聴いてヨーコは素敵だって思ったみたいだから、まあ結果は上々ってことなんだけど。

ガイ　タンブーラの音は構成し直してステレオにしたね。モノラルで始めて、最初のコーラスのところでステレオにした。同じ処理をヴォーカルにも施して、ちょっと広がりを持たせた。そこでアランが言ったんだ。〝なんで最後はリヴァーヴをかけて綺麗にフェイドアウトしないんだ〟って。みんな大笑いさ。実際にやってみたらこれがホントにいいんだ。僕らはもともと、これをアルバムの最後に持ってこようと思ってた。これが最後にきて、この曲で去り行く、っていうのは悪くないだろう、とね。だけど、すごく流れが悪くなってしまった。だから最後は「レット・イット・ビー」にしたんだ。そのほうがしっくりきそうだったし。

アラン　ちょっと皮肉な話ではあるよな。僕らはフィル・スペクターの追加部分を一年半かけてそぎ落としていって、最後にまたテープにディレイをかけてリヴァーヴつけてるなんてね。まあ、これは僕らからフィルへのプレゼントってところかな。そうすれば彼もあながち蚊帳の外に置かれた気持ちにはならないだろうし。

ガイ　「レット・イット・ビー」もちゃんと再構成したくてね。そこで最初は本来そうあるべき形のまま始めて――すごく静かな、あの感じ――それから、前のよりほんの少しだけ多めのアレンジを施していったわけだ。

アラン　チャーミングなヴォーカルが前面に出てきて、前のよりずっと空気感があるね。
ガイ　ジョージのギター・ソロは、僕らはこっちのヴァージョンのほうが好きで、こっちを使いたいと思ったんだ。これまでは映画『レット・イット・ビー』の中でしか聴けなかったやつだよ。
アラン　全体の流れに関しては三人でかなりの時間を使った。たとえば「ワン・アフター・909」は前の曲が終わるとホントにすぐ始まる。六〇年代のビートルズのアルバムをちょっと思い起こしてみると、どれも曲と曲の間には常に三秒の間があるよね。でも今回はそうは作ってない。ビートルズのこれまでのアルバムとは微妙に感じが変わってるってわけさ。

（翻訳＝白沢達生／構成・文＝藤本国彦）

ポールもリンゴも、『LET IT BE...NAKED』の仕上がりに満足していることが十分に伝わってくる。また、エンジニアのやりとりを見ると、〝余計なもの〟をただ排除したわけではなく、あちこちかなり手の込んだ作業をしていたこともわかる。

このエンジニア同士のやりとりの中で、「I Me Mine」について「おおっ！」と思わせる発言がある。最初のオリジナル・テイクはギターとドラムの二人だけの演奏で、ヴォーカルが入っていなかった、と言っているのだ。発言どおりだとするならば、七〇年一月三日のセッションはジョージとリンゴだけで臨み、ポールはベースを後からダビングしたことになる。グリン・ジョンズ版『GET BACK』（ヴァージョン2）収録テイクでは、演奏前にベース音が入るので、ポールもその場にいたのは間違いないと思うが、ジョージは「準備はいいかい、リンゴ」とリンゴにだけ声をかけている。また、『ANTHOLOGY 3』収録テイクではは演奏前にジョージがミッキーとティッチと自分の三人でレコーディングをするということを言っているので、やはり三人でやったと思うが、ビートルズの活動を（しばらくは）三人で続ける、という意味合いにとれなくもない。この曲にはビリー・プレストンも参加しているので、「ミッキーとティッチ」は「ビリーとリッチー（リンゴ）」に引っ掛けたものかもしれない……というのは妄想が過ぎるか。

ちなみに、『LET IT BE...NAKED』を試聴会で初めて聴いた時に最も驚いたのは、「I've Got A Feeling」の〝新装版〟だった。同じく、耳をダンボのようにして聴いたのは、ボーナス・ディスクの〈Fly On The Wall〉である。そして思った――「なんて良い音なんだ」と。選曲もいい。

The Beatles『SWEET APPLE TRAX』（1975）

ゲット・バック・セッションの未発表音源を収めた海賊盤は、七〇年代以降、手を変え品を変え登場し、マニアを喜ばせてきた。内容も音質も良いものが多かったが、中でも〝名盤〟としていまだに賞賛されているのは、七五年に出た『SWEET APPLE TRAX』である。最初は別々に二作出たが、その後、「Revolution」のプロモーション・ヴィデオの演奏写真を使った見開きジャケットの二枚組となった。七〇年代前半、どこからかテープを入手した海賊盤業者が、その中から〝使えそうな演奏〟を選んだものだが、あれほどダラダラしたセッションの中から、一曲として完結している曲を厳選した〝選球眼〟が素晴らしい。『SWEET APPLE TRAX』の二枚組は、私が購入したゲット・バック・セッションの最初の海賊盤でもあったので、個人的にも愛着が深い。おまけに内容（編集）も抜群なので、自分で帯まで作ってしまったほどだ。

その後、海賊盤業界もLPからCDの時代に入り、オランダの〝名門〟イエロー・ドッグが八九年にできてからは、さらに良質なゲット・バック・セッション音源が数多く生み出されてきた。中でも二〇〇〇年に登場した〝DAY BY DAY〟シリーズは、六九年一月二日から三一日までの日ごとのセッションを、会話も含めてほぼ網羅した画期的な内容だった（それぞれ二枚組で最終的に二〇〇四年までに三八作出た）。

オフィシャルだから当たり前と言えば当たり前だが、演奏も会話も含めて〈Fly On The Wall〉の音質が海賊盤を凌駕するほど良いのには、ワケがあった。

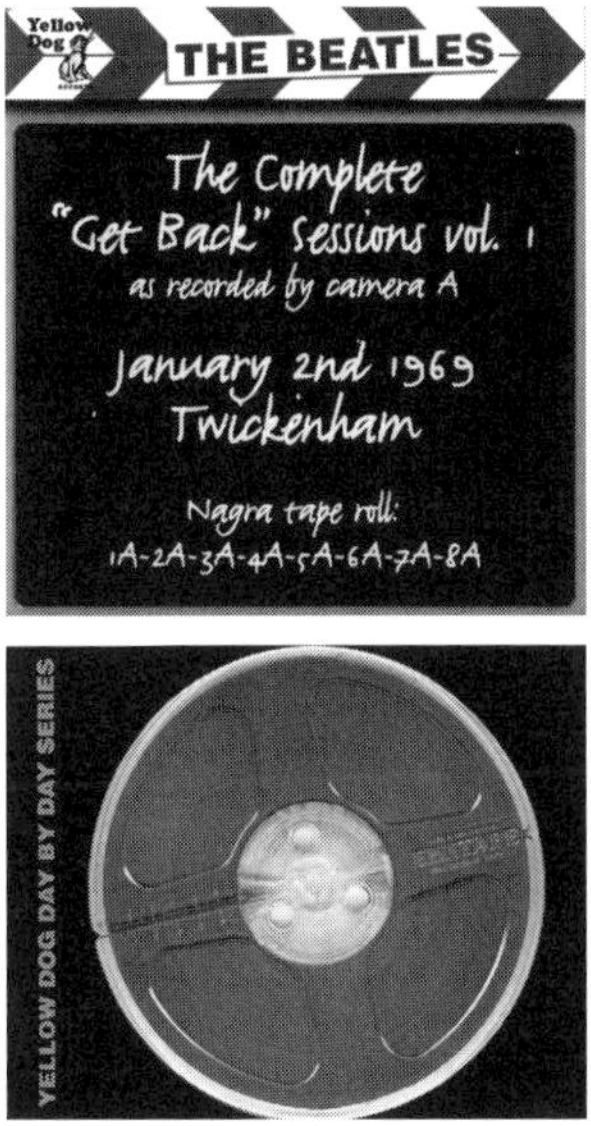

The Beatles『DAY BY DAY SERIES VOL.1-VOL.38』（2000〜2004）

二〇〇三年一月一〇日に、あるニュースが報じられた――「ビートルズの盗難テープ五〇〇本を押収」。

その記事によると、ゲット・バック・セッションの約五〇〇本のオリジナル・オープン・リール・テープは七〇年代に盗まれたままになっていたが、ロンドン市警察とオランダ警察が合同で海賊盤業者の摘発に一年以上かけて動いた結果、アムステルダム付近でテープが見つかり、警察当局が押収。ロンドンで二人、アムステルダムで四人が逮捕される事態となった。そのテープは、イギリスのEMIが管理し、今後の商品化について協議が行なわれるという。

当時、この記事を見て真っ先に思ったのは、捕まったのはイエロー・ドッグの関係者だろう、ということだった。〝DAY BY DAY〟シリーズの〝VOL.17〟までは、CDのトレイの部分にオープン・リール・テープの写真が掲載されていた。〝挑発的な遊び心〟は、海賊盤業者の大胆不敵な手口の象徴でもある。海賊盤業者が捕まる前の二〇〇二年までにイエロー・ドッグが作った〝DAY BY DAY〟シリーズは〝Vol.34〟までの三四作だったが、二〇〇四年に〝Vol.35〟が出るまで、初登場音源を含むゲット・バック・セッションの〝新作〟は、他の海賊盤レーベルからも出ていない。その代わりに(?)二〇〇三年一一月に登場したのが、音質も最高の〈Fly On The Wall〉だったわけだ。時系列で追ってみても、EMIの手元に戻ったテープを元にして〝商品化〟されたというのは明らかだ。

やや細かい話になるが、映像用の音声は、ナグラ社製の二台のオープン・リール・レコーダーで録音された(収録時間は一本で一六分)。ともにカメラと連動しているため、撮影開始時に

「ピーッ」という発信音が入る。二台準備されたのは、テープ交換時に片方が止まっても、もう片方が動いている状態にするための措置で、Aロール、Bロールと区分されていた（音声はモノラル）。六九年一月二日から一五日までのトゥイッケナム・セッションは"1A～148A"と"50B～125B"、一月二一日から三一日までのアップル・セッションは"400A～566A"と"1000B～1155B"までのロール・ナンバーが振られている（Bロールは一月二日と二一日は未使用で、一月三〇日は、屋上以外にも、ビルの内外や地下スタジオなど合計六台使用された）。トゥイッケナムは二二四本で、アップルは三〇七本、合計五三〇本（約一四一時間）のテープが残された。警察当局が押収したテープは「約五〇〇本」とあるので、ほぼすべてだったことがわかる。

その後、イギリスの海賊盤レーベルのユニコーンや、珍しい音源を無料で公開する個人レーベルのパープル・チックなど、Bロールを含めた音源も、二〇〇四年以降頻繁に登場するように

The Beatles『THE COMPLETE GET BACK SESSIONS』（2019）

なった。そして時が流れ、二〇一九年二月に、〝Day By Day〟シリーズを上回る八三枚組（！）の海賊盤『THE COMPLETE GET BACK SESSIONS』が登場した。とはいえ、過去最高とも言える音源がいきなり出たわけではなく、パープル・チックが無料で公開していた『A/B ROAD』をそのまま〝CD化〟したものだった。出た時は五九八〇円という破格の値段（しかもプレスCD）だったので、私もすぐに購入した。朝日順子氏にもその音源を送り、本書の〝日々の会話〟の聴き起こしをお願いした。（聴くだけでも一苦労だが、）その聴き起こしの作業がいかに大変かは、〝DAY BY DAY〟シリーズや八三枚組を耳にしたことがあるマニアならおわかりいただけると思う。

さて、ここからは、〝今後〟について目を向けてみる。『LET IT BE』発売五〇年後の動きはどうなっているのか？　という話だ。以下は、本書のオリジナル版（二〇一六年九月～一〇月執筆／二〇一七年一月刊）の際に書いた（期待を込めての）予想だが、文章は〝リミックス〟せずにそのまま掲載する――。

ゲット・バック・セッション関連で長年の懸案事項がある。映画『LET IT BE』の作品化だ。いま振り返ってみて思うのは、なぜ『LET IT BE...NAKED』と同時期に出せなかったのか、ということだ。

とはいえ、映画『LET IT BE』は過去に一度、正式な商品としてVHS、LD、ヴィデオディスクなど数種類のフォーマットで発売されている。アップルがビートルズのアーカイヴに力を入れる組織体になる以前の八一年の話だ。販売を推し進めたのはアラン・クラインだった。アランの会社アブコに対してビートルズ側は差し止めを要求し、その後、販売中止となった。それ以後は現在に至るまで海賊版が裏ルートで大量に出回っているが、『LET IT BE...NAKED』発売翌年の二〇〇四年に、ポールやマイケル・リンゼイ＝ホッグがDVD化の作業は進展中だと語ったり、二〇〇七年にはアップル代表の故ニール・アスピノールがDVD向けの修復作業はまだ半分ほどしか進んでいないことを明らかにしたり、という動きはあった。しかしながら、ゲット・バック・セッションがDVDなどの商品として公に観られるのは、『ANTHOLOGY』の映像版（Vo.8）やプロモ・フィルム集『1＋』（二〇一五年）など、数えるほどしかない。

気がつけば、発売の噂が流れてからもう一〇年以上が経つ。フィル・スペクターに対するポールの思いじゃないけれど、こういう情報は、案外忘れないものだ。海賊盤業界にやられ放題の状況はそろそろ改善したほうがいいんじゃないの？　とついおせっかいな一言を言いたくなってくるが、ビートルズが作ったアップル・コアも、もちろん私企業。時代の流れやファンの動向（海賊盤業界も含む）を見ながら、いつ何をどのタイミングで出すと最も効果的か、当然「市場調査」は行なっているだろう。いや、行なっていないわけがない。

映画『LET IT BE』の作品化について思うことがある。本書の冒頭で触れた映画『EIGHT DAYS A WEEK』にまつわる話だ。ツアー・イヤーズだけを描いた作品ではないと冒頭で書いた理由のひとつは、当時の社会情勢も踏まえて〝ビートルズとその時代〟が描かれているからだが、もうひとつ、そう思わせる印象的な場面がある。最後に出てくるアップル・ビル屋上での「Don't Let Me Down」と「I've Got A Feeling」の演奏場面だ。

そもそもこの作品は、六六年八月二九日のビートルズのラスト・ライヴ——サンフランシスコのキャンドルスティック・パーク公演からちょうど半世期となるのを記念して公開された映画で、当初、公開は「その日」に合わせるとも伝えられていた。こう言ってはなんだが、来日五〇周年が、運良くラスト・ライヴと同じ年だったということに過ぎない。

ありがたいことに、マーティン・スコセッシによるジョージの伝記映画『LIVING IN THE MATERIAL WORLD』(二〇一一年)と、ブライアン・エプスタインの秘書でビートルズのファン・クラブを運営していたフリーダ・ケリーの『GOOD OL' FREDA(愛しのフリーダ)』(二〇一三年)に続き、ビートルズの『EIGHT DAYS A WEEK』の字幕監修にもピーター・ホンマ氏とともに関わることができた。しかし、二〇一六年九月の映画公開が迫ってくる中、素材がなかなか届かなくてヒヤヒヤする場面も多く、七月にラフ版を観た時には、当初思い描いていたライヴ・ドキュメンタリー(演奏場面がたくさん出てくるツアー・ヒストリー作品)という印象は大きく後退し、代わって、手堅く優れたドキュメンタリー作品としての色合いの濃いものになっていた。アップル・ビル屋上での演奏場面は、監督のロン・ハワードが、ビートルズのライヴ史を浮き彫りにさせるためにより効果的だと判断して含めることにしたのではないか。そんな印象が強い。六六年八月二九日のビートルズのラスト・ライヴで映画を終わらせなかったことで、ツアー・ヒストリーではなく、ツアー・ドキュメンタリーとしての意味合いが大きく加わったのだと。

とはいえ映画『EIGHT DAYS A WEEK』は、ビートルズのツアー・イヤーズの歴史が、年代順に手際よくまとめられている。エルヴィスを超える存在になりたいと思ってライヴで腕を磨き、一年足らずでイギリス、アメリカ、そして世界で知らない者はいないアイドルになったビートルズ。だが、それと引き換えに、私生活のない、がんじがらめの日々を余儀なくされ、人前で演奏するのが基本のロック・バンドだった彼らが、年が経つごとに檻の中の動物のような見世物的存在になってしまう。そうした苦悩は特にジョンの表情の変化から読み取れるが、ライヴ活動をやめてスタジオをコンサート会場のようにして新たな創作活動へと向かい、レコーディング・アーティストとして変貌をとげた四人は、わずかの間に老成したかのような落ち着いた表情へと大きな変化を見せる。そしてライヴ活動をやめてからわずか二年数ヵ月、人前での演奏はそれがぎりぎりだったと思わせるような、アップル・ビル屋上での見事なライヴ・パフォーマンスを披露する。そこにはもうアイドルのあどけなさはまったくない。淡々と演奏する、円熟したプロフェッショナルな四人の姿が映し出されている。

「映画『LET IT BE』の作品化について思うことがある」とさっき書いたのは、ここに繋がる話だ。何を思ったのかというと、『EIGHT DAYS A WEEK』は、映画『LET IT BE』のＤＶＤ化への布石・顔見せ・導入的意味合いのある作品にもなっているということだ。なぜビートルズは六九年一月三〇日、極寒のロンドンで屋上ライヴをやったのか、『EIGHT DAYS A WEEK』を観れば、その流れが実によく把握できる。そうすれば、『EIGHT DAYS A WEEK』で彼らの魅力の一端に触れたこれからのビートルズ・ファンが映画『LET IT BE』を観ても、ポールとジョージが喧嘩をしているただの暗い映画だとは思わず、なぜもう一度やり直そうとしたのか、解散間際の〝ビートルズ・ストーリー〟をすんなり実感できるようになる。映画『EIGHT DAYS A WEEK』が、その橋渡しの役割を担う作品になることも期待したい。

二〇一五年九月、『1＋』の宣伝のために来日したアップルの重役（映像関連担当）のジョナサン・クライドは、映画『LET IT BE』の作品化について、優先度は常に高いものの、ライヴ・ドキュメンタリー映画やら何やらが急に入ってくるために、どうしてもそちらを優先せざるを得ず、なかなか商品化が実現できない、というようなことを語っていた。「えっ、それって優先度が高くはない、ってことじゃないの？」とちょっとツッコミを入れたくなる話だが、いずれにしても、本編＋未発表映像（〈Fly On The Wall〉の映像版？）付きの映像作品は、間違いなくまもなく発売されるだろう。

「まもなく」というのは、映画『LET IT BE』公開五〇周年となる二〇二〇年までには、という長期的な予測だけれど、アップル・ビル屋上でのライヴ・パフォーマンスの完全版はぜひ大画面で観てみたいものだ。そこには、演奏の合間にテープを取り換える若きアラン・パーソンズの姿も映し出されているかもしれない。そしてその時にはもちろん、グリン・ジョンズが手掛けた『GET BACK』の発売もお忘れなく、である。

＊

二〇一七年一月に出た本書のオリジナル版の本文は、ここで終わりとなる。そして二〇二〇年を迎えたわけだが、現状はどうか。以下は、二〇二〇年四月時点での予想である。

まず、大きな話題は、ビートルズの〝ルーフトップ・コンサート〟から五〇年後の二〇一九年一月三〇日に公表された、『LET IT BE』の新たな映画についてだ。それによると、監督は、映画『THE LORD OF THE RINGS』シリーズ（二〇〇一～二〇〇三年の三作）で知られるピーター・ジャクソン。奇しくも『THE LORD OF THE RINGS』は、『HELP!』（一九六五年）に続くビートルズの主演映画として六六年に制作される予定だった作品で、ジャクソンはポールに「僕らが映画化しなくてよかったよ。最高だった」と言われたことがあったという。

新たな映画制作の発表時に、ピーター・ジャクソンはこんなコメントを残している――「五五時間分の未公開映像と、一四〇時間分の音源を使わせてもらうことができるので、この映画をビートルズ・ファンが長らく夢見ていた〝現場に立ち会う〟という究極の映像体験にしようと思っている。つまりタイム・マシーンに乗って一九六九年に戻り、スタジオで四人が素晴らしい音楽を作っている現場に居合わせるような体験だ」

ジャクソンはさらに続ける――「解散の一八ヵ月前にマイケル・リンゼイ＝ホッグが撮影した映像と音源をすべて確認したところ、素晴らしい宝の山だということに気づいた。もちろん感情的な行き違いの瞬間もとらえられているが、これは、このプロジェクトが長年言われてきたような仲違いの記録ではない。ジョン、ポール、ジョージ、リンゴの四人が、今では名曲となっている作品を最初から共に作り上げていく様子は、素晴らしい。それだけではなく、面白く、気分が高揚する体験だ。彼らの仲の良さには本当に驚かされる」

〝旧作〟の『LET IT BE』についても、新作映画の公開に合わせ、同様に修復されて公開される予定だと公表された。ついに！　である。

二〇一九年三月二七日、来日中のリンゴも、福岡公演の開演直前に『Rolling Stone Japan』の取材を受け、映画についてこう語った──「マイケル・リンゼイ゠ホッグが編集した『LET IT BE』は、ちょっと不本意な内容だった。ジョージとポールがやり合っているところをあえて抜き出したりしてさ。でもあの時、ビートルズのメンバーはたくさんの喜びを感じていたし、めちゃくちゃ笑い合ったし、何よりいい音楽がたくさんあったからね。残された素材をピーターと一緒に、iPadを使ってすべてチェックしたよ。新作は、当時の空気感にちゃんと焦点を当ててくれるだろう。観ている人がもっと高揚する作品になると思うよ」

その後、映画の動向についての情報はしばらく途絶えていたが、二〇二〇年一月二五日にアメリカで開催されたユニバーサル・ミュージックのショーケースで、新作映画が数分間、先行上映されたという情報が入ってきた。現アップル代表のジェフ・ジョーンズは、その席上でこう語ったという──「(『LET IT BE』に比べて）映像的にも気分的にも明るく、四人が冗談を言い合ったり、お互いをからかったり、ふざけたアクセントで歌ったりする場面がたくさん出てくる。『ABBEY

ROAD』やソロ・アルバムの収録曲のラフ・ヴァージョンをリハーサルしているシーンも」

さらにジェフは、『LET IT BE』の陰鬱な雰囲気を取り除き、映画を再構築するためにピーター・ジャクソンを起用した。ゲット・バック・セッションがビートルズの解散を決定付けたという神話を覆すようなまったく新しい映画を作った」とも語ったそうだ。

アップルはビートルズ関連映画に〝大物監督〟を起用することが多いが、ジャクソンが起用された理由はもうひとつある。彼が二〇一八年に手掛けた、第一次世界大戦の記録フィルムをもとに構成したドキュメンタリー映画『THEY SHALL NOT GROW OLD（彼らは生きていた）』の存在だ。ジャクソンは、BBCが保管している六〇〇時間の記録フィルムやBBC制作の『THE GREAT WAR』（一九六四年）に使われた映像を、その映画のために開発した映像修復の技術を用いて修復（デジタル処理、カラー化、3D化など）したという。もちろんビートルズの新作映画でも同様の修復作業が行なわれるというから、『LET IT BE...NAKED』の発売時期に公表された宣伝用ヴィデオ以上の画質になっていることだろう。

映画『LET IT BE』の新装版の情報が二〇一九年に公になった時、こう思ったビートルズ・ファンが私の周りにも多かった——「今度のは〝明るい『LET IT BE』〟になるんじゃないの？」。関係者のコメントを見るかぎり、「やっぱり！」と強く実感させられる。「暗明・影光・陰陽・負正」……など比較の仕方はいくつかあるが、『LET IT BE』の旧作と新作にそのくらいの隔たりがあるのはどうやら間違いなさそうだ。

ゲット・バック・セッションの、特にトゥイッケナム・スタジオでのリハーサル時に、ビートルズがどれほど解散寸前まで（ポール側から見れば）追い込まれていたか？　危機的状況が何度も訪れていたことは、本書にすでに記したとおりだ。そりゃ、明るいところだけ選べば明るい作品になるし、（マイケル・リンゼイ＝ホッグ以上に）暗いところを選べばもっと暗い（やばい）作品になる。前半の不毛なセッションがあったからこそ、屋上でのライヴの圧倒的な存在感が伝わる——映画『LET IT BE』の魅力はその光と影の対比にあると個人的には思っているが、予想どおり「陰鬱な雰囲気」を取り除いた明るい新作になるのだとしたら、明るさがどこまで際立って表現されるのか？——そこに期待したい。

全体の構成に関してはどうか？　『LET IT BE』とは大幅に変えて、屋上から始めるのもありか？　とか、最後は一月三一日のセッションで締める可能性もあるのでは？　などと制作公表時には思っていたが、いまは普通に、流れに沿って、名曲がどのように作られていったのかがわかるような内容になりそうな気がする。『LET IT BE』収録曲が〝形〟になっていく過程を、珍しい演奏（ジョージのソロ曲が増えそう）を挟みながらまとめていく、という手堅い構成だ。となると、最後は「Let It Be」かなと。「Dig It」はフル・ヴァージョンでぜひじっくり味わいたい。

映画に続いて『LET IT BE』の五〇周年記念盤についてはどうか。二〇一七年の『SGT. PEPPER』、二〇一八年の『THE BEATLES』、そして二〇一九年の『ABBEY ROAD』と、これまでに三作の記念盤が登場したが、発売日はそれぞれイギリスのオリジナル版のほぼ五〇年後となっている。当然、その流れで、『LET IT BE』の五〇周年記念盤も「二〇二〇年五月」に出るものだと、疑いもなく予想していた。だが、二月末のハリウッドのネット・ニュースの情報によると、映画公開は秋になるという。映画もアルバムも、リミキシングとミキシングの作業はまだ行なわれておらず、七月から開始になるというのがその理由だ。

　三月一一日に、ウォルト・ディズニー・スタジオが全世界での映画の配給権を取得し、アメリカとカナダで九月四日に公開されるという情報も届いたが、となると、記念盤もそれに合わせるのではないか？　ここでさらに思い浮かぶことがある。映画『EIGHT DAYS A WEEK』の時に、映画と連動して出た『LIVE AT THE HOLLYWOOD BOWL』との関わりだ。しかもあの時は、本来は映画のサウンドトラック盤を出す予定だったものの、質的に使えそうな（未発表のライヴ）音源がほとんどないとジャイルズ・マーティンが判断し、アップルも了承したうえで、代わりに『LIVE AT THE HOLLYWOOD BOWL』で代用することになったという経緯がある。その流れでいえば、今回も、映画と連動したサウンドトラックが出るのではないだろうか？　となると、海賊盤『SWEET APPLE TRAX』を超える〝ベスト・オブ・ゲット・バック・セッション〟の登場となるだろう（当たり前か）。

The Beatles『LIVE AT THE HOLLYWOOD BOWL』（2016）

　さらに一〇月一五日に、映画と連動した書籍も発売される予定だという。そこで即座に思うのは、「ああ、そうか。『ANTHOLOGY』シリーズの時と同じやり方か」ということだ。〝映画＋音楽＋本〟の三位一体作戦――。書名は『GET

BACK: THE BEATLES』で、映画は『THE BEATLES: GET BACK』だと伝えられている。『LET IT BE...NAKED』の制作時に、イギリスのレコード会社（ＥＭＩ）はアルバム名に『GET BACK』を提案したそうだが、アップル側は難色を示したらしい。理由がふるっている——海賊盤に多いタイトルだから（笑）。でも、今回はそうじゃない。やはり『GET BACK』が最もしっくりくる。

　映画と連動したサウンドトラック盤が出るとしたら、注目の『LET IT BE』の五〇周年記念盤はどうなるのか？　予想は、これまでと同じようには出ない——三作の記念盤のリミックスを手掛けてきたジャイルズ・マーティンが、（ゲット・バック・セッション時に外された）父ジョージ・マーティンに代わって最終的に『LET IT BE』をプロデュースしたフィル・スペクターの作業を、（心情的にも）請け負わないと思うからだ。「同じようには出ない」と書いたのは、「サウンドトラック盤が五〇周年記念盤の代わりに出る」という意味で、その作業はジャイルズが担当することになるはずだ。『LET IT BE』のリミックス盤は『LET IT BE...NAKED』だけでおしまい（！）という可能性もある。

　七〇年に入ってからのセッション音源——たとえば「I Me Mine」の別テイクや「For You Blue」のヴォーカル録りの別テイク、「The Long And Winding Road」や「Across The Universe」のストリングスだけのテイク、「Let It Be」のリンダとメリー・ホプキンのコーラスが大きめの別テイク——など、ゲット・バック・セッションにはない新たな未発表音源もぜひ聴きたいところだが、果たしてどうなることやら。

……ということで、以上の予想を整理してみる。二〇二〇年九月から一〇月にかけて

①ピーター・ジャクソン監督による映画『THE BEATLES: GET BACK』公開

②映画『LET IT BE』も同時期に公開

③五〇周年記念盤として映画『THE BEATLES: GET BACK』のサウンドトラック盤（ベスト・オブ・ゲット・バック・セッション）発売

④関連書籍『GET BACK: THE BEATLES』も発売

という流れだ（予測不能な〝新型コロナウイルス〟騒動で、すべて延期される可能性もある）。

あれ、アルバム『GET BACK』は？ という声も聞こえてきそうだが、いずれにしても、映画公開時には〝答え〟は出る。だが、〝答え〟が出たら出たで、新たな事実や新たな謎にファンは一喜一憂することになるだろう。二〇二〇年代以降の〝ビートルズ像〟はどうなっていくのか？ ビートルズをめぐるロング・アンド・ワインディング・ロードはまだまだ続く。

Epilogue

始まりがあれば終わりがある。ビートルズもしかり、だ。

解散の危機は何度もあった。だが、そのつど四人は何らかの方法で苦境を乗り越えてきた。一緒に居続ければいいというものでもないし、しばらく離れ離れになっていたからうまくいくというわけでもない。ビートルズは、そのさじ加減や距離感がうまく保てていたのだろう。それでも終わりは必ずやってくる。

終わりの始まりをポールが意識したのは、一九六九年五月一三日のことだったという。マンチェスター・スクエアにあるＥＭＩ本社ビルで、ニュー・アルバム『GET BACK』のジャケット写真を、デビュー・アルバム『PLEASE PLEASE ME』になぞらえて撮影した日だ。さらに六九年九月、ポールが（それでもなお）ライヴ活動の再開をメンバーに呼びかけた時に、ジョンの口から脱退宣言が飛び出した。ビートルズが解散した瞬間だとポールが回想した日の出来事だ。

本書の主題――〝ゲット・バック・セッション〟が、皮肉にもビートルズ解散へと向かう大きな〝弾み〟となったのは間違いない。だが、ビートルズ物語の面白いところは、その後、終焉を意識したアルバム作りへと歩みを進めたことだ。発売こそ『LET IT BE』が最後になったけれど、

『ABBEY ROAD』の最後の曲を「The End」で締めるなんていう芸当は、ビートルズにしかできないだろう。

本書は、ビートルズがなぜゲット・バック・セッションをやることになったのか、そのきっかけ、実際の演奏や会話のやりとり、そしてセッションをまとめたアルバム『GET BACK』が幻となり、『LET IT BE』へと生まれ変わるまでの流れを、解散以後の動きも含めて詳細にまとめたものだ。それでも、日々のセッションの〝こぼれ話〟はあまりに面白く、あまりに興味深いため、そのいくつかを書き記すだけで、ページが埋まってしまった。そうしたやりとりは、映画『LET IT BE』でもほんの一端が観られるが、よくぞ、あれだけの映像と音を残しておいてくれたものだと改めて思う。〝四人四様〟のキャラクターの違いが明確に出ているからこそ面白いとも言えるし、それがビートルズの大きな魅力に繋がっているのだとも思う。

演奏については本文ではあまり触れられなかったが、四人が〝ビートルズ以外〟の曲を熟知していることにも感心させられる。膨大な演奏曲リストをご覧いただければおわかりいただけると思うが、セッションの合間に口をついて出てくる過去のスタンダード曲やロックンロールやブルースやフォークやカントリーや映画音楽などなど……。それだけではなく、同時代の音楽への意識も高い。クリームのようなホワイト・ブルース風の曲で遊んだり、ザ・バンドのような南部ロック風の音楽に興じたりしたかと思えば、ラテンやレゲエのリズムだけでなくラップを先取りした言葉遊びも繰り広げられる。引き出しの多さ、懐の深さがビートルズの音楽の幅を広げ、変化を恐れない曲作りや音作りを生んだのだろう。

そもそもゲット・バック・セッションの存在を知ったのは、七〇年代半ばのことだった。まだ規制の緩い時代だったから、ラジオでは海賊盤も普通にかかっていた。最初に聴いたのは、FM放送で流されたアニマルズの「The House Of The Rising Sun（朝日のあたる家）」と「Honey Hush」（「Yakety Yak」と紹介されていた）だった。なんてカッコイイ演奏だろう。ビートルズのどのレコードにも入っていない曲だったが、まさかジョージが一時脱退する前日の演奏だったなんて、当時は知る由もない。同じ時期に今度はAMラジオで、「ビートルズの隠れた名曲を珍しい演奏でどうぞ」というDJの声とともに聞こえてきたのは、「The Long And Winding Road」の幻のアルバム『GET BACK』収録ヴァージョンだった。あれが隠れた名曲だなんて、今じゃ考えられないけれど、七〇年代はまだそんな時代だった。ビートルズの全二一三曲を発売順に放送したラジオ番組もあったが、何をトチ狂ったのか、『ABBEY ROAD』を録音順（しかも当時の情報を元にした）で流すという〝暴挙〟に出た。フィル・スペクターが手を加えた『LET IT BE』以上だとポールが思うであろう、そんなありえない〝ノリ〟が通用する時代でもあった。

西新宿に足繁く通い、海賊盤を買い漁るようになったのもその頃の話だ。ライヴよりもスタジオでの珍しい演奏に興味があったので、BBCラジオ・セッションやゲット・バック・セッションは、ビートルズのもうひとつの顔が覗ける格好の音源だった。スタジオ・セッション好きにとっては宝の山とも言えるゲット・バック・セッションだが、その一方で、具体的にどのような内容なのかを考察した優れた洋書はいくつかあるものの、体系立てて整理されたものはほとんどない。

昨年（二〇一五年）の夏ぐらいだっただろうか。松田行正さんが主宰されている牛若丸出版からビートルズの本のご依頼をいただいたのは。松田さんがデザインを手掛けてくださった最初の（本名での）著作『ビートルズ213曲全ガイド』が出てまもなくのことだったが、好き勝手に書いていいということで、テーマとしてすぐに思い浮かんだのがゲット・バック・セッションだった。解散間際に至るメンバーの葛藤をまとめてみると面白いかもしれないと思ったからだ。

実際に書き始めたのは、（あまり大きい声では言えないけれど）映画『EIGHT DAYS A WEEK』の日本公開の翌日（九月二三日）だった。マニアがほじくる研究本のような硬めな内容にはしないようにと意識はしていたものの、ライヴ・ドキュメンタリー映画の影響もあってか、七〇年代のノリはない、思いのほかマジメな仕上がりになった。けれども、ジャケット・デザインにまつわる文章（ジャケットの書体を特定したのは、世界でも松田さんが初めてだと思う）やイラスト、それに杉本綾子さんの漫画も加わって、ありがたいことに柔軟で軽妙な内容になった。

本自体が〝B〟の形をしているビートルズ本『B PLASTIC BEATLE――ビートルズの遊び方』を二〇一三年に手掛けた松田さんのこと、奇を衒ったビートルズ本になるだろうと、最初から期待が膨らんでいた。どんな本になったのかは、実際に手に取っていただいたとおりだが（「増補新版のためのあとがき」を参照）、「それまでにないものを生み出す」あるいは「生み出そうとする」発想や思いこそがビートルズっぽい。

最後に……。これまでにないステキなビートルズ本を作ってくださった松田行正さん、進行管理も含めて現場作業を地道に進めてくださった杉本聖士さん、ビートルズの「You Know My Name (Look Up The Number)」のような漫画を描いてくださった杉本綾子さん、松田オフィスの方々ほか関わってくださった皆様に御礼を申し上げます。ありがとうございました。

藤本国彦

二〇一六年一〇月

増補新版のためのあとがき

本書のオリジナル版は、松田行正さんが主宰している牛若丸出版から刊行された。松田さんは、牛若丸から刊行される本の〝出版記念ライヴ〟を、毎年一一月に東京・南青山のMANDALAで行なっている。しかも松田さんは、ギタリストとしてステージ上で演奏も披露するのだ。二〇一六年一一月一八日(金)に出版記念ライヴがあり、最初の『GET BACK...NAKED』を手にした。紫の帯が巻かれた本書は、〝いいかげん折〟による類を見ない体裁となった。

松田さんは、原書の〝いいかげん折〟について、こんなコメントを寄せた――。

「造本コンセプトは〝歪んだホワイト・アルバム〟。ビートルズの『ホワイト・アルバム』は、ビートルズ各人のスタンド・プレーでできたアルバムでしたので、グループ崩壊の序章はこのときから。その意味を込めて、〝不揃いで歪んだ〟本にしたくなったのです。その結果、コンセプトにあった本になりました。こんな本はおそらく世界初ではないか、と満足しています。」

原書は予定では二〇一六年一二月に出るはずだった。だが、本の角が折れやすいとかなんとか、とにかく〝ありのまま〟では取次に送れないし、書店にも置けないというクレームが入り、発売は翌二〇一七年一月に延期になった。『GET BACK』の呪いだろうか？「どうしたら出せるのか？」という話になり、本を入れるための段ボールで造った外箱を松田さんが新たにデザインし、なんとか書店に並んだ。まるでジョンとヨーコの全裸ジャケットが原因で茶色の紙をかぶせて発売された『TWO VIRGINS』のようだ。

そうしたら、残念なことに、本を外箱に入れる代わりに青紫色の帯がなくなってしまった。帯のないレコードなんて……という心境にもなったが、こういう時はいつも〝レット・イット・ビーの精神〟で乗り切ることにしている。

〝奇抜で綺麗〟という松田さんならではの造本に接し、発想が〝ビートルズっぽい〟と原書のエピローグに書いた。だが、なぜかネットの〝感想〟があまり芳しくない。〝ビートルズ的価値観〟とは何ぞや？　と思ったりもしたが、それらの中に、〝DAY BY DAY〟シリーズをすべて所有しているので、内容についてもっと書いてほしいという要望がいくつかあった。

そうこうしているうちに、松田さんがデザインしたデレク・テイラー著『ビートルズと過ごした日々』（二〇一九年）の版元の加藤峻さんからご連絡をいただいた。二〇一九年六月のことだ。内容をさらに充実させて、普及版として形にしてほしいという話で、その際、原書にあった私の文章だけを掲載し、三万字ほど増やしてほしいとのことだった。そして、夏が過ぎた頃、そろそろ準備を始めようと思い、半年前に購入した八三枚組の海賊盤『THE COMPLETE GET BACK SESSIONS』を引っ張り出してきた。

ゲット・バック・セッションの長ったらしい会話は、英語によほど堪能な人でも、途中で嫌になるに違いない。とはいえ〝記録〟としてもきっちり残せたら面白いに決まっている。原書では〝DAY BY DAY〟シリーズを参考につまみ食いのように会話を拾ったりしながら掲載したが、本書では朝日順子さんに、（気力も体力も相当必要な）聴き起こし作業から翻訳までをお願いした。第一章（Chapter 1）に会話の形で掲載されている箇所が、朝日さんの翻訳によるものだ。

ジョン、ポール、ジョージ、リンゴの、時に激烈なやりとりを目に（耳に）すると、ビートルズはそれぞれが〝個〟として独立した存在であり、それぞれの〝ビートルズ観〟も大きく異なることが、（今さらながらではあるが）伝わってくる。こんなところまで踏み込んで、生身をさらけ出して対話を続けていたのか。そんな〝GET BACK...NAKED〟なやりとりにびっくりさせられる場面の多さに、さらにびっくりさせられる。

翻訳だけでも〝増補版〟として十分な文字量になっていたが、すべての章に手を加えた。新たにわかった出来事やエピソード、『GET BACK』や『LET IT BE...NAKED』発売時の日本での状況などを大幅に――それこそ原書の倍になるぐらい追加した。もはや増補版というより、新たな一冊と言ってもいい内容になったと思う。

最後に……。表紙まわりのデザインを手掛けてくださった松田行正さん、会話の聴き取りと翻訳作業を最後まで粘り強くやっていただいた朝日順子さん、原稿が書ける状況になるまで辛抱強くお待ちいただいた編集の加藤峻さんに御礼を申し上げます。ありがとうございました。

二〇二〇年四月

藤本国彦

追記

二〇二〇年六月一二日、ウォルト・ディズニー・スタジオは、〝新型コロナウイルス〟の影響により映画『THE BEATLES: GET BACK』のアメリカとカナダでの公開を、予定の二〇二〇年九月四日からほぼ一年後の二〇二一年八月二七日に延期すると発表した。

参考文献

Doug Sulpy and Ray Schweighardt, *Get Back: The Unauthorized Chronicle Of The Beatles' Let It Be Disaster.* (St.Martin's Press, 1997)

『Nowhere（Vol.8 ～ Vol.20）』（プロデュース・センター出版局、1995～2002年）

スティーヴ マッテオ『レット・イット・ビー』（水声社、2013年）

マーク・ルウィソン『ザ・ビートルズ／全記録　Vol.2　1965-1970』（プロデュース・センター出版局、1994年）

『beatleg magazine vol.43』（レインボウブリッジ、2004年）

キース・バッドマン『ザ・ビートルズ 非公式の真実』（小学館、2009年）

ポール・デュ・ノイヤー『ポール・マッカートニー 告白』（DU BOOKS、2016年）

グリン・ジョンズ『サウンド・マン』（シンコーミュージック・エンタテイメント、2016年）

トニー・バレル『ルーフトップ・コンサートのビートルズ』（DU BOOKS、2019年）

Michael Lindsay-Hogg, *Luck and Circumstance.* (Knopf Doubleday Publishing Group, 2011)

Ken Mansfield, *The Roof: The Beatles' Final Concert.* (Post Hill Press, 2018）

Kenneth Womack, *Sound Pictures: The Life of Beatles Producer George Martin, The Later Years, 1966-2016.* (Chicago Review Press, 2018)

Chazz Avery "The Beatle Source" (Web-Site: http://beatlesource.com)

索　引

人名

※ビートルズ、ジョン・レノン、ポール・マッカートニー、ジョージ・ハリスン、リンゴ・スターは除く。

あ行

か行

さ行

た行

な行

は行

ま行

や行

ら行

わ行

主要作品

ゲット・バック・セッションで演奏された主要曲（既発売曲）

GET BACK SESSIONS LIST

凡例

セッション日（曜日）…… 1.23 (thu)

演奏曲 …… Octpus's Garden (S) [R (G)]

"Hey, hey Georgie"* (H) [R]

Get Back (L-M) [P(J)]

＊Get Back (L-M) ＋ Reach Out I'll Be There (The Four Tops) [G]

improvisation／Mean Mr. Mustard (L-M)

Everything's Alright (Billy Preston) [Billy] ※以下５曲はビリー・プレストンのソロ演奏

Hot As Sun** (M)

Two Of Us (L-M) [PJ] Ⓐ Ⓑ／"<u>And so we leave the little town of London, England.</u>" [P]

（ ）は作者またはオリジナル歌手・有名なカヴァー・アーティスト（L＝ジョン・レノン、M＝ポール・マッカートニー、H＝ジョージ・ハリスン、S＝リンゴ・スター）

[ ]はリード・ヴォーカル、[ ] 内の（ ）はバック・ヴォーカル／コーラス（下段参照）

" "表記の曲名は無題の未完成オリジナル曲または即興演奏曲

*は未発表オリジナル曲など

太字の曲名とセリフは、その日のメイン・セッション曲または『LET IT BE』収録テイク

＋は同時演奏曲または同時ヴォーカル曲など

／表記はメドレー形式の演奏曲など

＊は前後の曲の間に演奏された曲

improvisationはギター、ピアノ、ベース、ドラムス、キーボードなどによる一人または数人による即興演奏

**はソロ・アルバム収録曲の原曲・初期テイクなど

" "（下線付）は発言／[ ]は発言者

※は注釈

収録レコード（映画登場分も含む）

S1「Get Back / Don't Let Me Down」（1969年４月11日発売）
Ⓐ『GET BACK』①（69年5月28日完成マスター／未発売）
Ⓑ『GET BACK』②（70年1月5日完成マスター／未発売）
S2「Let It Be / You Know My Name (Look Up The Number)」（1970年３月６日発売）
Ⓒ『LET IT BE』（1970年５月８日発売）
★映画『LET IT BE』（1970年５月20日公開）
Ⓓ『ANTHOLOGY 3』（1996年10月29日発売）
Ⓔ『LET IT BE...NAKED』（2003年11月17日発売）
Ⓕ〈FLY ON THE WALL〉（2003年11月17日発売）

バック・ヴォーカル／コーラスの略称
J＝ジョン・レノン、P＝ポール・マッカートニー、G＝ジョージ・ハリスン、R＝リンゴ・スター、Yoko＝オノ・ヨーコ、Linda＝リンダ・イーストマン、Billy＝ビリー・プレストン、Martin＝ジョージ・マーティン、Dick＝ディック・ジェイムス、Heather＝ヘザー・イーストマン

※同一曲が続く場合は、原則として１曲のみを記載

GET BACK SESSIONS LIST

1969.1.2-1.16
Rehearsal Sessions @ Twickenham Film Studios (10 days)

1.2 (thu)
Don't Let Me Down (L-M)
All Things Must Pass** (H) [G]
Don't Let Me Down (L-M) [J (G)]
Dig A Pony (L-M) [J]
"Everybody Got Song"* (L) [J] ／Don't Let Me Down (L-M) [J (G)]
Let It Down** (H) [G]
Don't Let Me Down (L-M) [G] +Let It Down** (H)
improvisation
Brown-Eyed Handsome Man (Chuck Berry) [J (G)]
I've Got A Feeling (L-M) [J]
A Case Of The Blues* (L) [J]
improvisation
improvisation
Child Of Nature** (L) [J (G)] Ⓕ
Revolution 1 (L-M)
I Shall Be Released (Bob Dylan) [G (J)]
Sun King (L-M) [J]
Sun King (L-M) ／Don't Let Me Down (L-M) [J (G)]
Don't Let Me Down (L-M) [J (PG)]
"The teacher was a-lookin'"* (L) [J] ／Johnny B. Goode (Chuck Berry) [J]
Don't Let Me Down (L-M) +Sun King (L-M)
Sun King (L-M)
Mailman, Bring Me No More Blues (Buddy Holly)
I've Got A Feeling (L-M) [PJ]
＊Speak To Me (Jackie Lomax) [G]
＊Quinn The Eskimo (The Mighty Quinn) (Bob Dylan) [G (P)]
Sun King (L-M) F／Don't Let Me Down (L-M) Ⓕ
Don't Let Me Down (L-M) [P/J (PG)]
＊Sun King (L-M)
＊Julia (L-M) [P]
＊improvisation
Well...Alright (Buddy Holly) [G]
All Things Must Pass** (H) [G]
Two Of Us (L-M) [P/PJ]
＊"We're going home"* (M) [P]
＊"It's good to see the folks back home"* (M) [P]

1.3 (fri)
The Long And Winding Road (L-M)
Oh! Darling (L-M) [P]
Maxwell's Silver Hammer (L-M) [P]
Paul's Piano Piece* (M) ★Ⓕ／Tea For Two Cha-Cha (Tommy Dorsey)
Chopsticks (Euphemia Allen) [P] ／"Torchy, torchy torchy torchy"* [P] ／Torchy, the battery boy"* [P (R)] ／Whole Lotta Shakin' Goin' On (Jerry Lee Lewis) [P] ／Let It Be (L-M) [P]
Taking A Trip To Carolina* (S) [R]
Please Mrs. Henry (Bob Dylan) [G]
Ramblin' Woman (Bob Dylan) [G (P)]
"Is it discovered"* (H) [G]
Don't Pass Me By (S) [G] Ⓕ
"Picasso"* (S) [R]
Taking A Trip To Carolina* (S) [R] Ⓕ
Hey Jude (L-M) [P]
"...you're ...ing"* (H) [G]
All Things Must Pass** (H) [G/G (P)]

improvisation [G]
improvisation/"Your name is Ted"* (H) [G] /Crackin' Up (Bo Diddley) [GP]
improvisation
Crackin' Up (Bo Diddley) [GP]
All Shook Up (Elvis Presley) [GP] / Your True Love (Carl Perkins) [PG (J)]
Blue Suede Shoes (Carl Perkins) [J (PG)]
Three Cool Cats (The Coasters) [GP (J) /P]
Blowin' In The Wind (Bob Dylan) [GP]
Lucille (Little Richard) [P]
I'm So Tired (L-M) [P (J)]
Ob-La-Di, Ob-La-Da (L-M) [PJ (G)]
"Get on the phone"* (L-M) [JP/ (P)]
Ob-La-Di, Ob-La-Da (L-M)
Don't Let Me Down (L-M) [JP]
The Third Man Theme (Anton Karas)
improvisation
"My words are in my heart"* (L) [J] / "Negro in reverse"* (L-M) [JP]
Don't Let Me Down (L-M) [J (P)] +
Happiness Is A Warm Gun (L-M) [J]
∗Ob-La-Di, Ob-La-Da (L-M) [J]
∗Don't Let Me Down (L-M) /Sun King (L-M)
I've Got A Feeling (L-M) [PJ/P/J]
Goin' Up The Country (Canned Heat) [P]
On The Road Again (Canned Heat) [G]
One After 909 (L-M) [JP] 🅕
Because I Know You Love Me So* (L-M) [JP] 🅕
One After 909 (L-M) [JP]
I'll Wait Till Tomorrow* (L-M) [JP (G)]
A Pretty Girl Is Like A Melody (Irving Berlin) [J]
Thinking Of Linking* (L-M) [PG]
Won't You Please Say Goodbye* (L-M) [JP]
Bring It On Home To Me (Sam Cooke) [GJP]
Hitch Hike (Marvin Gaye) [G (JP)]
You Can't Do That (L-M) [GJP]
The Hippy Hippy Shake (Chan Romeo) [P (G)]
Two Of Us (L-M) [PJ]
All Along The Watchtower (Bob Dylan) [G]
Sun King (L-M)
improvisation/Bony Moronie (Larry Williams) /Short Fat Fanny (Larry Williams) [G (P)]
Midnight Special (Prisoner's Song) (traditional, Leadbelly) [JP]
When You're Drunk You Think Of Me (The Dubliners) [G (JP)]
What's The Use Of Getting Sober (When You're Gonna Get Drunk Again) (Louis Jordan) [J]
What Do You Want To Make Those Eyes At Me For? (Emil Ford And The Checkmates) [GJP]
Money (That's What I Want) (Barrett Strong)
Give Me Some Truth** (L) [PJ]
All Things Must Pass** (H) [G/ (P) /G (JP)] 🅕
∗The Weight (The Band) [J]
∗I'm A Tiger (Lulu) [P]
∗improvisation [(P)]
∗improvisation
Back In The U.S.S.R. (L-M)
∗improvisation
∗Back In The U.S.S.R. (L-M) 🅕
Every Little Thing (L-M) [GP] 🅕
Piece Of My Heart (Janis Joplin) [G]
improvisation
Sabre Dance (Khachaturian)
Piece Of My Heart (Janis Joplin) [G]
improvisation/"Over and over again"*

(M) [P]
One After 909 (L-M) [G]
All Things Must Pass** (H) [PG/G (JP)]
＊"Look what you've done" (H) [G (PJ)]
＊I've Been Good To You (The Miracles)
Maxwell's Silver Hammer (L-M) [(P) /PJG/ P (G)] ★
＊"In a little town..."* (L-M) [P]
I Want You (Bob Dylan) [G]
"I'm gonna pay for his ride"* (M) [P]
Don't Let Me Down (L-M)

1.6 (mon)
Oh! Darling (L-M) [P] ★
Just Fun* (L-M) [P] ★／One After 909 (L-M) [P] ★
C'mon Marianne (The Four Seasons) [JP]
I've Got A Feeling (L-M) [GP]
High School Confidential (Jerry Lee Lewis) [G]
I've Got A Feeling (L-M) [G] ／Hear Me Lord** (H) [G]
For You Blue (H) [G]
All Things Must Pass** (H)
Carry That Weight (L-M) [PR]
Octopus's Garden (R) [R] ／Carry That Weight (L-M) [PR]
The Palace Of The King Of The Birds* (M) ／improvisation
Across The Universe (L-M) [J (P)]
I Want You (Bob Dylan) [G (P)]
"You wear your women out"* (M) [P]
I've Got A Feeling (L-M) [PJ]
"My imagination"* (M) [P]
improvisation／"I'm gonna pay for his ride"* (M) [P]
Don't Let Me Down (L-M) [J (PG)]
One After 909 (L-M) [JP]
＊"They call me fuzz bass"* (M) [P]
That's All Right (Mama) (Elvis Presley) [J] ／improvisation
Thirty Days (Chuck Berry) [J]
Hear Me Lord** (H) [G]
"I like the sail..."* (L) [J] Ⓕ
Leaning On A Lamp Post (George Formby) [JP]
"Annie"* (L) [J]
"Maureen"* (Bob Dylan-H) [G]
I'm Talking About You (Chuck Berry) [P/G]
improvisation
improvisation／The Tracks Of My Tears (The Miracles) [G]
"My imagination"* (M)
Dizzy Miss Lizzy (Larry Williams) ／improvisation／Money (That's What I Want) (Barrett Strong) [J]
Fools Like Me (Jerry Lee Lewis) [JP]
Sure To Fall (Carl Perkins) [JP]
Right String, Wrong Yo-Yo (Carl Perkins) [GP]
Don't Let Me Down (L-M) [J (PG) /G] Ⓕ
＊Send Me Some Loving (Little Richard) [J]
Two Of Us (L-M) [P/J]
＊Frere Jacques (traditional) [G]
＊It Ain't Me, Babe (Bob Dylan) [G/P]
＊When The Saints Go Marching In (traditional) ／Loop De Loop (Johnny Thunder)
Hear Me Lord** (H)
Across The Universe (L-M) [J]
I Want You (Bob Dylan) [G]
Hear Me Lord** (H) [G]
All Things Must Pass** (H) [G (JP)]
＊Let's Dance (Chris Montez) ＋At The Hop (Danny And The Juniors) [P]
She Came In Through The Bathroom Window (L-M) [P]

Carry That Weight (L-M) [P]

1.7 (tue)
The Long And Winding Road (L-M) [P]
Golden Slumbers (L-M) [P] ⁄ Carry That Weight (L-M) [P (R)] ⁄ Golden Slumbers (L-M) [P] ⁄ The Long And Winding Road (L-M) [P] ⁄ The Palace Of The King Of The Birds* (M) [(P)]
improvisation ⁄ Lady Madonna (L-M) ⁄ improvisation* (M) [P]
She Came In Through The Bathroom Window (L-M) [P (R)] ⁄ improvisation [(P)]
improvisation [(P)]
She Came In Through The Bathroom Window (L-M) [G] 🅕
improvisation (Paul's Bass Jam) [(P)] 🅕
"Mr. Epstein said it was white gold" (M) [(G) /P (R)]
"She do me good"* (M) [P] ⁄ "Lowdown blues machine"* (M) [P (RG)]
What'd I Say (Ray Charles) [G] ⁄ Carry That Weight (L-M) [P] ⁄ What'd I Say (Ray Charles) [P] ⁄ Shout! (The Isley Brothers) [P]
Get Back (L-M) [P (R) / P/P (RG)]
＊Get Back (L-M) [P (R)] ＋Helter Skelter (L-M) [P]
For You Blue (H) [G] ⁄ "Lowdown blues machine"* (M) [P]
For You Blue (H) [G]
My Back Pages (Bob Dylan) [G]
improvisation
Dear Prudence (L-M)
improvisation
improvisation ⁄ I've Got A Feeling (L-M)
She Came In Through The Bathroom Window (L-M) [P]
Stuck Inside Of Mobile With The Memphis Blues Again (Bob Dylan) [GP]
I Shall Be Released (Bob Dylan) [G]
improvisation
To Kingdom Come (The Band) [G]
For You Blue (H) [G]
improvisation
Bo Diddley (Bo Diddley) [G]
improvisation
What The World Needs Now Is Love (Jackie Deshannon) [G]
improvisation
First Call (George W.Behn)
She Came In Through The Bathroom Window (L-M) [J]
I've Got A Feeling (L-M) [PJ]
"Everybody...at the floor"* (H) [G]
Maxwell's Silver Hammer (L-M) [P]
improvisation ⁄ " Well, well, woman where you been so long"* (M) [P]
"Oh Julie, Julia"* (M) [P]
Oh! Darling (L-M) [P (J)]
The Long And Winding Road (L-M) ⁄ Maxwell's Silver Hammer (L-M)
Maxwell's Silver Hammer (L-M) [P (G)]
Rule Brittannia (Thomas Ame) [J] ⁄ "...lost at the sea"* (M) [P]
"Oh,Jim...where is your mother"* (M) [P/R]
Norwegian Wood (This Bird Has Flown) (L-M) [(P)]
Maxwell's Silver Hammer (L-M) [R/P/(GP)]
Speak To Me (Jackie Lomax) [(P)]
When I'm Sixty-Four (L-M) [P] ⁄ Speak To Me (Jackie Lomax) [G] ＋When I'm Sixty-Four (L-M) [P]
Oh! Darling (L-M) [P (G)]
Maxwell's Silver Hammer (L-M) [P/P (J) /P (JG)] ★

improvisation [(J)]
A Shot Of Rhythm And Blues (Arthur Alexander) [J]
(You're So Square) Baby I Don't Care (Elvis Presley) [JG]
Across The Universe (L-M) [J/J (P) /G/P/JP] ★
＊Give Me Some Truth** (L) [J]
improvisation [G]
＊Julia (L-M) ＋Across The Universe (L-M) [J (P)]
＊A Case Of The Blues* (L) [J]
＊"Cuddle up"* (M) [P]
＊Give Me Some Truth** (L) [J (P)]
＊From Me To You (L-M) [(P)]
＊Rock And Roll Music (Chuck Berry) [J (P)]
＊Lucille (Little Richard) [P (J)]
＊Lotta Lovin' (Gene Vincent)) [P]
Gone Gone Gone (Carl Perkins) [J]
Dig A Pony (L-M) [J (P)] ★
One After 909 (L-M) [JP]
What'd I Say (Ray Charles)
One After 909 (L-M) [PJ] ／improvisation
Don't Let Me Down (L-M) [P/J (P) / (G)]
＊Devil In Her Heart (The Donays) [P/J] ＋Don't Let Me Down (L-M)
＊Devil In Her Heart (The Donays) [J (PG)] ／Don't Let Me Down (L-M) [P/J (P)]
Thirty Days (Chuck Berry) [J (P)]
Revolution 1 (L-M)
A Case Of The Blues* (L)
Be-Bop-A-Lula (Gene Vincent) [J]
Lotta Lovin' (Gene Vincent) [J] ／Somethin' Else (Eddie Cochran) [J] ／improvisation
〈「Across The Universe」1968.2.4./2.8 recording version playback〉
School Day (Chuck Berry) ／No Particular Place To Go (Chuck Berry)
She Came In Through The Bathroom Window (L-M)
F.B.I. (The Shadows)
She Came In Through The Bathroom Window (L-M) [P (JG)]
〈1.7「improvisation」playback〉※1.7「Lotta Lovin'」「Something Else」とのメドレー

1.8 (wed)
I Me Mine (H) [G] ★
I've Got A Feeling (L-M) [P]
"Get your rocks off"* (H) [G]
improvisation [G] ／John's Piano Piece (L) Ⓕ
Soul Finger (Bar-Kays) [J] ／improvisation [P] ／Early In The Morning (Bobby Darlin) [P (G)] ／Honey, Hush (Big Joe Turner) [P]
Stand By Me (Ben E. King) [P]
Hare Krishna Mantra (traditional) [P]
"Well, if you're ready"* [P]
Hare Krishna Mantra (traditional) [P]
Two Of Us (L-M) [JP] ★
"You got me going"* (M) [P]
Twist And Shout (The Isley Brothers)
Don't Let Me Down (L-M) [J (P)]
I've Got A Feeling (L-M) [PJ] ★
St. Louis Blues (W.C.Handy)
One After 909 (L-M) [JP]
Too Bad About Sorrows* (L-M) [J]
"Queen says'no'to pot smoking FBI members." [J] Ⓒ★
Just Fun* (L-M) [J (P)]
She Said She Said (L-M) [J]
She Came In Through The Bathroom Window (L-M) [G/PG] ／One Way Out (Elmore James) ／improvisation
MacArthur Park (Richard Harris)
"...all alone if we fell in love"* (M) [P (G)]
All Things Must Pass (H) [G (JP)]

＊All Along The Watchtower (Bob Dylan)
Mean Mr. Mustard (L-M) [J]
Don't Let Me Down (L-M) [J]
All Things Must Pass** (H) [G (JP)]
Fools Like Me (Jerry Lee Louis) [J/JG]
You Win Again (Hank Williams) [J (GP)]
improvisation
She Came In Through The Bathroom Window (L-M) [J (P) /P (J)]
Right String, Wrong Yo-Yo (Carl Perkins) [J]
"Boogie woogie"* (L) [J]
Baa, Baa Black Sheep (traditional) [J]
Mr. Bassman (Johnny Cymbal) [(JG) / P]
improvisation [P]
I Me Mine (H)
improvisation／'Anybody's there'* [P] ／ Sun King (L-M)
Maxwell's Silver Hammer (L-M) [P (JG) /J/ G] ／Sun King (L-M)
Maxwell's Silver Hammer (L-M) [P (JG)]
＊Happiness Is A Warm Gun (L-M) [P]
＊"...life is what you make it...taking on the trip"* (L) [J]
improvisation [J]
I Me Mine (H) [G (J) /G (JP) /J]
How Do You Think I Feel (Elvis Presley) [(G) /J]
The Ballad Of Bonnie And Clyde (Georgie Fame) [J] ／Tutti Frutti (Little Richard) [J]
Hello Mudduh, Hello Fabbuh! (A Letter From Camp) (Allan Sherman) [JP] ／ The Ballad Of Bonnie And Clyde (Georgie Fame)
I Me Mine (H) [J]
F.B.I. (The Shadows)
I Me Mine (H) [(J)] +"...lonely, I'm going to knock him down dead"* (L) [J]
Mr. Bassman (Johnny Cymbal) [J]
Oh! Darling (L-M) [P]
I Me Mine (H) [J] +Sobre Las Olas (Over The Waves) (Juventino Rosas) [J]
Let It Be (L-M) [P (J)]
improvisation [J]
The Fool (Sanford Clark) [J]
I Me Mine (H) [G/P] ／Domino (Doris Day) [P]
The Long And Winding Road (L-M) [P (J)]
Paul's Piano Piece (M)
I Me Mine (H) [GP] ／Don't Bother Me (H) [(P)] ／"Tell all the folks back home"* (M) [P]
I Me Mine (H) [G (JP) /P]
True Love (Cole Porter) [P/J]
improvisation
Shout! (The Isley Brothers) [J]
"That song always frightens me"* (M) [P]
Sweet Little Sixteen (Chuck Berry) [J (P)]
Malagueña (Ernesto Lecuona, Richie Valens)
Almost Grown (Chuck Berry) [J (P)] ／ Norwegian Wood (This Bird Has Flown) (L-M)
What Am I Livin' For? (Chuck Willis) [J/ G] ／Two Of Us (L-M) [P]
Rock And Roll Music (Chuck Berry) [J]
I Me Mine (H) [G/G (P)] ★
The Long And Winding Road (L-M) [P]
Let It Be (L-M) [P/ (J)]
To Kingdom Come (L-M) [GP]

1.9 (tue)
Another Day** (M) [P]
improvisation* (M) ／The Palace Of The

King Of The Birds* (M) ／Let It Be (L-M) [P] ／The Long And Winding Road (L-M) [P]
Let It Be (L-M) [P] ／Her Majesty (L-M) [P] ／Golden Slumbers (L-M) [P] ／Carry That Weight (L-M) [P (R)]
The Long And Winding Road (L-M) [P] ／Carry That Weight (L-M) [P]
The Long And Winding Road (L-M) [P] ／First Call (George W.Behn) ／Oh! Darling (L-M) ／improvisation* (M)
For You Blue (H) [G (P)]
improvisation [(J)]
Two Of Us (L-M) [PJ] ★
"...last night, under the pale moonlight..." (L) [J] ／Two Of Us (L-M) [PJ]
Don't Let Me Down (L-M) [G]
Baa Baa, Black Sheep (traditional) [J]
Don't Let Me Down (L-M) [J (PG)]
Suzy Parker * (L) [J (GP)] ★※「Suzy's Parlour (L-S-H-M)」で1971年に著作権登録
I've Got A Feeling (L-M) [JP/P] ★
One After 909 (L-M) [JP] ★
Norwegian Wood (This Bird Has Flown) (L-M) [PG]
She Came In Through The Bathroom Window (L-M) [P/J]
*Be-Bop-A-Lula (Gene Vincent) [P] ／Baby Blue (Gene Vincent) [P]
Get Back (L-M) [P/P (JG)]
Get Back (L-M) ("Don't dig no Pakistanis" (M) [P (J)]
Let It Be (L-M) [(P/G)]
improvisation
La Penina (M) [P]
New Orleans (Gary US Bonds)
Across The Universe (L-M) [J (PG) /P]
*Tutti Frutti (Little Richard) [J]
Teddy Boy** (M) [P]
Junk** (M) [PJ] ※フランス語風ヴァージョン
Across The Universe (L-M) [JP (G)]
Shakin' In The Sixties* (L) [J] ／Ob-La-Di, Ob-La-Da (L-M) [J]
Move It (Cliff Richard) [J (P)] ／Good Rockin' Tonight (Roy Brown) [J (P)]
Oh Donna (Ritchie Valens) ／Tennessee (Carl Perkins) [JPG]
Across The Universe (L-M) [P/J]
I Me Mine (H) [J] ／The House Of The Rising Sun (The Animals) [JP]
Commonwealth* (L-M) [P (J)]
Enoch Powell* (M) [P]
Get Off !* (L-M) [JP] ／Why Don't We Do It In The Road? (L-M) [J] ／For You Blue／Get Off ! (L-M) [P] ／For You Blue (H) [G] ／Get Off !* (L-M) [JP]
Honey Hush (Big Joe Turner) [JP]
For You Blue (H) [G (P)]
*Hitch Hike (Marvin Gaye)
"Quit your messing around"* (L) [J]
All Together Now (L-M) [J]
improvisation／Ramblin' Woman (Bob Dylan) [G] ／I Threw It All Away (Bob Dylan) [G] ／Mama You Been On My Mind (Bob Dylan) [G]
Let It Be (L-M) [P (JG) / (PJG) /P]
*Back In The U.S.S.R. (L-M) ／Revolution 1 (L-M) ／Purple Haze (Jimi Hendrix) ／Back In The U.S.S.R. (L-M) ／Let It Be (L-M) [R]
*That'll Be The Day (Buddy Holly) [P]
*I've Got A Feeling (L-M)
*Jenny, Jenny (Little Richard) [P] ／Slippin' And Slidin' (Little Richard) [P/J] ／Jenny, Jenny (Little Richard) [P] ／Slippin' And Slidin' (Little Richard) [JP]
*The Tracks Of My Tears (The Miracles) [(G)]

1.10 (fri)
"'I've never seen to..."* (M) [P]
improvisation* (M) ／The Long And Winding Road (L-M) ／improvisation* (M) ／The Long And Winding Road (L-M) [P]
Let It Be (L-M) [P]
improvisation／Don't Let Me Down (L-M) [P]
Maxwell's Silver Hammer (L-M) [P]
I've Got A Feeling (L-M) [P]
The Long And Winding Road (L-M) [P]
improvisation
Get Back (L-M) [P/Dick] ／I've Got A Feeling (L-M) [P] ／Get Back (L-M) [P] ／Lady Madonna (L-M) ／improvisation* (M)
Get Back (L-M) [G]
improvisation／Get Back (L-M) [P]
I've Got A Feeling (L-M) [(P) /P/J (P)]
Get Back (L-M) [PJ/J/P (J) /P/J/JP/G] Ⓕ
＊She's A Woman (L-M)
＊Get Back (L-M) ("Don't dig no Pakistanis"* (M)) [P/JP]
＊Hi-Heel Sneakers (Tommy Tucker) [JP]
＊Long Tall Sally (Little Richard) ／Get Back (L-M) [J] ／improvisation
＊Theme From The Beatles Cartoon
＊Catch A Falling Star (Perry Como) [J]
improvisation
Two Of Us (L-M) [PJ/J/P]
I'm Talking About You (Chuck Berry)
〈ジョージ・ハリスン脱退〉

A Quick One While He's Away (The Who) [J (P)] ／Don't Worry Kyoko** (Yoko Ono) [Yoko (P/J)] ／I've Got A Feeling (L-M) [PJ]
I've Got A Feeling (L-M) [PJ]
improvisation [J/P] ／Don't Let Me Down (L-M) [J (P)]
Till There Was You (Peggy Lee) [P (J)]
C'mon Everybody (Eddie Cochran) [J] ／Don't Let Me Down (L-M)
improvisation／Maxwell's Silver Hammer (L-M) [P/J]
Mack The Knife (Bobby Darin) [J]
Teddy Boy** (M) [P] ／Maxwell's Silver Hammer (L-M) [J (P)]
Don't Be Cruel (Elvis Presley) [J (P)] ／In The Middle Of An Island (Tony Bennett) [J] ／Don't Be Cruel (Elvis Presley) [JP]
"On a sunny island"* (L-M) [JP] ／The Peanut Vendor (Louis Armstrong) [P] ／Groovin' (The Young Rascals) [J] ／I Got Stung (Elvis Presley) [P] ／Groovin' (The Young Rascals) [J] ／The Peanut Vendor (Louis Armstrong) [P]
It's Only Make Believe (Conway Twitty) [JP]
"Through a London window"* (M) [P (J)]
"...window, I saw your name"* (L) [J]
The Long And Winding Road (L-M) ／Paul's Piano Piece* (M) ／Martha My Dear (L-M)
improvisation (John & Yoko**) (L-Yoko Ono) [Yoko/J] ／"John" [Yoko/J] + Martha My Dear (L-M) +improvisation* (M)
improvisation [Yoko] ／"John" [Yoko]
improvisation* (L-M) +"John" [Yoko]
Sun King (L-M) ／Dear Prudence (L-M) ／Do You Want To Know A Secret (L-M) [P]
I've Got A Feeling (L-M) [P]

1.13 (mon)
It's Only Make Believe (Conway Twitty) [R]

Ob-La-Di, Ob-La-Da (L-M) [Linda]
Ob-La-Di, Ob-La-Da (L-M) [P/PR]
〈1968 Arthur Conley's single A side「Ob-La-Di, Ob-La-Da」playback〉[P/Linda]
〈1968 Arthur Conley's single B side「Sleep On, Otis」playback〉[P/R]
Baby, Come Back (The Equals) [P]
Build Me Up, Buttercup (The Foundations) [P Linda]
"Waiting for you, why Don't you..."* (M) [P]
Build Me Up, Buttercup (The Foundations) [P]
Dig A Pony (L-M) [J]
Get Back (L-M) [P/PJ]
＊improvisation [J/P]
＊On The Road Again (Canned Heat)
＊A case of the blues* (L) [J] ／Get Back (L-M)
"No one...her by" (L) * [J]

1.14 (tue)
improvisation* (M) [P] ／Whole Lotta Shakin' Goin' On (Jerry Lee Lewis) ／improvisation* (M) [P] ／Martha My Dear (L-M) [P] ／San Francisco Bay Blues (Jesse Fuller) [P] ／improvisation* (M) [P] ★
improvisation* (M) [P] ／"Oh baby, I love you"* (M) [P]
"The day I went back to school"* (M) [P]
Lady Jane (The Rolling Stones) [P]
"I came...Twickenham..."* (M) [P]
Jazz Piano Song* (M-S) [P] ★
Woman (Bernard Webb) [P]
Cocaine Blues (Johnny Cash) [P]
Flushed You From The Bathroom Of My Heart (Johnny Cash) [R]
On A Clear Day You Can See Forever (Barbra Streisand) [P]
improvisation* (M) [(P)] ／The Back Seat Of My Car** (M) [P]
Lady Madonna (L-M) [P] ／Song Of Love* (M) [P]
"As clear as a bell says La Scala, Milan"* (M) [P] ／Hello Dolly (Frank Sinatra) [P]
Golden Slumbers (L-M) [P]
What'd I Say (Ray Charles) [(J)] ※口笛のみ
Sabre Dance (Khachaturian) [(J)] ※口笛のみ
"You are definitely inclined towards it and sometime I doubt it"* (L) [J]
Revolution 9 (L-M) [P]
Long Tall Sally (Little Richard) [J]
Help! (L-M) [J] ／Tutti Frutti (Little Richard) [J]
Madman* (L) [J]
Mean Mr. Mustard (L-M) [J] ／Madman* (L) [J]
I've Got A Feeling (L-M) ／Watching Rainbows* (L) [J]
improvisation [J]
Take This Hammer (Lonnie Donegan) [J]
improvisation* (L) ／Johnny B. Goode (Chuck Berry) [J]
Get Back (L-M) [P/J] ／improvisation／"Don't start running"* (L) [J]
Madman* (L) [J]
You Know My Name (Look Up The Number) (L-M) [J (P)]

1.16 (thu)
Oh! Darling (L-M) [P]
Ob-La-Di, Ob-La-Da (L-M) [P]

1969.1.20-1.31
Recording Sessions @ Apple Studios (11 days)
1969.1.30
Rooftop Session @ Apple Building (1 day)

1.20 (mon)
〈ジョージ・ハリスン復帰〉
Dig A Pony ?(1曲のみ演奏?)

1.21 (tue)
"My rock and roll finger is bleeding" * (L) [J]
Window, Window* (H)
"Do The Bunny hop" * (L) [J]
improvisation
Somethin' Else (Eddie Cochran) [G]
"Blossom Dearie they call me" * (LH) [J/G]
"Oh, How I love the 12-bar blues" * (L) [J]
Daydream (The Lovin' Spoonful) [JG]
You Are My Sunshine (Ray Charles) [J/G]
Whispering (Les Paul) ／I'm Beginning To See The Light (Frank Sinatra)
My Girl (The Temptations)
Dig A Pony (L-M) [J (P)]
improvisation
Every Night (M) [P]
Dig A Pony (L-M) [J (P)]
＊Watch Your Step (Bobby Parker)
＊New Orleans (Gary U.S. Bonds)
＊Madman* (L) [JP]
＊The Fool (Sanford Clark) [P]
＊Run For Your Life (L-M) [J]
＊Hi-Heel Sneakers (Tommy Tucker) [J]
＊My Baby Left Me (Elvis Presley) [J] ／That's All Right (Mama) (Elvis Presley) [J] ／My Baby Left Me (Elvis Presley) [J]
＊Hallelujah, I Love Her So (Ray Charles) [J]
＊Milk Cow Blues (Kokomo Arnold) [J] ／I'm A Man (Bo Diddley) [J]
＊Little Queenie (Chuck Berry) [J]
＊When Irish Eyes Are Smiling (Bing Crosby) [J]
＊Queen Of The Hop (Bobby Darin) [PJ]
＊F.B.I. (The Shadows)
＊"All I want is you"* (L) [J (P)]
＊Five Feet High and Rising (Johnny Cash) [J]
＊In The Middle Of An Island (Tony Bennett) [J] ／Gilly Gilly Ossenfeffer Katzenellen Bogen By The Sea (David & Jonathan) [P (J)]
＊Roll Over Beethoven (Chuck Berry) [J (P)] ／Hully Gully (The Olympics) [P] ／Good Rockin' Tonight (Roy Brown) [J (P)] ／Down In The Flood (Bob Dylan) [G]
＊Forty Days (Ronnie Hawkins) [P/J]
＊Too Bad About Sorrows* (L-M) [P/J]
＊I'm Ready (Fats Domino) [P]
＊You're Going To Lose That Girl (L-M) [JP]
Shout! (The Isley Brothers) [J (P)]
＊Papa's Got A Brand New Bag (James Brown) [P]
I've Got A Feeling (L-M) [PJ]
＊"William Smith boogie"* (L-M) [J (P)]
Dig A Pony (L-M) ／"Oh, baby" * (M) [P]
＊"San Fairy Ann Francisco"* (M) [P]

＊"You gotta give back"* (M) [P]
＊"Well, well, well"* (M) [P]
＊You've Got Me Thinking (Jackie Lomax) [P (J)]
I've Got A Feeling (L-M) [PJ]
Don't Let Me Down (L-M) [J (PG)]
＊In The Middle Of An Island (Tony Bennett) [J]
〈1.21「I've Got A Feeling」playback〉
〈1.21「Dig A Pony」playback〉
〈1.21「Shout!」playback〉
〈1.21「Papa's Got A Brand New Bag」playback〉
〈1.21「Dig A Pony」playback〉
Dig A Pony (L-M)
"'I Dig A Pygmy'by Charles Hawtrey and the Deaf Aids. Phase One, in which Doris gets her oats." [J] Ⓒ
Dig A Pony (L-M) [J]
Let's Dance (Jim Lee) [P]
Don't Let Me Down (L-M) [J (P)]
My Girl (The Temptations)
Get Back (L-M) [J]
Queen Of The Hop (Bobby Darin) [J]
She Came In Through The Bathroom Window (L-M) [P (J)] Ⓓ
＊Don't Let Me Down (L-M) [JP]
＊Madman* (L) [J]
"Is that a chicken joke"* (L) [J (P)]

1.22 (wed)
I Shall Be Released (Bob Dylan) [G]
I've Got A Feeling (L-M) [JP]
Let It Down (H) [G]
〈1.21「Don't Let Me Down」playback〉
〈1.21「I've Got A Feeling」playback〉
〈1.21「Don't Let Me Down」playback〉
She Came In Through The Bathroom Window (L-M)
Some Other Guy (Richie Barrett) [J]
Johnny B. Goode (Chuck Berry) [J]
Don't Let Me Down (L-M) [J]
I Shall Be Released (Bob Dylan) [G]
improvisation
Dig A Pony (L-M)
Don't Let Me Down* (L-M) [P/J]
Dig A Pony (L-M) [J (P)]
＊Dig A Pony (L-M) [J (P)]
〈1.22「Dig A Pony」playback〉
"Blue angel, blue angel, You're so young and I'm so old"* (M) [P]
Going Up The Country* (Canned Heat) [P]
Dig A Pony (L-M) [J (P)] Ⓓ
＊improvisation
Dig A Pony (L-M) [J (P)]
〈1.22「Dig A Pony」playback〉
〈1.22「Going Up The Country」playback〉
〈1.22「Dig A Pony」playback〉
Dig A Pony (L-M) [J (P)]
I've Got A Feeling (L-M) [JP/P]
＊I've Got A Feeling (L-M) [P] ／Words Of Love (Buddy Holly) ／I've Got A Feeling (L-M) [JP]
The Long And Winding Road (L-M)

〈ビリー・プレストン参加（1月25日を除く）〉
I've Got A Feeling (L-M) [P]
Dig A Pony (L-M) [J (P)]
Don't Let Me Down (L-M) [J (P)]
＊A Taste Of Honey (Lenny Welch) [P]
＊Oh! Darling (L-M) [P]
I've Got A Feeling (L-M) [JP]
I've Got A Feeling (L-M) [PJ]
I'm Ready (Fats Domino) ⒶⒷ／improvisation (The Rocker) ⒶⒷ／I'm Ready (Fats Domino) ⒶⒷ
Save The Last Dance For Me (The Drifters) [JP] ⒶⒷ／Don't Let Me Down (L-M) [J (PG)] ⒶⒷ／Dig A Pony (L-

M)
Don't Let Me Down (L-M) [J (PG)] ❹❺
／"...Do the next one....We'll do'Dig A Pony'straight to'I've Got A Fever'" [J] ❹
❺
"When...I had a dream in this afternoon"* (L) [J]
Dig A Pony (L-M) [J (PG)] ❹❺
I've Got A Feeling (L-M) [PJ] ❹❺❻
＊Carol (Chuck Berry)
〈1.22「I've Got A Feeling」playback〉
〈1.22「Dig A Pony」playback〉
〈1.22「Don't Let Me Down」playback〉
Don't Let Me Down (L-M) [J (P)]
Dig A Pony (L-M) [JP]
I've Got A Feeling (L-M) [JP]
I've Got A Feeling (L-M) [P] ／
improvisation [J/P]

1.23 (thu)
Octpus's Garden (S) [R]
"Hey, hey Georgie"* (H) [R]
Two Of Us (L-M) [JP]
I've Got A Feeling (L-M)
Get Back (L-M) [P (J)]
＊"If you need me"* (M) [P]
＊Get Back (L-M) + Reach Out I'll Be There (The Four Tops) [G]
＊Words Of Love (Buddy Holly)
＊Blues instrumental
＊Twenty Flight Rock (Eddie Cochran)
Oh! Darling (L-M) [P]
improvisation
Two Of Us (L-M) [J]
improvisation [J]
Let It Be (L-M) [P]
Maxwell's Silver Hammer (L-M)
Some Other Guy (Richie Barrett)
improvisation／Mean Mr. Mustard (L-M)
improvisation／Let's Twist Again (Chubby Checker) [P]
Oh! Darling (L-M) [P]
The Long And Winding Road (L-M) [P]
Love Is The Thing To Me* (M) [(P)]
※以下5曲はビリー・プレストンのソロ演奏
Everything's Alright (Billy Preston) [Billy]
I Want To Thank You (Billy Preston) [Billy]
You've Been Acting Strange (Billy Preston) [Billy]
Use What You Got (Billy Preston) [Billy]
"Together in love"* (Billy Preston) [Billy]
improvisation／Oh! Darling (L-M) [J] ／
improvisation
improvisation [J/Yoko/JP Billy]
Happiness Run (Donovan) [J]
"I'll blew again"* (L) [J]
Shazam! (Duane Eddy) [(P)]
Dig A Pony (L-M)
Get Back (L-M) ／improvisation [P/J]
Get Back (L-M) [P (J)] ※グリン・ジョンズが「Acetate 1」に収録
＊I'll Get You (L-M) [P]
I've Got A Feeling (L-M) [PJ]
Help! (L-M) [J (P)] ／Please Please Me (L-M) [J]
You've Got To Hide Your Love Away (L-M) ／Let It Be (L-M) [P]
The Long And Winding Road (L-M) [P]
〈1.23「Get Back」playback〉

1.24 (fri)
Twenty Flight Rock (Eddie Cochran)
Get Back (L-M)
Get Back (L-M) [J]
Words Of Love (Buddy Holly)
Get Back (L-M)
(I Can't Get No) Satisfaction (The Rolling Stones)

Get Back (L-M) ／What'd I Say (Ray Charles) ／If I Needed Someone (H) ／ improvisation
Don't Let Me Down (L-M) [PG]
Get Back (L-M) [P] ／Ob-La-Di, Ob-La-Da (L-M) [J]
Get Back (L-M) [P (J) /J]
Soldier Of Love (Arthur Alexander) [PJ] ／Cathy's Clown (The Everly Brothers) [P/G/J] ／Soldier Of Love (Arthur Alexander) [J] ／Where Have You Been (Arthur Alexander) [J/G]
Love Is A Swingin' Thing (The Shirelles) [J] ／What'd I Say (Ray Charles) ／ Love Is A Swingin' Thing (The Shirelles) [JP]
She Said Yeah (Larry Williams) [P]
Child Of Nature** (L) [J]
Two Of Us (L-M) [JP]
＊You're So Good To Me (The Beach Boys) [P]
＊Twenty Flight Rock (Eddie Cochran)
＊Oh! Darling (L-M) [P]
＊"...happening every day, and happening everywhere"* (M) [P]
Two Of Us (L-M) [PJ/P] Ⓓ
＊Ob-La-Di, Ob-La-Da (L-M)
＊She Came In Through The Bathroom Window (L-M) [PJ]
Teddy Boy** (M) [P (J)] ⒶⒹ
＊"Balls to your partner" (traditional) [P]
＊Ach Du Lieber Augustin (traditional) [P]
Two Of Us (L-M) [PJ] Ⓕ／Maggie Mae (traditional) [PJ] Ⓕ／Fancy My Chances With You* (L-M) [PJ] Ⓕ
Two Of Us (L-M)
Polythene Pam (L-M) [J (P)]
improvisation
Two Of Us (L-M) [PJ/P] ／Maggie Mae (traditional) [JP] ⒶⒷⒸ
〈1.24「Teddy Boy」playback〉
〈1.24「Two Of Us／Maggie Mae」playback〉
The Long And Winding Road (L-M) [P]
Window, Window** (H) [G]
Two Of Us (L-M) [P]
Get Back (L-M) [J]
〈1.23「Get Back」playback〉
〈1.23「I've Got A Feeling」playback〉
〈1.23「Help!」playback〉
Two Of Us (L-M) [P]
Get Back (L-M) [P]
Two Of Us (L-M) [P]
Her Majesty (L-M) [P]
There You Are, Eddie* (M) [PJ]
Every Night** (M) [P] ／Pillow For Your Head* (M) [P] ／There You Are, Eddie* (M) [P]
Hot As Sun** (M)
Catswalk (M)
Two Of Us (L-M) [PJ] ⒶⒷ／"And so we leave the little town of London, England." [P] ⒶⒷ
Diggin' My Potatoes (Lonnie Donegan) [PJ] ／Hey Liley, Liley Lo (The Vipers Skiffle Group) [P] ／Rock Island Line (Lonnie Donegan) [JP]
Two Of Us (L-M) [P] ／Tiger Rag (Original Dixieland Jazz Band) [P] ／ Michael Row The Boat (Lonnie Donegan) [P] ／Rock-a-Bye Baby (traditional) [(P)] ／Singing The Blues (Guy Mitchell) [P]
Knee Deep In The Blues (Guy Mitchell) [P]
Can You Dig It?* (L-M) [JP] Ⓕ
"That was'Can You Dig It?'by Georgie Wood, and now we'd like to do'Hark, The Angels Come'" [J] ⒶⒷⒸ★Ⓕ
Get Back (L-M) [P] Ⓕ

There You Are, Eddie* (M) [P]
Get Back (L-M) [P (J)]
＊(I Can't Get No) Satisfaction (The Rolling Stones)
＊Get Back (L-M) [P] ／Little Demon (Screamin' Jay Hawkins) [P] ／Maybellene (Chuck Berry) [P/J] ／You Can't Catch Me (Chuck Berry) [P] ／Brown-Eyed Handsome Man (Chuck Berry) [J (P)]
＊Short Fat Fannie (Larry Williams) [J (P)]
＊Green Onions* (Booker T.& The MG's)
※ビリー・プレストンのソロ演奏
＊Bad Boy (Larry Williams) [J (P)]
＊Sweet Little Sixteen (Chuck Berry) [J] ／Around And Around (Chuck Berry) [J] ／Almost Grown (Chuck Berry) [J (P)]
＊School Day (Chuck Berry) [J (P)]
＊Stand By Me (Ben E. King) [J (P)] ／Where Have You Been (Arthur Alexander) [J (P)]
＊Lady Madonna (L-M) [J (P)]
＊Lovely Rita (L-M) [P]
improvisation [J]
improvisation／I've Got A Feeling (L-M)
Get Back (L-M)
Lonely Sea (The Beach Boys) [J]
improvisation／All Things Must Pass** (H) ／Get Back (L-M) ／I've Got A Feeling (L-M)
Ramrod (Duane Eddy)
I Feel Fine (L-M)

1.25 (sat)
〈1.23「Get Back」playback〉
〈1.23「I've Got A Feeling」playback〉
〈1.23「Help!」playback〉
〈1.24「Teddy Boy」playback〉
〈1.24「Two Of Us」playback〉
〈1.22「Dig A Pony」playback〉
〈1.22「I've Got A Feeling」playback〉
I've Got A Feeling (L-M) [P]
＊improvisation
I'm A Man (Bo Diddley)
Two Of Us (L-M)
Another Day** (M) [P]
Two Of Us (L-M) [PJ]
＊Da Doo Ron Ron (The Crystals) [J]
＊improvisation
＊Back In The U.S.S.R. (L-M) [G]
＊Act Naturally (Buck Owens) [JP]
Two Of Us (L-M) [P/PJ]
I've Got A Feeling (L-M)
Nashville Cats (The Lovin' Spoonful) [P/JG]
On The Road Again (Canned Heat) [G]
I've Got A Feeling (L-M)
All I Really Want To Do (Bob Dylan) [G]
I Lost My Little Girl** (M) [J (P)]
Two Of Us (L-M) [PJ]
＊A Hard Rain's Gonna Fall (Bob Dylan) [P]
＊Bye Bye Love (The Everley Brothers) [JP]
Window, Window** (H) [G]
〈1.25「Two Of Us」playback〉
〈1.23「Get Back」playback〉
〈1.23「I've Got A Feeling」playback〉
〈1.23「Help!」playback〉
〈1.24「Teddy Boy」playback〉
〈1.24「Two Of Us」playback〉
〈1.22「Dig A Pony」playback〉
〈1.22「I've Got A Feeling」playback〉
For You Blue (H) [G] ★Ⓓ
〈1.25「For You Blue」playback〉
＊"Sorry, I left you bleeding"* (L) [J]
＊ 〈1.25「For You Blue」playback〉
＊Take This Hammer (traditional)
＊For You Blue (H) ⒶⒷ／"Quiet, please." [J] ⒶⒷ／**For You Blue** (H) [G] ⒶⒷⒸ

Early In The Morning (Bobby Darin) [G]
Let It Be (L-M) [P (JG)]
＊"Crazy feet"* (M) [P]
＊Please Please Me (L-M) [P]
Get Back (L-M)
Mean Mr. Mustard (L-M) [J]
Let It Be (L-M) [G/J/J (P)]
The Tracks Of My Tears (The Miracles) [G (J)]
Piece Of My Heart (Janis Joplin) [G] ／ Little Yellow Pills (Jackie Lomax) [G] ／ Let It Be (L-M) [P]
Early In The Morning (Bobby Darin) [GP]
Let It Be (L-M) [P (JG)]
The Tracks Of My Tears (The Miracles) ／Window, Window* (H) [G/J/P]
I'm Talkin' About You (Chuck Berry) [G/J]
Let It Be (L-M) ／Chopsticks (Euphemia Allen) ／Let It Be (L-M) [P (JG)]
Let It Be (L-M) [P (JG)] Ⓓ
〈1.25「Let It Be」playback〉
I Should Have Known Better (L-M) [G]
Let It Be (L-M) [P]
Martha My Dear (L-M)
Let It Be (L-M) [P]
Let It Be (L-M) [P (J) / (JG)]
＊"Well it's ten o'clock..."* (L) [J]
＊Love Story (You And Me) (Randy Newman) [PG]
Cannonball (Duane Eddy) ／Shazam! (Duane Eddy) ／"Last train to San Francisco"* (L-H) [JG]
Isn't It A Pity** (H) [G]

1.26 (sun)
Isn't It A Pity** (H) [G]
Window, Window* (H) [G]
Let It Down** (H)
Octopus's Garden (S) [RG (Martin) / R (JGP)] ★
A Little Piece Of Leather (Donnie Elbert) [J] ／Octopus's Garden (S) [G/R (G) /J/R (JP)] ★
Two Of Us (L-M) [P]
A Little Piece Of Leather (Donnie Elbert) [J]
Two Of Us (L-M) [G]
I've Got A Feeling (L-M) [P]
Dig A Pony (L-M) [G]
Octopus's Garden (S) [R/G/P]
Get Back (L-M) [P]
Octopus's Garden (S) [P]
Build Me Up, Buttercup (The Foundations) [P] ／Octopus's Garden (S) [R/P]
〈1.25「For You Blue」playback〉
Let It Be (L-M) [P]
〈1.25「Let It Be」playback〉
Rain (L-M) [(P)]
Let It Be (L-M) [J (G) /P (JG)]
＊"It was so blue"* (M) [P]
＊High School Confidential (Jerry Lee Lewis) [P] ／Great Balls Of Fire (Jerry Lee Lewis) [P (J) /G/P] ／Don't Let The Sun Catch You Crying (Ray Charles) [P/G] ／Sexy Sadie (L-M) [J] ／Don't Let The Sun Catch You Crying (Ray Charles) [P (J)]
＊"I left my home in the world"* (M) [P]
Let It Be (L-M) [(JG) / P (JG)]
Suicide** (M) [P (J)]
Let It Be (L-M) [(JG) / P (JG)]
＊Get Back (L-M) [P]
＊ 〈1.26「Let It Be」playback〉
Let It Be (L-M) [P (JG) /J/G/JG]
＊Do Not Forsake Me Oh My Darling (Dimitri Tiomkin-Washington) [J]
＊"Let it A, let it B, let it C, let it D, let it E, F, G, H, I, K, double wobble wobble you, G"* (L) [J] ／You Really Got A Hold On Me (The Miracles)

Like A Rolling Stone (Bob Dylan) [JP] ／Twist And Shout (The Isley Brothers) [J Heather G)] ／**Dig It** (L-M-S-H) [J (GP Heather) /JP (G)] ❹❺❻
Rip It Up (Little Richard) [J]
Rip It Up (Little Richard) [J (P)] ❼／Shake, Rattle And Roll (Bill Haley) [PJ] ★❼／Miss Ann (Little Richard) [P] ★／Kansas City (Wilbert Harrison) [GJP] ★／Miss Ann (Little Richard) [P (J)] ★／Lawdy Miss Clawdy (Lloyd Price) [P (J)] ★※グリン・ジョンズが「Acetate 2」に収録
Blue Suede Shoes (Carl Perkins) [JP] ❼／You Really Got A Hold On Me (The Miracles) [JPG] ★※グリン・ジョンズが「Acetate 2」に収録
The Tracks Of My Tears (The Miracles) [G (P)]
Agent Double-O-Soul (Edwin Starr) [Billy]
S.O.S. (Edwin Starr) [J/G]
Rockin' Pneumonia And The Boogie Woogie Flu (Huey 'Piano' Smith) [G Heather]
I'm Movin' On (Ray Charles) [G Billy]
improvisation [(Yoko)]
improvisation
Let It Be (L-M) [P (JG)]
Little Yellow Pills (Jackie Lomax) [G]
〈1.26「Let It Be」playback〉
"I told you before"* (H) [G (Heather) / (P)]
improvisation ("I told you before"*) (Heather)
The Long And Winding Road (L-M) [P] ❹❺❻★❼
〈1.26「The Long And Winding Road」playback〉
The Long And Winding Road (L-M) [PG/J]
〈1.26「Let It Be」1.23「Get Back」playback〉／〈1.26「The Long And Winding Road」playback〉 [GP]

1.27 (mon)
The Palace Of The King Of The Birds* (M) [(P)] ／Strawberry Fields Forever (L-M) [P]
Strawberry Fields Forever (L-M) [P]
Old Brown Shoe (H) [G]
"I told you before"* (H) [Billy]
〈1.26「The Long And Winding Road」playback〉 [P (J)] ／Hey Jude [(J)]
〈1.26「Let It Be」playback〉 [P/J]
〈1.22「Don't Let Me Down」playback〉 [P]
〈1.26「Dig It」playback〉 [JPG]
〈1.26「Rip It Up」「Shake, Rattle and Roll」「Miss Ann」「Kansas City」「Miss Ann」「Lawdy Miss Clawdy」playback〉 [PJG]
〈1.26「Blue Suede Shoes」「You Really Got A Hold On Me」playback〉 [JPG]
Baby Let's Play House (Elvis Presley) [J]
Oh! Darling (L-M) [P (J)]
Let It Be (L-M) [P (JG) /GJ]
The Long And Winding Road (L-M) [P]
Let It Be (L-M) [P]
The Long And Winding Road (L-M) [J/P (G) /JP]
＊Little Demon (Screamin' Jay Hawkins) [JP]
Save The Last Dance For Me (The Drifters) [P]
Old Brown Shoe (H) [G]
Whole Lotta Shakin' Goin' On (Jerry Lee Lewis)
improvisation
I've Got A Feeling (L-M) [Billy]
Hi-Heeled Sneekers (Tammy Tucker)

Get Back (L-M) [J]
improvisation／"I told you before"* (H) [G]
Don't Let Me Down (L-M) [P/JPG]
Hava Nagila (Harry Belafonte) [J]
Don't Let Me Down (L-M) [P/J (GP)]
Get Back (L-M) [P/P (J) /J]
I've Got A Feeling (L-M) [P]
Get Back (L-M) [P (J)]
＊Get Back (L-M)／I've Got A Feeling (L-M)
Oh! Darling (L-M) [PJ] Ⓓ
Get Back (L-M) [P (J)]
＊Bring It On Home To Me (Sam Cooke) [JG] ＋Oh! Darling (L-M) [P]／Oh! Darling (L-M) [P (J)]
＊Two Of Us (L-M) [J]
＊"**Rosetta.**" [P]／"**Sweet Loretta Fart she thought she was a cleaner,**" [J] "**Sweet Resetta Mar...**" [P] "**but she was a frying pan....The picker! Picture the finger, Greg.**" [J] Ⓒ／**Get Back** (L-M) [P (J)] S1ⒶⒷⒸⒺ※ブレイク前まで
＊Oh! Darling (L-M) [J]
Get Back (L-M) [JP]
Oh! Darling (L-M) [P]
Hound Dog (Elvis Presley) [J]
〈1.27「Get Back」playback〉 [P/J]
Get Back (L-M) [P (J)]／improvisation ※ドイツ語・フランス語ヴァージョン
Get Back (L-M) [P (J)]
＊I've Got A Feeling (L-M) [P]
Get Back (L-M) [J] ＋"Water, water"* (M) [P]
I've Got A Feeling (L-M) [P]
Take These Chains From My Heart (Ray Charles) [P]
I've Got A Feeling (L-M) [JP] ※グリン・ジョンズが「Acetate 2」に収録
"You won't get me that way"* (M) [P]／The Walk (Jimmy McCracklin) [P] ※グリン・ジョンズが「Acetate 1」に収録
I've Got A Feeling (L-M) [P]
〈1.27「I've Got A Feeling」playback〉
Take This Hammer (Lonnie Donegan) [P]
〈1.27「Get Back」playback〉 [P]

1.28 (tue)
〈1.25「For You Blue」playback〉
〈1.27「Get Back」playback〉 [P]
〈1.27「I've Got A Feeling」playback〉
Let It Be (L-M) [P]
Shazam! (Duane Eddy)
The River Rhine (Sonny Boy Williamson) [P] ＋The Long And Winding Road (L-M)
I've Got A Feeling (L-M) [P]
I've Got A Feeling (L-M) [PJ/J]
＊Words Of Love (Buddy Holly)
＊Rainy Day Women #12&35 (Bob Dylan) [J]
＊The Inner Light (H) [J]
＊I've Got A Feeling (L-M) [J]／Rainy Day Women #12&35 (Bob Dylan) [J]
＊Blue Yodel No. 1 (T For Texas) (Jimmie Rodgers) [P (R)]
＊Tea For Two Cha-Cha (Tommy Dorsey) [P]
＊"How do you tune an electric piano"* (L) [J]
＊I've Got A Feeling (L-M) ＋Can You Dig It?* (L) [J]
On The Road To Marrakesh* (L) [J/G/J]
Dig A Pony (L-M) [JP/J (PG)]
＊Let It Be (L-M) [R]
＊I've Got A Feeling (L-M) [P]
＊"I will always look for you"* (M) [P]
＊Get Back (L-M)
Get Back (L-M) [P (J)]
Love Me Do (L-M) [JP]
＊"...c'mon-a, c'mon, c'mon…c'mon-a

get it to get..."* (M) [P]
Dig A Pony (L-M) [J]
Teddy Boy** (M) [J (P)]
Get Back (L-M)
Get Back (L-M) [P (J)] S1 A B ★ ※ブレイク以降
Don't Let Me Down (L-M) [P (J) /J (PG) / J (P)] S1
＊"San Francisco...I took my heart to Vegas, and this is why she says, get out of Vegas..."* (M) [P]
I've Got A Feeling (L-M) [PJ]
＊I've Got A Feeling (L-M) [PJ] +Rainy Day Women #12&35 (Bob Dylan) [J]
＊Don't Let Me Down (L-M) [JP]
＊Rainy Day Women #12&35 (Bob Dylan) ※ビリー・プレストンのソロ演奏
Don't Let Me Down (L-M) [J (PG)]
＊I've Got A Feeling (L-M)
One After 909 (L-M) [JP]
I've Got A Feeling (L-M) [PJ]
"Once upon a time…Everybody..."* (L) [J] +One After 909 (L-M)
One After 909 (L-M) [JP]
Old Brown Shoe (H) [G (J)]
＊improvisation
I Want You (She's So Heavy) (L-M) [J Billy]
"Unless he has a song"* (Billy's Song) (Billy Preston) [Billy] ／Sticks And Stones (Billy's Song) (Ray Charles) [Billy] ／I've Got A Woman (Billy's Song) (Ray Charles) [Billy]
Something (H) [G (JP) /JG/P]
Get Back (L-M)
Get Back (L-M) [P (J)]
＊Back In The U.S.S.R. (L-M) [J]
＊Bo Diddley (Bo Diddley)
Two Of Us (L-M) [PJ]
＊Two Of Us (L-M) [PJ/P/P (J)] ／Hello, Goodbye (L-M) [PJ]
＊Two Of Us (L-M) [PJ] ／Hello, Goodbye (L-M) [J] ／When The Saints Go Marching In (Louis Armstrong) [J]
Teddy Boy** (M) [P (J)] D
Don't Let Me Down (L-M) [P]
Get Back (L-M)
Teddy Boy** (M)
Two Of Us (L-M)
All Things Must Pass** (H) [JPG/G (JP)]
"How do you tell someone"* (H) [G] + Get Back (L-M)
"Greasepaint on your face"* (M) [P (J)] ／Positively 4th Street (Bob Dylan) [G (J)] ／"No, I got you, babe"* (M) [P]
I Want You (She's So Heavy) (L-M) [J (PG)]
I Want You (She's So Heavy) (L-M) [J]

1.29 (wed)
Singing The Blues (Guy Mitchell) [P]
Get Back (L-M)
improvisation* (God**) (L)
improvisation* (God**) (L) ／Rule Britania (traditional) ／improvisation* (God**) (L)
〈1.27「Get Back」playback〉
I Walk The Line (Johnny Cash)
Singing The Blues (Guy Mitchell) [P]
Dig A Pony (L-M) [P]
Dig A Pony (L-M) [J (P)]
I've Got A Feeling (L-M) [PJ]
Don't Let Me Down (L-M) [J (P)]
＊Don't Let Me Down (L-M) [J (P)] + Keep Your Hands Off Of My Baby (Little Eva) [J]
Get Back (L-M) [P (J)]
One After 909 (L-M) [JP]
She Came In Through The Bathroom Window (L-M) [P (J)]

＊Love Me Do (L-M) [P]
Two Of Us (L-M) [P (J) /P]
"Also, love is beautiful"* [P (J)]
Let It Be (L-M) [P (JG)]
The Long And Winding Road (L-M) [P]
I'm Movin' On (Ray Charles) [R]
For You Blue (H) [G]
Something (H) [P]
All Things Must Pass** (H) [P/G (JP)]
Let It Down** (H) [G (PJ)]
＊〈1.27「Get Back」playback〉
Singing The Blues (Guy Mitchell) [P]
〈1.24「Teddy Boy」playback〉 [PJ]
I Want You (She's So Heavy) (L-M) + "Oh, I had a dream"* (Billy Preston) [Billy]
Something (H) [J]
Sexy Sadie (L-M) [J (P)]
Old Brown Shoe (H) [J]
I Want You (She's So Heavy) (L-M) ／ "She gets heavy"* (L) [J]
Dig It (L-M-S-H) [J (P)]
Besame Mucho (Consuelo Valazquez-Sunny Skylar) [P (J)] ★
Three Cool Cats (The Coasters) [JPG]
"Sorry, Miss Molly you…"* (M) [P] ／I Got To Find My Baby (Chuck Berry) [JP]
Some Other Guy (Richie Barrett) ※ ビリー・プレストンのソロ演奏
One After 909 (L-M) [JP]
Honky Tonk (Bill Doggett)
One After 909 (L-M)
One After 909 (L-M) [G/JP]
Vacation Time (Chuck Berry) [J]
Cannonball (Duane Eddy) ／Not Fade Away (Buddy Holly) [G/J] ／Hey Little Girl (In The High School Sweater) (Dee Clark) [J] ／Bo Didley (Bo Didley)
Maybe Baby (Buddy Holly) [J]
Peggy Sue Got Married (Buddy Holly) [J] ／Thinking Of Linking* (L-M) [J/P] ／Crying, Waiting, Hoping (Buddy Holly) ／Thinking Of Linking* (L-M) [P] ／Crying, Waiting, Hoping (Buddy Holly) [G (JP)] ／Mailman, Bring Me No More Blues (Buddy Holly) [J (G)] Ⓓ
"Teddy boy...the island sea"* (L) [J] ／ **Teddy Boy**** (M) [P (J)]
＊"Bring your own band"* (M) [P]
＊Lotta Lovin' (Gene Vincent)
Two Of Us (L-M) [PJ]

1.30 (thu)
Get Back (L-M) [P (J)] ★／"We've had a request from Martin Luther." [J] ★
Get Back (L-M) [P (J)] ／"Had a request for Daisy, Morris and Tommy." [J]
I Want You (She's So Heavy) (L-M)
Don't Let Me Down (L-M) [J (PG)] Ⓔ★
I've Got A Feeling (L-M) [PJ] Ⓒ★Ⓔ／**"Oh my soul...so hard."** [J] Ⓒ★
Dig A Pony (L-M)
One After 909 (L-M) [JP] ⒶⒷⒸ★Ⓔ／ **Danny Boy** (**Frederic Weatherly**) [J (P)] ⒶⒷⒸ★
Dig A Pony (L-M) [J (PG)] Ⓒ★Ⓔ／ **"Thank you, brothers, put me hands getting too cold to play the chords."** [J] Ⓒ★
God Save The Queen (traditional)
I've Got A Feeling (L-M) [PJ] Ⓔ + Rainy Day Women #12&35 (Bob Dylan) [J] ／ A Pretty Girl Is Like A Melody (Irving Berlin) [J]
Get Back (L-M) ／"Don't let me down!" [J] ／"You, too." [J] ／**Don't Let Me Down** (L-M) [J (PG)] Ⓔ
Get Back (L-M) [P (J)] ★Ⓓ／**"Thanks Mo."** [P] **"I'd like to say 'thank you' on behalf of the group and ourselves and I hope we passed the audition."** [J] Ⓒ★Ⓓ

1.31 (fri)
Two Of Us (L-M) [PJ]
Hey Good Lookin' (Hank Williams) [J]
Take This Hammer (traditional) [JP] / Lost John (Lonnie Donegan) [JPG] / Five Feet High And Rising (Johnny Cash) [JPG] / Bear Cat Mama [GP] / Black Dog (John Koerner, Tony Glover, Dave Ray) / Right String Yo-Yo (Carl Perkins) [GJ] / Run For Your Life (L-M) [JP]
Two Of Us (L-M) [J]
Two Of Us (L-M) [PJ] / "If you ever..., I suddenly discovered..."* [J] / Friendship (Cole Porter) [JP] + Ob-La-Di, Ob-La-Da (L-M) [P]
* Two Of Us (L-M) [PJ]
* Turkey In The Straw (traditional) [J]
* Step Inside Love (L-M) [P]
* Friendship (Cole Porter) [J] / "Tales of Frankie Rabbit"* (L-M) [JP]
Two Of Us (L-M) [PJ/P] Ⓒ★Ⓔ
* 'Deed I Do (Fred Rose-Walter Hirsch) [JP] / In The Middle Of An Island (Tony Bennett) [J (P)] / All Together Now (L-M) [JP] / In The Middle Of An Island (Tony Bennett) [PJ]
Two Of Us (L-M) [PJ/P] ★ ※口笛のみ
I Got Stung (Elvis Presley) [P]
Step Inside Love (L-M) [J]
Let It Be (L-M) [JP]
The Long And Winding Road (L-M) [P]
Let It Be (L-M) [P]
The Long And Winding Road (L-M) [P]
* Lady Madonna (L-M) [P] + The Long And Winding Road (L-M) [P]
* **The Long And Winding Road** (L-M) [P] ★Ⓔ
I Want You (She's So Heavy) (L-M) [P]
Let It Be (L-M)
Let It Be (L-M) [P (JG)]
* Build Me Up, Buttercup (The Foundations) [P] / Let It Be (L-M) [P/J]
* **Let It Be** (L-M) [P (JG)] / "Once there was a woman, loved a moondog"* (L) [J]
* "Are we supposed to giggle in the solo?" [J] "yeah." [P] "OK." [J] ⒶⒷⒹ / **Let It Be** (L-M) [P (JG)]
* Let's Have A Party (Wanda Jackson) [J]
* improvisation
* Let It Be (L-M) / Twelfth Street Rag (Louis Armstrong)
* Oh! Darling* (L-M) [P]
* "Take twenty-seven!" "I've lost... little paper" [J] "Take twenty-seven, sync the second clap, please" "Don't talk like that" [J] "Sync second clap, please" [P] ⒶⒷ / **Let It Be** (L-M) [P (JG)] ⒶⒷ S2 Ⓒ Ⓔ
* **Let It Be** (L-M) [P (JG)] ★Ⓔ

追加録音
1969.2〜3 ?
Don't Let Me Down (L-M) [J (PG)] (ジョンのリード・ヴォーカルとポールのハーモニー・ヴォーカルを追加録音〈ポールとジョージのハーモニー・ヴォーカルを差し替え〉? S1 ?
1969.4.30.
Let It Be (L-M) [P (JG)] (ジョージのギター・ソロ) Ⓑ S2 Ⓒ
1970.1.3.
I Me Mine (H) [G (P)] (ジョージ、ポール、リンゴ新録音) ⒸⒹ
1970.1.4.
Let It Be (L-M) [P (JG Linda Mary Hopkin)] (ジョージのギター・ソロ/リンゴのドラム/ポールのベース〈ジョンのベースを差し替え〉とマラカス/ポール、ジョージ、リンダ・マッカート

ニー、メリー・ホプキンのコーラス／ジョージ・マーティンのスコアによるオーケストラ）Ⓢ2Ⓒ
1970.1.8.
For You Blue（H）[G]（ジョージのヴォーカルとギター）ⒷⒸ
1970.4.1.
Across The Universe（L-M）[J（14名の合唱）]（リンゴのドラム／オーケストラ・合唱）Ⓒ
The Long And Winding Road（L-M）[P（14名の合唱）]（リンゴのドラム／オーケストラ・合唱）Ⓒ
I Me Mine（H）[G（P）]（リンゴのドラム／オーケストラ）Ⓒ

ゲット・バック・セッションで演奏された"過去と未来"のビートルズ・ナンバー

●1968年以前に録音済みの公式曲
1962
Love Me Do

1963
Please Please Me／Do You Want To Know A Secret／A Taste Of Honey（Lenny Welch）／Twist And Shout（The Isley Brothers）／From Me To You／I'll Get You／Don't Bother Me／Till There Was You（Peggy Lee）／Roll Over Beethoven（Chuck Berry）／You Really Got A Hold On Me（The Miracles）／Devil In Her Heart（The Donays）／Money（That's What I Want）（Barrett Strong）

1964
You Can't Do That／I Should Have Known Better／Long Tall Sally（Little Richard）／I Feel Fine／She's A Woman／Rock And Roll Music（Chuck Berry）／Words Of Love（Buddy Holly）／Every Little Thing

1965
Help!／You've Got To Hide Your Love Away／You're Going To Lose That Girl／Act Naturally（Buck Owens）／Dizzy Miss Lizzy（Larry Williams）／Bad Boy（Larry Williams）／Norwegian Wood（This Bird Has Flown）／If I Needed Someone／Run For Your Life

1966
Rain／She Said She Said

1967
Strawberry Fields Forever／When I'm Sixty-Four／Lovely Rita

1968
Lady Madonna／The Inner Light／Hey Jude／Back In The U.S.S.R.／Dear Prudence／Ob-La-Di, Ob-La-Da／Happiness Is A Warm Gun／Martha My Dear／I'm So Tired／Don't Pass Me By／Why Don't We Do It In The Road?／Julia／Sexy Sadie／Helter Skelter／Revolution 1／Revolution 9

1969
All Together Now★

※各年代は発売年　（　）はオリジナル・アーティスト　★は1967年録音曲

●デビュー前の主な未発表オリジナル曲
Because I Know You Love Me So／I'll Wait Till Tomorrow／Thinking Of Linking／Won't You Please Say Goodbye／Just Fun／Too Bad About Sorrows／Fancy My Chances With You／Hot As Sun／Catswalk／I Lost My Little Girl／Suicide

●解散後に正式に録音・発表されたソロ曲
ジョン・レノン6曲
Improvisation（God）（1970）／John's Piano Piece（Imagine）（1971）／Crippled Inside（Black Dog）（1971）／Child Of Nature（Jealous Guy）（1971）／On The Road To Marrakesh（Jealous Guy）（1971）／Give Me Some Truth（1971）

ポール・マッカートニー8曲
Every Night（1970）／Hot As Sun（1970）／Suicide（1970）／Junk（1970）／Teddy Boy（1970）／Another Day（1971）／The Back Seat Of My Car（1971）／I Lost My Little Girl（1991）

ジョージ・ハリスン4曲
Isn't It A Pity（1970）／Let It Down（1970）／All Things Must Pass（1970）／Hear Me Lord（1970）

※（　）内は発表年（部分的に演奏している曲が大半）

［著者］ 藤本国彦（ふじもと・くにひこ）
1991年（株）音楽出版社に入社し、CDジャーナル編集部に所属（2011年に退社）。2015年にフリーとなり、主にビートルズ関連書籍の編集・執筆・イベント・講座などを手掛ける。主な著作は『ビートルズ213曲全ガイド』『ビートル・アローン』『ビートルズ語辞典』『ビートルズはここで生まれた』『ジョン・レノン伝 1940-1980』『気がつけばビートルズ』など。「速水丈」名義での編著も多数。映画『ザ・ビートルズ～EIGHT DAYS A WEEK: The Touring Years』の字幕監修も担当。相撲とカレー好き。

ゲット・バック・ネイキッド
1969年、ビートルズが揺れた22日間

2020年 5 月18日　第1刷発行
2021年 6 月24日　第4刷発行

著者――藤本国彦

発行者――清水一人
発行所――青土社

〒101-0051　東京都千代田区神田神保町1-29　市瀬ビル
［電話］03-3291-9831（編集）03-3294-7829（営業）
［振替］00190-7-192955

組版――フレックスアート
印刷・製本――シナノ印刷

編集協力（聴き取り・翻訳）――朝日順子
編集協力――藤本豊彦

装幀――松田行正
カバー写真――©Evening Standard/Hulton Archive/Getty Images
表紙写真――RBO/Camera Press/アフロ

ISBN978-4-7917-7266-7　C0073